L'incohérence des lois de circonstances en matière pénale

BIBLIOTHÈQUE*S* DE DROIT

COLLECTION FONDÉE ET DIRIGÉE PAR JEAN-PAUL CÉRÉ

Cette collection a pour vocation d'assurer la diffusion d'ouvrages scientifiques sur des thèmes d'actualité ou sur des sujets peu explorés dans le domaine des sciences juridiques. Elle se destine notamment à la publication de travaux de jeunes chercheurs.

Dernières parutions :

M. Germain, Essai sur l'influence du pédophile à l'égard du silence des tiers

F. Louise, Droit de grâce sous la Ve République

C. Morales, Le droit animal

C. Menabe et M. Martinelle (dir.), L'enfant en prison

Y. Jeanneret, A. Kuhn et B. Laperou-Scheneider, Droit pénal français et droit pénal suisse

B. Barraud, Le pragmatisme juridique

N. Lory, La saisie pénale des biens incorporels

M. Perrin, Le statut pénal de l'animal

A. Tatarinoff, Génocide et crimes de masse (1933-1946)

P. Rousseau, Autonomie personnelle et droit pénal

A. Azarete, E. Guerrero et Th. Moretto (dir.), Fête et droit public

A. Ben Gadi, La libération conditionnelle comme outil de gestion du risque

BIBLIOTHÈQUE DE *DROIT PENAL*

Paul LAURENT

L'incohérence des lois de circonstances en matière pénale

L'Harmattan

5-7, rue de l'Ecole-Polytechnique, 75005 Paris

http://www.editions-harmattan.fr

ISBN : 978-2-343-15317-9
EAN : 9782343153179

Je tiens à remercier toutes les personnes qui m'ont aidé directement et indirectement dans la rédaction de cet ouvrage.

Je tiens à remercier Madame Ludivine GRÉGOIRE, Maître de conférences à l'Université de Pau et des pays de l'Adour, pour sa confiance, sa disponibilité et son soutien tout au long de cette étude.

Ensuite, je remercie mes parents pour leur soutien perpétuel et tous les membres de ma famille pour leur soutien réel.

Aussi, je tiens à remercier particulièrement Monsieur Frédéric PLANELLS, pour son soutien inconditionnel tout au long de la rédaction de ce mémoire, même dans les moments les plus soporifiques.

Enfin, je tiens à remercier Monsieur Maxime SOMSON, Boss, pour tout ce qu'il m'a permis de réaliser.

Principales abréviations

AAS .... Auteur d'agression sexuelle
AJDA .... Actualité juridique de droit administratif
AJ Pénal .... Actualité juridique de droit pénal
Al .... Alinéa
Art .... Article
Cass. crim .... Chambre criminelle de la Cour de cassation
C. civ .... Code civil
Cons. d'Et .... Conseil d'Etat
CEDH...................................... Cour européenne des droits de l'Homme
CESDH. Convention européenne de sauvegarde des droits de l'Homme et des libertés fondamentales
CESEDA. Code de l'entrée et du séjour des étrangers et du droit d'asile
CMU .... Couverture maladie universelle
CNCDH ..... Commission nationale consultative des droits de l'Homme
Coll. .... Collection
C. pén .... Code pénal
CPMS .... Commission pluridisciplinaire des mesures de sûreté
C. pr. pén .... Code de procédure pénale
CRPC .... Comparution sur reconnaissance préalable de culpabilité
C. santé publ. .... Code de la santé publique
DDHC .... Déclaration des droits de l'Homme et du citoyen
Dir. .... Directeur (sous la direction de)
DSM.............. Manuel Diagnostique et Statistique des troubles mentaux
DU .... Déclaration d'urgence
FAED .... Fichier automatisé des empreintes digitales
FNAEG............. Fichier national automatisé des empreintes génétiques
FIJAIS . Fichier automatisé judiciaire des auteurs d'infractions sexuelles et violentes
Ed .... Edition
ENAP .... Ecole nationale d'administration pénitentiaire
EPM.. Etablissement pénitentiaire pour mineur
Etc. .... *Et caetera*
Ex .... Examen
Ibidem.. Même citation
Infra... Ci-dessous
JAP .... Juge de l'application des peines
JCP .... Jurisclasseur, La semaine juridique

JLD .... Juge des libertés et de la détention
JRRS .... Juridiction régionale de la rétention de sûreté
LO .... Loi organique
MAJ .... Mise à jour
N° .... Numéro
ONU .... Organisation des Nations Unies
Op. cit. .... Précédemment cité
P, pp .... Page(s)
PA .... Procédure accélérée
PO .... Procédure ordinaire
Proj. .... Projet de loi
Prop. .... Proposition de loi
PUAM .... Presses universitaires d'Aix-Marseille
PUC .... Presses universitaires de Caen
PUF .... Presses universitaires françaises
PUL .... Presses universitaires de Laval
PUM .... Presses universitaires de Montréal
PUR .... Presses universitaires de Rennes
QPC .... Question prioritaire de constitutionnalité
Rec. Dalloz .... Recueil Dalloz
Rev. sc. crim .... Revue de science criminelle et de droit pénal comparé
RDP . Revue du droit public et de la science politique en France et à l'étranger
RFDA .... Revue française de droit administratif
SNDP .... Syndicat national des directeurs pénitentiaires
SSJ .... Suivi socio-judiciaire
Stricto sensu .... Au sens strict
Supra .... Ci-dessus
V .... Voir

Préface

Depuis plusieurs années, la matière pénale se trouve sous l'influence croissante des faits divers. Les relations entre ces faits divers et la matière pénale sont aujourd'hui indéniables, et leurs conséquences souvent critiquables. En effet, le sentiment d'insécurité grandissant a conduit progressivement à l'émergence d'une politique criminelle sécuritaire, d'un droit pénal de précaution et de prédiction, voire d'un « droit pénal de l'ennemi ». Ainsi, de nombreuses lois adoptées depuis plus d'une dizaine d'années sont qualifiées de « circonstances », en ce qu'elles viennent réagir directement, et parfois presque immédiatement, à un ou plusieurs faits dramatiques. Pourtant, la délimitation de ces lois de circonstances s'avère délicate et périlleuse. Qu'est-ce qu'une loi de circonstance ? Quels sont les critères permettant de la définir ? Plus spécifiquement, et pour faire écho à l'actualité, toutes les lois récentes relatives à la lutte contre le terrorisme, dont la dernière en date du 30 octobre 2017, sont-elles susceptibles d'être qualifiées de « lois de circonstances » ?

En dédiant son mémoire de Master II à l'étude de l'incohérence des lois de circonstances en matière pénale, Monsieur Paul Laurent a d'abord eu le mérite de tenter de circonscrire ces lois en les définissant et en détaillant leurs conséquences.

À l'aune des principes fondamentaux du droit d'une part, Monsieur Laurent présente les principales raisons de la contrariété de ces lois aux principes cardinaux applicables à la matière pénale. Le principe de légalité criminelle, mais également les principes directeurs du droit de la peine, servent l'analyse critique de l'auteur, qui s'interroge de manière plus générale sur la remise en cause de ces principes par les lois de circonstances.

À l'aune du droit pénal de l'ennemi d'autre part, Monsieur Laurent a su clairement faire apparaître les enjeux et les difficultés de l'examen des lois de circonstances. Plus précisément, par l'exemple du terrorisme notamment, l'auteur démontre l'influence des lois de circonstances sur la création et l'évolution du droit pénal de l'ennemi. Les réponses apportées par ce droit sont, par ailleurs, mises en évidence par le truchement d'une distinction classique et pertinente entre l'élimination et la surveillance.

Mais le travail de Monsieur Laurent présente également l'ambition de dépasser les critiques adressées à ces lois de circonstances pour les présenter de manière objective.

Par l'intermédiaire de réflexions honnêtes et mesurées, l'auteur a identifié un certain nombre de « lois de circonstances », tout en s'interrogeant sur la qualité des lois adoptées et l'efficacité de leur contrôle.

Ce travail présente donc un intérêt indéniable, une base de réflexion sur un sujet que l'auteur a souhaité approfondir dans le cadre de sa thèse de Doctorat. Souhaitons à ce travail le succès qu'il mérite, et qu'il ne soit que la première étape vers un bel avenir universitaire…

Ludivine GREGOIRE

Maître de conférences à l'Université de Pau et des Pays de l'Adour, UFR Droit

Secrétaire générale adjointe, Association française de droit pénal

Introduction

« La tâche du pénaliste ne doit pas se limiter à la simple constatation de l'existence du droit pénal de l'ennemi, mais il doit plutôt analyser sa compatibilité avec les principes de l'Etat de Droit et avec les droits fondamentaux consacrés par la Constitution et par les déclarations internationales des droits de l'homme et ceci pour des motifs strictement juridiques parce que ce dont il s'agit est de constater si ce droit pénal de l'ennemi est ou n'est pas en consonance avec le modèle juridique constitutionnel de l'Etat de Droit qui constitue le signe identitaire des sociétés démocratiques actuelles ».

1. Cette citation de Francisco MUÑOZ-CONDE[1] illustre parfaitement le problème posé par l'étude des lois de circonstances. En effet, la caractérisation des atteintes aux principes fondamentaux du droit par ces lois de circonstances ne suffit pas. Il est nécessaire de remettre en cause ces atteintes, d'autant qu'elles conduisent à justifier un régime juridique fondé sur la considération que certaines personnes délinquantes sont des ennemis. Or, dans un Etat de droit, il n'y a que des délinquants, et non des ennemis[2]. Cette étude de politique pénale tentera en ce sens de remettre en cause les atteintes caractérisées aux principes fondamentaux de la matière pénale.

---

1 *Le renouveau de la sanction pénale – Evolution ou révolution*, JACOPIN (S.) (dir.), éd. Bruylant, 2010 ; MUÑOZ-CONDE (F.), *De nuevo sobre el derecho penal del enemigo*, 2ème éd., Hammurabi, 2008

2 ZAFFARONI (R.), Dans un Etat de droit il n'y a que des délinquants, *Rev. sc. crim.*, 2009, p.43

2. **Définition de la criminologie** – En matière de sciences humaines, peu de définitions font consensus et la criminologie n'échappe pas à la règle. Dans un premier temps, on peut affirmer que la criminologie correspond à l'étude scientifique du phénomène criminel[3]. Cette proposition englobe l'étude de l'acte criminel, de ses causes et de ses conséquences et permet finalement de ne pas prendre position parmi les nombreuses définitions existantes. Il existe en effet une multitude de définitions de la criminologie, attachées soit à l'objet d'étude, soit à sa nature ou encore à son domaine d'étude. Celles centrées sur l'objet de la science s'attarderont sur l'acte criminel. En ce sens, DURKHEIM traite de la criminologie comme la *« science spéciale dont l'objet est le crime »*[4]. Une définition portant sur l'objet peut également se centrer sur l'auteur du délit. Celles relatives au domaine, elles, se borneront à différencier la criminologie des autres sciences traitant du phénomène criminel tel que le droit pénal ou encore la criminalistique. Enfin, les définitions relatives à la nature considéreront alternativement la criminologie comme une branche de la sociologie ou comme une science autonome. Au regard de l'étude approfondie qu'il a menée sur ce sujet et du consensus relatif dont elle fait l'objet, nous retiendrons la définition formulée par Raymond GASSIN qui explique que : *« La criminologie est la science qui étudie les facteurs et les processus de l'action criminelle et qui détermine, à partir de la connaissance de ces facteurs et de ces processus, les moyens de lutte les meilleurs pour contenir et si possible réduire ce mal social »*[5]. Elle amène à considérer la criminologie comme une science autonome qui traite de trois objets à savoir le crime, le criminel et la réaction de la société.

---

3 GASSIN (R.), CINAMONTI (S.) et BONFILS (P.), *Criminologie*, 7ème éd., Dalloz, coll. Précis, 2011

4 DURKHEIM (E.), *Les règles de la méthode sociologique*, Flammarion, coll. Champs classiques, 2010

5 GASSIN (R.), CINAMONTI (S.) et BONFILS (P.), *Criminologie*, *op. cit.*

3. **Définition des politiques criminelle et pénale** – La référence aux moyens de lutte contre le mal social qu'est le phénomène criminel nous amène à définir les politiques criminelle et pénale, deux sciences portant justement sur la lutte contre la criminalité. Ces deux sciences sont des concepts de science criminelle très proches. Les termes sont d'ailleurs souvent utilisés aléatoirement sans distinction dans le cadre des études de science criminelle. Une différence existe dans le fait que la politique pénale fasse partie de la politique criminelle mais n'en soit pas l'objet exclusif. La première définition recensée de la politique criminelle est celle de FEUERBACH qui, dès 1801, affirme qu'il s'agit de *« l'ensemble des procédés répressifs par lesquels l'Etat réagit contre le crime »*. Toutefois, c'est toute la société qui agit pour lutter contre le phénomène criminel, et nous pouvons souligner le travail associatif, très important dans ce domaine. La définition de FEUERBACH est aujourd'hui plus proche de la définition de la politique pénale car elle ne prend en compte que l'appareil répressif dans le cadre de la prévention du crime. Marc ANCEL définit lui la politique criminelle comme : *« la réaction organisée et délibérée de la collectivité contre les activités délictueuses, déviantes ou antisociales »*[6]. Cette définition permet de mieux entendre la différence entre les deux concepts de politique criminelle et de politique pénale. En effet, on entend ici que le droit ne soit pas le seul acteur de la politique criminelle. L'auteur introduit dans cette définition les activités déviantes et antisociales. Sur ce point, il nous semble erroné d'intégrer des activités autres que la criminalité dans le cadre de la définition de la politique criminelle. Cette définition doit être regardée au travers de l'étude de son auteur qui travaillait sur les déviances et non uniquement la criminalité.

---

[6] ANCEL (M.), *La défense sociale nouvelle : un mouvement de politique criminelle humaniste*, Cujas, 1981

Dès lors, nous adhérons à la définition proposée par Madame DELMAS-MARTY qui explique que la politique criminelle est : *« L'ensemble des procédés par lesquels le corps social organise la réponse au phénomène criminel »*[7]. Cette dernière définition se rapproche plus de la vision actuelle de la politique criminelle, qui n'étudie que le phénomène criminel mais englobe l'activité de tous les acteurs institutionnels et pas uniquement les procédés répressifs. Justement, nous entendrons pour l'objet de cette étude la politique pénale comme l'ensemble des procédés par lesquels le Législateur organise la réponse contre le phénomène criminel. Cette définition nous permet de rappeler que les procédés législatifs prévus en réponse au phénomène criminel sont tant préventifs que répressifs et de distinguer les politiques criminelle et pénale. La politique pénale ne traite que de l'intervention du Législateur pénal dans la réponse au phénomène criminel. Cette réponse s'observe par l'élaboration des règles applicables en matière pénale.

4. **Définition de la loi en matière pénale** – Ce que nous entendons par matière pénale englobe le droit pénal, la procédure pénale et le droit de la peine. Le droit pénal est : *« la branche du droit ayant pour objet traditionnel la prévention et la répression des infractions »*[8]. La procédure pénale est, elle, le *« rameau de la procédure ayant pour objet de déterminer les règles homologues en ce qui concerne les procédures pénales de l'ordre judiciaire »*[9]. Le droit de la peine s'intéresse lui à la fixation, au prononcé et à l'exécution des sanctions pénales. Il ne traite pas que des peines au sens strict mais étudie également les mesures de sûreté. Il s'agit donc d'étudier tant le traitement des infractions et des incriminations que celui des personnes délinquantes. Le droit

---

7 DELMAS-MARTY (M.), *Les grands systèmes de politique criminelle*, PUF, coll. Thémis Droit privé, 1992

8 CORNU (G.) et Association Henri CAPITANT (dir.), *Vocabulaire juridique*, PUF, 2016

9 *Ibidem*

pénal a notamment pour fonctions d'exprimer les valeurs essentielles de la société, de protéger ces valeurs et de réprimer les comportements atteignant ces valeurs[10]. Dans la présente étude, nous traiterons de la matière pénale et inclurons naturellement l'élaboration des règles de procédure nécessaire à l'application du droit pénal ainsi que les règles applicables à la phase post-sentencielle. En vertu de l'article 34 de la Constitution : *« La loi fixe les règles concernant… la détermination des crimes et délits ainsi que les peines qui leur sont applicables ; la procédure pénale ; l'amnistie ; la création de nouveaux ordres de juridiction et le statut des magistrats… »*. La matière pénale relève donc du domaine de la loi. Il convient précisément de définir la loi. La loi se définit proprement et par opposition aux autres textes à portée normative. En droit positif, la loi est un : *« texte voté par le Parlement ; loi au sens organique et formel par opposition à décret, règlement, ordonnance, arrêté, mais aussi à Constitution »*[11]. C'est justement la loi au sens formel que nous étudierons au travers des lois de circonstances. En ce sens, nous excluons notamment du cadre de l'étude les actes normatifs pris par le pouvoir exécutif. Ces textes sont de plusieurs natures, mais ce sont les ordonnances qui retiennent notre attention car elles ont force de loi. En effet, les ordonnances sont des : *« règlements pris par le pouvoir exécutif en matière législative en vertu d'une loi d'habilitation »*[12]. Dès lors, le pouvoir exécutif est susceptible d'édicter des lois dans certains domaines si le Parlement l'a autorisé, au préalable, à agir en ce sens. Bien que l'immixtion du pouvoir exécutif dans l'élaboration de la loi soit un des thèmes de cette étude, nous n'étudierons pas les ordonnances. En effet, c'est précisément le rapport entre l'élaboration et la

---

10 DESPORTES (F.) et LE GUNEHEC (F.), *Droit pénal général*, 16ème éd., Economica, coll. Corpus, 2009

11 CORNU (G.) et Association Henri CAPITANT (dir.), *Vocabulaire juridique*, *op. cit.*

12 *Ibidem*

qualité de la loi qui nous intéresse ici, et non l'existence d'une possibilité d'ingérence du pouvoir exécutif dans le domaine de la loi. Seules les lois d'habilitation à légiférer par ordonnances sont susceptibles d'intégrer la définition de lois de circonstances et non les ordonnances prises en vertu de ces lois.

5. **Définition des lois de circonstances** – Selon Gérard CORNU, la loi de circonstances est : *« une mesure exceptionnelle (rationnement, moratoire, blocage des prix…) édictée en raison d'une situation particulière (état de guerre, crise économique), en principe destinée à prendre fin à l'expiration d'un délai déterminé (V. temporaire) ou à l'issue de la période considérée (V. provisoire), mais qui peut parfois se perpétuer »*[13]. Dans le cadre de notre étude, les lois de circonstances ne sont pas des mesures exceptionnelles, elles relèvent de la matière pénale générale. De plus, la situation particulière étudiée n'est pas l'état de guerre ni celle de la crise économique. Enfin, outre la prorogation de l'état d'urgence, les lois que nous étudierons ne sont ni temporaires ni provisoires. Dans ce cadre, nous retenons une définition propre de la situation particulière. Nous utilisons l'esprit de la définition du vocabulaire juridique et l'appliquons à des situations sociales et politiques particulières. Ces situations sont l'existence d'un fait divers, le changement de législature et l'utilisation de la procédure accélérée. D'un point de vue terminologique, aucune formulation ne saurait précisément caractériser les lois de circonstances de cette étude. Les termes de lois de réaction sociale ou encore de lois d'opportunité sont autant d'expressions que l'on pourrait utiliser ici. Nous retenons le terme de lois de circonstances plutôt que celui de lois de réaction sociale pour deux raisons. D'une part, du point de vue de la philosophie du droit, la loi est l'expression de la

---

13 CORNU (G.) et Association Henri CAPITANT (dir.), *Vocabulaire juridique*, *op. cit.*

volonté générale[14]. Cette volonté générale doit traduire la volonté du corps social, exprimée par le biais des élections du corps politique. Toutes les lois doivent exprimer la volonté du corps social et peuvent être définies comme des lois de réaction sociale. Tout au moins, les lois sont l'expression de la volonté du corps social. Or, il ne s'agit pas de remettre en cause l'élaboration des lois par le corps politique mais de regarder si les lois adoptées dans certaines situations particulières sont cohérentes. D'autre part, nous ne nous bornerons pas à étudier les lois adoptées en réponse à un fait divers *stricto sensu*. La délimitation des lois de circonstances introduit également l'étude des lois adoptées dans des circonstances politiques particulières. Les circonstances étudiées ne sont pas exclusivement sociales. Nous intégrons alors l'utilisation de la procédure législative accélérée et les lois adoptées dans le cadre des changements de législature.

Concernant le terme de lois d'opportunité, il est évident que toutes les lois sont des lois d'opportunité. La question utile serait de différencier la nature et la justification desdites opportunités. Nous optons alors pour le terme de lois de circonstances. Une critique terminologique des lois de circonstances est également possible pour les mêmes raisons car toutes les lois ont des circonstances d'adoption propres. C'est le critère de la situation particulière qui nous permet d'opter pour le terme de loi de circonstances. La sélection des lois de circonstances étudiées est, elle, subjective, et elle conditionne nécessairement les thèmes d'étude qui en découlent. Enfin, d'un point de vue purement orthographique, nous traiterons des lois de circonstances car nous considérons qu'aucune loi n'est adoptée en raison d'une circonstance unique.

L'étude des lois de circonstances a vocation à expliquer l'évolution de la politique pénale sur une durée relativement courte. Il est clair que les évolutions les plus marquantes dans ce

---

14 Art. 6 de la DDHC

domaine s'observent et se manifestent dans une dimension plus historique. Il convient alors de retracer brièvement l'évolution de la matière pénale dans cette dimension. Surtout, il est important de retracer l'évolution de la vision de la loi et de la peine selon les époques considérées. Le légicentrisme est récent, la vision actuelle de la peine ayant une fonction de resocialisation également. Le fait de voir les étapes de la détermination, du prononcé et de l'exécution des sentences dans une dimension historique permet d'ailleurs en ce sens de relativiser les critiques qui seront apportées dans cette étude relativement à l'évolution plus actuelle de la politique pénale. Dans cette dimension historique, nous différencions plusieurs périodes en fonction, justement, de l'évolution de la vision de la loi et de celle du châtiment.

6. **L'évolution de la vision de la loi** – La notion de droit applicable est étroitement liée à celle de souveraineté. La souveraineté est le : *« caractère suprême d'une puissance qui n'est soumise à aucune autre »*[15]. Cette souveraineté peut être de plusieurs ordres. C'est l'organe qui est titulaire de la souveraineté qui est habilité à édicter le droit applicable. Pour exemple, en droit constitutionnel, le pouvoir constituant est habilité à édicter le droit constitutionnel, le droit suprême de l'Etat et il instaure le pouvoir constitué qui lui, sera habilité à édicter le droit ordinaire. Aujourd'hui, en vertu de l'article 2 de la Constitution du 4 octobre 1958 : *« la souveraineté nationale appartient au peuple qui l'exerce par ses représentants et par la voie du référendum »*. La Nation, titulaire de la souveraineté, est une entité différente de la simple addition arithmétique des éléments qui la composent[16]. Elle se fonde sur des caractéristiques communes qui peuvent être de nature ethnique, sociale, religieuse ou encore linguistique. C'est l'unicité de cette entité qui la distingue de la

---

15 CORNU (G.) et Association Henri CAPITANT (dir.), *Vocabulaire juridique, op. cit.*

16 *Dictionnaire Le Grand Larousse illustré 2016*, Larousse, 2016

souveraineté populaire telle qu'elle était applicable à Athènes aux prémices de la démocratie. Evidemment, à Athènes, il était envisageable que chaque citoyen prenne part à la vie politique de l'Etat, ils étaient cinquante mille citoyens. Aujourd'hui, en France, faire participer plus de soixante-cinq millions de personnes à la vie politique semble inenvisageable en dehors du biais électoral.

Ce caractère suprême de la souveraineté s'applique dans un territoire donné. Le principe de territorialité est affirmé en droit français par l'article 3 du Code civil qui dispose que : *« les lois de police et de sûreté obligent tous ceux qui habitent le territoire »* et par l'article 113-2 du Code pénal, disposant que : *« la loi pénale française est applicable aux infractions commises sur le territoire de la République »*. Ce rappel nous permet, sans entrer dans les considérations liées aux compétences personnelles et réelle des juridictions françaises, d'aborder la vision de la loi dans son rapport au pouvoir souverain et au territoire donné. Il est évident aujourd'hui que la loi pénale française s'applique sur tout le territoire français et à l'égard de tous les Français. Cette vision permet d'entendre logiquement l'existence du principe d'égalité devant la loi et elle est le fruit d'une longue évolution.

Au Moyen-Age et, précisément, durant la féodalité, les rois voient leur souveraineté usurpée par les seigneurs qui exercent la justice pour leur compte et à leur frais[17]. Alors, il n'est pas question d'envisager le droit applicable comme un tout indivisible et applicable uniformément dans tout le royaume. En raison de la faiblesse de la Royauté, ce sont les seigneurs, suzerains de leurs fiefs, qui déterminent le droit applicable. La justice est privée. On ne peut pas parler de loi au sens actuel du terme mais bien de justice.

Plus globalement, le Moyen-âge est marqué par la concurrence des droits applicables et des juridictions compétentes.

---

[17] RENAUT (M-H.), *Histoire du droit pénal*, Ellipses, coll. Mise au point, 2005

Ces deux éléments sont intimement liés en raison du principe de solidarité des compétences législative et judiciaire. Ce principe induit que la juridiction d'un Etat n'applique pas le droit étranger. Cela s'entend notamment au regard de la concurrence des justices royales et ecclésiastiques, appliquant respectivement les droits royal et canonique. Au Moyen-âge, ce principe n'est pas absolu car toutes les juridictions protègent la religion. On recense quatre types de juridictions en concurrence que sont les juridictions seigneuriales, royales, ecclésiastiques et municipales. Dès le XIIème siècle, la justice royale va lutter afin d'affaiblir les justices seigneuriales et ecclésiastiques. Cette lutte se concrétisera par la création des appels[18]. Ces appels vont permettre de réaffirmer la primauté de la justice royale, celle exercée par les baillis et les parlements. Déjà, la création de ces appels permet d'amorcer une certaine unification du droit applicable. En effet, bien que les privilèges demeurent et que les comportements réprimés diffèrent selon les juridictions, c'est la vision royale du droit applicable qui domine. Il n'est pas question d'envisager ce droit applicable sous un angle démocratique mais seulement d'envisager l'uniformisation du droit applicable sur tout le territoire du Royaume. Ce phénomène s'est confirmé et amplifié durant l'Ancien-Régime. En effet, durant cette période, la Royauté a clairement réaffirmé sa souveraineté. Naturellement, on observe le déclin des justices seigneuriales et ecclésiastiques au profit des ordonnances royales et de l'augmentation des pouvoirs des parlements. Alors, la souveraineté reprend le pas sur la multitude de suzerainetés. À cette époque, la souveraineté est royale et absolue. Cette vision a des conséquences sur le droit applicable, la vision de la loi est désormais uniforme et émane du Roi. La puissance royale est à son apogée avec le règne de Louis XIV et déclinera progressivement jusqu'à la Révolution française.

---

[18] CARBASSE (J-M.), *Histoire du droit pénal et de la justice criminelle,* 3ème éd., PUF, coll. Droit fondamental. Classiques, 2014

La Révolution est un tournant majeur en ce que la souveraineté royale va se voir substituer une souveraineté nationale. La souveraineté nationale est originairement issue de l'article 3 de la DDHC des 23 et 26 août 1789 affirmant que : *« Le principe de toute Souveraineté réside essentiellement dans la Nation »*. C'est clairement la Révolution française qui va donner au droit, à la loi, son sens actuel. Surtout, la DDHC va borner le champ d'application et le domaine de la loi. La vision de ladite déclaration n'est alors que peu formelle, elle est pratique et il est question du droit applicable. Ensuite, la première illustration d'un système républicain, démocratique et bicaméral apparaîtra en 1795 sous le Directoire. La vision de la loi est alors proche de celle que l'on connaît aujourd'hui et les privilèges ayant été abolis, le principe d'égalité devant la loi prend tout son sens. Le retour à un système dictatorial sous l'Empire, sous le retour de la monarchie et sous le Second Empire provoquera un recul démocratique mais la vision de la loi uniforme demeurera. Cette évolution de la vision de la loi nous permet de comprendre l'importance de l'un des critères de la définition retenue par le vocabulaire juridique. En effet, la création de la loi est aujourd'hui attachée au critère organique d'être votée par le Parlement. La loi est un texte voté par le Parlement, et ce, depuis la création du Parlement dans son sens législatif. Il est évidemment utile de rappeler à cet effet que les parlements, sous les régimes royaux, étaient des cours de justice et non des organes titulaires du pouvoir législatif.

7. **L'évolution de la vision du châtiment** – Le droit de la peine tel qu'on le connaît aujourd'hui a lui aussi connu de nombreuses évolutions. Ces mutations suivent généralement les évolutions remarquables de la vision du droit et, naturellement, s'observent dans une dimension historique. Les deux éléments marquants sont l'utilisation des châtiments et la vision de la peine de mort.

D'une part, l'existence des châtiments corporels est intimement liée à la présence de l'Eglise dans la société médiévale.

Durant le Moyen-âge, la croyance voulait que la vie ait un caractère divin. La vie de l'âme, éternelle, était alors considérée comme aussi réelle que la vie du corps. Dès lors, les supplices subis par le corps afin de laver l'âme n'étaient pas envisagés comme de la cruauté mais considérés comme nécessaires[19]. Sur le caractère physique, corporel des châtiments, il est important de distinguer les peines des ordalies. Les ordalies étaient des moyens de preuve et non des châtiments. En effet, c'est l'intervention divine qui permettait de constater la culpabilité ou l'innocence de la personne accusée. Pour exemple, lors d'un duel judiciaire, l'innocence ne pouvait se prouver que par le fait de tuer son adversaire. Or, il n'était absolument pas question que les armes soient les mêmes pour les deux adversaires si leurs conditions sociales étaient différentes. Pire, l'ordalie par eau froide était utilisée afin de déterminer la culpabilité des sorcières. Là, seule la noyade permettait de prouver l'innocence de la personne accusée. C'est ce genre de pratique qui permet de comprendre l'importance, dans la DDHC, d'affirmer l'existence d'un principe d'égalité devant la loi[20], et de supprimer les privilèges. Ce moyen de preuve qu'est l'ordalie sera réfuté par l'Eglise et interdit par Saint Louis. La prohibition des ordalies n'induit en rien la suppression de la contrainte physique comme moyen de preuve ni celle des châtiments corporels. Durant l'Ancien-Régime en effet, l'un des faits marquants sera l'utilisation de la question, de la torture.

D'autre part, la peine de mort était très présente et prenait des formes particulièrement atroces comme le bûcher ou encore l'enfouissement. L'enfouissement sanctionnait les mères infanticides et consistait en un enterrement de la personne vivante. Sur la peine de mort, on ne peut que remarquer qu'aucun des systèmes juridiques de l'Histoire n'a envisagé de la

---

19 RENAUT (M-H.), *Histoire du droit pénal*, *op. cit.*

20 Art. 1er de la DDHC

supprimer. À cet égard, même la Révolution libérale de 1789 n'en fit pas état. Le Code pénal de 1791 était certes marqué par la naissance de la liberté individuelle et l'application du principe de légalité criminelle, mais la peine de mort faisait encore partie des mœurs. C'est le caractère supplicié de la peine de mort qui fut alors remis en cause. Et, l'idée de l'amendement du condamné était très présente. L'arrivée de Napoléon au pouvoir marqua le retour de l'automaticité des peines et celui des châtiments corporels. Le principe de légalité des délits et des peines a été confirmé et ne sera plus remis en cause.

Depuis, et durant l'époque contemporaine, la doctrine la plus révolutionnaire est celle de la défense sociale nouvelle[21]. La resocialisation du délinquant est affirmée comme étant une fonction de la peine. Cette doctrine a profondément inspiré l'évolution du droit de la peine qui, supprimant les châtiments corporels, fut concrétisée par l'abolition de la peine de mort par la loi du 9 octobre 1981[22]. C'est alors la peine de réclusion criminelle à perpétuité qui est devenue la peine la plus répressive en matière pénale. Cette époque est également marquée par la refonte du Code pénal et du Code de procédure pénale, déjà vieux de deux siècles. Concomitamment à cette évolution, une crise de la politique criminelle a commencé à être constatée[23]. Un intérêt pour la forme de l'élaboration de la norme pénale est né. Cet intérêt a fondé la science légistique qui est l'art de faire la loi[24].

---

21 ANCEL (M.), *La défense sociale nouvelle : un mouvement de politique criminelle humaniste*, *op. cit.*

22 Loi n°81-908 du 9 octobre 1981 portant abolition de la peine de mort

23 GASSIN (R.), La crise des politiques criminelles occidentales, *Problèmes actuels de science criminelle*, PUAM, 1985

24 GIUDICELLI (A.), Le principe de légalité en droit pénal français – aspects légistiques et jurisprudentiels, *Rev. sc. crim.*, 2007, p.509

8. **L'évolution des comportements incriminés** – Nous traitons de l'évolution des incriminations afin d'illustrer le fait que le crime n'est pas un phénomène immuable. La définition du crime dépend des valeurs que la société étudiée entend protéger. En ce sens, le crime est un fait social car il est défini par la société. Le crime est également un phénomène mouvant car il varie dans le temps et dans l'espace. Les mutations du crime dépendent de l'évolution des valeurs protégées. Pour s'en convaincre, nous retenons deux exemples à savoir le blasphème et l'adultère.

D'une part, le blasphème est une : *« parole ou discours qui outrage la divinité, la religion ou ce qui est considéré comme respectable ou sacré »*[25]. C'est un crime de langue contrairement au sacrilège qui réside dans la réalisation d'actes positifs de dégradation. L'élément matériel de l'infraction est très variable car il peut aller d'un juron anodin à une hérésie avérée[26]. Outre la concurrence des juridictions du Moyen-âge, on remarque que les juridictions laïques, non religieuses, étaient compétentes pour juger les auteurs de blasphèmes. Or, le blasphème est une infraction atteignant la religion. Dès lors, la religion catholique faisait partie des valeurs protégées par le droit pénal du Moyen-âge. Cette protection de la religion et, en particulier, de l'Eglise catholique a perduré. En effet, concernant le blasphème, bien que les libertés d'opinion et d'impression aient été proclamées par la DDHC[27], la loi du 17 mai 1819[28] réprimait les outrages à la morale publique et religieuse, ou aux bonnes mœurs. Ce texte, base légale de la répression du blasphème et notamment utilisé dans le cadre du procès de Gustave FLAUBERT sur

---

25 *Dictionnaire Le Grand Larousse illustré 2016*, *op. cit.*

26 RENAUT (M-H.), *Histoire du droit pénal*, *op. cit.*

27 Art. 10 et 11 de la DDHC

28 LAINGUI (A.), Les magistrats du XIXème siècle juges des écrivains de leur temps, *Cahiers de l'Association internationale des études françaises*, 1992, n°44

l'ouvrage Madame Bovary[29], deviendra caduc par l'adoption de la loi du 29 juillet 1881 sur la liberté de la presse. Il est intéressant de préciser que le délit de blasphème existait jusqu'en 2017 en Alsace-Moselle. C'est en effet une loi de 2017[30] qui a, récemment, abrogé l'article 166 du Code pénal allemand, applicable dans cette région. Cette disposition était bien entendu tombée en désuétude. L'exemple de l'incrimination du blasphème illustre parfaitement l'évolution de la place de la religion, y compris dans le droit pénal laïc. La loi de séparation de l'Eglise et de l'Etat marque en ce sens un tournant historique en ce qu'elle induit que les juridictions laïques ne protègent plus la religion. L'Eglise catholique reste un sujet de droit mais la morale religieuse n'est plus une valeur essentielle de la société que le droit pénal se doit de protéger. Enfin, on ne peut que constater qu'au-delà de la protection de la morale religieuse, le rapport au pouvoir, qu'il soit religieux ou non, a grandement évolué. En ce sens, on peut noter que la résistance à l'oppression est un droit imprescriptible de l'Homme[31]. Aussi, la valeur constitutionnelle du droit de grève[32] et l'importance du droit de manifester illustrent parfaitement le fait que la contestation du pouvoir en place fasse désormais partie des mœurs, au-delà de la prise en compte de la religion.

D'autre part, l'exemple de l'adultère nous permet également d'illustrer ce caractère mouvant du crime. L'adultère est : *« le fait pour une personne d'avoir des relations sexuelles avec une personne autre que son conjoint qui, en tant que violation du devoir de fidélité, constitue, aux conditions de l'article 242 du Code civil, une faute cause*

---

29 ARAGON (S.), Des liseuses en péril : Les images de lectrices dans les textes de fiction de *La Prétieuse* de l'abbé de Pure à *Madame Bovary* de Flaubert (1656-1856), Honoré Champion, coll. Les Dix-huitièmes siècles, 2003

30 Loi n°2017-86 du 27 janvier 2017 relative à l'égalité et à la citoyenneté

31 Art. 2 de la DDHC

32 Al. 7 du préambule de la Constitution du 27 octobre 1946 ; Décision n°79-105 DC du 25 juillet 1979

de divorce ou de séparation de corps et peut engager la responsabilité civile de son auteur »[33]. Cette définition est actuelle et traite de l'acte adultérin ainsi que de ses conséquences juridiques actuelles pour les deux époux. Déjà, il est important de distinguer les conséquences civiles et pénales de l'acte adultérin. Les conséquences civiles s'observent surtout dans le cadre du divorce. Nous ne nous attarderons pas sur ces conséquences civiles car notre étude a vocation à se centrer sur la matière pénale.

L'évolution des conséquences pénales de l'adultère nous permet de remarquer deux transformations des valeurs protégées par la société. L'absence d'uniformité du droit applicable durant le Moyen-âge empêche une vision complète de la répression de l'adultère. Pour autant, les mutations des valeurs protégées s'observent au-delà de ces différences de traitement pénal des femmes adultérines. Initialement, durant le Moyen-âge, seul l'adultère de la femme était incriminé pénalement. La valeur alors protégée par cette incrimination était triple. D'abord, l'adultère était une atteinte au sacrement du mariage, uniquement religieux. Ensuite, la famille patriarcale était protégée. En effet, le mari avait un droit d'usage exclusif sur sa femme et ce afin d'empêcher l'introduction d'enfants illégitimes dans la famille. La troisième valeur protégée était d'ordre patrimonial. Effectivement, l'introduction d'enfants illégitimes dans la famille a des conséquences sur la succession et lèse les enfants légitimes. C'est notamment ce dernier point qui explique la différence de traitement entre les adultères du mari et de la femme.

Après la Révolution française, les époux seront mis sur un relatif plan d'égalité au niveau pénal. En effet, le Code pénal de 1810 punit l'adultère de la femme et celui du mari. Cette égalité est très relative car la femme adultérine peut être

---

33 CORNU (G.) et Association Henri CAPITANT (dir.), *Vocabulaire juridique, op. cit.*

condamnée à une peine d'emprisonnement[34]. Le mari, lui, ne risque qu'une amende et uniquement dans le cas où il a entretenu une autre femme au domicile conjugal[35]. Cette incrimination permettait de protéger, en plus de la famille, le mariage civil créé après la Révolution française. Aussi, le principe d'égalité devant la loi tendait à s'appliquer de plus en plus. Bien que cette égalité soit relative, l'absence d'impunité totale de l'adultère du mari illustre également l'évolution de la vision de la famille patriarcale. Cette inégalité pénale perdurera jusqu'en 1975. C'est en effet une loi de 1975[36] qui va dépénaliser complètement l'adultère. Cette dépénalisation va dans le sens de la protection du consentement plus que du mariage ou de la famille. Aussi, l'égalité des sexes devient effective sur ce point. Par l'introduction du divorce par consentement mutuel, on parle alors de droit au divorce. Et, le mariage n'est plus une valeur essentielle que le droit pénal se doit de protéger. Bien entendu, cela ne s'applique qu'à l'égard du mariage civil. Le mariage religieux, lui, demeure indissoluble.

Enfin, il est utile de préciser qu'au cœur de cette évolution des conséquences pénales de l'adultère, la loi Naquet de 1884[37] avait poursuivi ce mouvement d'égalisation des conséquences de l'adultère du mari et de la femme. En effet, à partir de cette loi, l'adultère de l'une et de l'autre partie pouvait justifier le prononcé d'un divorce pour faute. Cette conséquence civile de l'adultère a un grand intérêt car le prononcé d'un divorce pour faute aux torts du mari pouvait justifier le versement d'une prestation compensatoire.

9. **Définition du phénomène criminel** – Au regard de ces évolutions, on ne peut que constater qu'au-delà de la réaction pénale qu'il suscite, le phénomène criminel est inhérent

---

34 Art. 337 du C. pén de 1810

35 Art. 339 du C. pén de 1810

36 Art. 17 de la loi n° 75-617 du 11 juillet 1975 portant réforme du divorce

37 Loi n° 14-485 du 27 juillet 1884 qui rétablit le divorce

à toute société[38]. Simplement, il n'est pas un phénomène continu et appréhendé uniformément. En effet, la définition du crime dépend inévitablement de la société dans laquelle on se trouve. L'histoire confirme cette position au regard de l'évolution du crime. Là où le blasphème et la lèse-majesté étaient des crimes importants dans l'ancien droit, ils ne sont plus réprimés juridiquement. En ce sens selon DURKHEIM, le crime est un fait social, il correspond à : *« tout acte qui, à un degré quelconque, détermine contre son auteur cette réaction caractéristique qu'on nomme la peine »*[39]. Le crime est une invention sociale et il se définit au regard de la réaction pénale qu'il suscite. CUSSON, lui, préfère appréhender le phénomène criminel, le crime, pour désigner : *« les infractions punissables au terme du Code pénal et causant un dommage évident à autrui »*[40]. Cette définition respecte la vision du fait social et de la définition sociétale du crime de DURKHEIM. Toutefois, on ne peut que remarquer que la définition du crime est alors subordonnée à l'existence d'un préjudice pour autrui. La question serait alors de savoir si l'Etat est intégré à la notion d'autrui, car certaines infractions pénales ne font pas forcément de victime au sens strict. Cette définition est moins marquante que celle de DURKHEIM, surtout car elle est volontairement restrictive. Là où ce dernier s'attache véritablement à procéder à la définition du phénomène criminel, CUSSON définit brièvement le crime dans le cadre spécifique de son étude sur le contrôle social du crime.

10. **Les fonctions du droit pénal** – En tout état de cause, le crime est un phénomène social dont la définition dépend inévitablement de la société étudiée. Dès lors, la loi pénale ne peut pas être d'une stabilité rigide. À cet égard, les fonctions du droit pénal, tel qu'il est entendu aujourd'hui, sont la répression, l'expression et la protection des personnes et de l'ordre

38 DURKHEIM (E.), *Les règles de la méthode sociologique*, *op. cit.*

39 DURKHEIM (E.), *De la division du travail social*, PUF, coll. Quadrige, 2013

40 CUSSON (M.), *Le contrôle social du crime*, PUF, coll. Sociologies, 1983

public. Précisément, le droit pénal a pour fonction d'exprimer les valeurs essentielles de la société et de sanctionner les comportements qui les atteignent[41]. La fonction de protection, elle, s'applique également à l'égard de la personne suspectée d'avoir commis une infraction. Cette fonction protectrice du droit pénal s'illustre notamment par la liberté individuelle telle qu'elle est définie par l'article 66 de la Constitution qui dispose en son alinéa 1er que : *« Nul ne peut être arbitrairement détenu »*. C'est effectivement l'autorité judiciaire qui, par le droit pénal, assure le respect de cette liberté individuelle[42]. Alors, la loi pénale doit se confronter aux évolutions de la société et respecter les fonctions qui lui sont attribuées. Le droit pénal a une relation étroite avec les valeurs que la société entend protéger. Les évolutions de la société conduisent nécessairement à une redéfinition continue du phénomène criminel. L'un des exemples clairs est celui de la cybercriminalité.

11. **L'intérêt de l'étude des lois de circonstances** – En doctrine, de nombreux articles traitant de politique pénale regrettent les lois adoptées en réponse à un fait divers criminel[43]. Néanmoins, aucune étude n'explique pourquoi cette méthode d'élaboration de la loi est ou serait regrettable. Là, outre la terminologie des lois de circonstances que nous retenons, définissons et tentons de caractériser précisément sur une période donnée, c'est ce rapport entre les motifs, les raisons de légiférer et la qualité de la loi pénale qui intéressent notre étude. L'une des questions importantes à laquelle nous tenterons de répondre est celle de savoir si la façon dont la loi est

---

41 DESPORTES (F.) et LE GUNEHEC (F.), *Droit pénal général*, *op. cit.*

42 Art. 66 al. 2 de la Constitution du 4 octobre 1958

43 DELMAS-MARTY (M.), *Les grands systèmes de politique criminelle*, *op. cit* ; LAZERGES (C.), *Introduction à la politique criminelle*, l'Harmattan, coll. Traité de sciences criminelles, 2000 ; GIUDICELLI (A.), Le principe de la légalité en droit pénal français – aspects légistiques et jurisprudentiels, *op. cit.* ; DE BRESSON (J-J.), Inflation des lois pénales et législations ou réglementations techniques, *Rev. sc. crim.*, 1985, p.241

élaborée a une incidence sur sa qualité intrinsèque. Bien entendu, n'étudiant que les lois de circonstances, nous ne pouvons qu'opérer la critique d'un type de loi. L'absence d'étude parallèle des lois qui n'entrent pas dans le cadre de la définition des lois de circonstances nous empêche scientifiquement d'apporter une réponse franche et tranchée. L'intérêt de notre étude est de tenter d'expliquer et d'illustrer pourquoi les lois de circonstances, adoptées dans des situations particulières proprement définies, sont juridiquement incohérentes au regard de l'évolution de la politique pénale et surtout au regard de l'évolution de la vision du délinquant. La définition des lois de circonstances est propre à cette étude et tente de regrouper les différents critères regrettés par la doctrine.

12. **La confrontation des lois de circonstances aux principes fondamentaux de la matière pénale** – Il est important de confronter les lois de circonstances aux principes fondamentaux du droit pénal actuel et notamment du principe de légalité criminelle. Ce principe pose des obligations en matière de qualité de la norme pénale. Aussi, le droit de la peine est régi par trois grands principes à valeur constitutionnelle que sont la nécessité, la proportionnalité et l'individualisation de la peine. La question que pose le développement des lois de circonstances est de savoir si elles respectent ces principes fondamentaux de la matière pénale. Or, il semble qu'un tel développement ne soit pas sans conséquence et provoque des atteintes à ces principes. D'un point de vue juridique, de telles atteintes ne sont pas admissibles. Les lois de circonstances ne caractérisent pas que de légères atteintes aux principes fondamentaux du droit. Depuis les années 1990, la théorie du droit pénal de l'ennemi a été définie. Il s'agit de différencier le régime pénal applicable en fonction de la qualité de l'infracteur. Dans certains cas, la qualité d'ennemi justifie ces atteintes aux principes fondamentaux du droit. C'est justement vers ce mouvement que tend le développement des lois de

circonstances. Ainsi, nous démontrerons en quoi le développement des lois de circonstances atteignant les principes fondamentaux de la matière pénale reflète l'existence du droit pénal de l'ennemi en France.

13. **L'organisation de l'étude des lois de circonstances** – L'atteinte aux principes fondamentaux du droit par les lois de circonstances se constate par la définition même de ces lois. Ces atteintes caractérisées vont plus loin que de simples considérations théoriques. Il est donc très important de mettre les lois de circonstances à l'épreuve des principes fondamentaux du droit (Partie 1). Ces atteintes aux principes fondamentaux du droit par les lois de circonstances illustrent pertinemment l'application du droit pénal de l'ennemi en France (Partie 2). Le droit pénal de l'ennemi est marqué par la volonté croissante d'élimination, de neutralisation et de surveillance définitive des ennemis. Ceux-ci ne sont alors plus considérés comme des citoyens et ne bénéficient plus des droits et libertés fondamentaux si chers à l'histoire de France.

1ère PARTIE

Les lois de circonstances à l'épreuve des principes fondamentaux du droit

14. La définition retenue des lois de circonstances nous amène à affirmer qu'elles sont des lois adoptées selon un critère d'opportunité, au détriment de la nécessité juridique. De nombreux principes encadrent le régime de la matière pénale en droit français. L'articulation de ces principes est délicate. Un équilibre doit être recherché dans l'association des principes ayant vocation à s'appliquer de manière théorique et ceux qui ont des répercussions concrètes sur les sujets de droit. Le principe de légalité criminelle a une valeur constitutionnelle. La seule définition des lois de circonstances illustre en soi une atteinte au principe de légalité criminelle (Chapitre 1). Cette vision théorique de la politique pénale de circonstances doit s'accompagner d'une étude concrète des lois étudiées. En effet, la définition des lois de circonstances étant propre à cette étude, nous expliquerons ensuite comment le développement d'une telle politique pénale peut conduire à provoquer des atteintes aux principes fondamentaux du droit. L'articulation des principes à valeur constitutionnelle est également délicate à réaliser dans le cadre du droit de la peine. Nous tenterons précisément de caractériser l'atteinte aux principes directeurs du droit de la peine et notamment au principe de l'individualisation des peines par les lois de circonstances (Chapitre 2).

Chapitre 1. Une définition des lois de circonstances contraire au principe de légalité criminelle

15. La définition des lois de circonstances est propre à cette étude et respecte l'esprit de la définition de CORNU. Elle s'inscrit dans un contexte particulier d'évolution de la politique pénale. En effet, les lois de circonstances font partie de ce que nous nommons et définissons comme politique pénale de circonstances (Section 1). Cette définition, au regard des obligations applicables en matière d'élaboration et de qualité de la norme, est en inadéquation avec le principe de légalité criminelle (Section2).

Section 1. La définition de la politique pénale de circonstances

16. Les lois de circonstances telles que nous les définissons ont toujours existé. Elles ont néanmoins tendance à se multiplier dans un contexte de crise de la politique pénale. Il est nécessaire de comprendre ce contexte du développement des lois de circonstances (§1) avant de les définir précisément (§2).

§ 1. Le contexte du développement des lois de circonstances

17. Le terme de crise est souvent galvaudé dans les études de sciences humaines. Le dictionnaire définit la crise comme un : *« moment très difficile, période, situation marquée par un trouble profond »*[44]. Une définition plus précise de la crise a été

---

[44] *Dictionnaire Le Grand Larousse illustré 2016, op. cit.*

proposée par MORIN[45] et adoptée dans l'étude de GASSIN sur la crise de la politique criminelle[46]. Cette définition est un concept sociologique qui associe les idées de perturbation du système, d'accroissement des désordres, de rigidification du système et de recherche de solutions.
On ne peut qu'affirmer que la politique pénale était en crise dans les années 1980, que cette crise perdure et qu'elle a conduit à la naissance de la légistique (A). Le contexte de développement des lois de circonstances est également juridique. La naissance de la légistique illustre l'intérêt croissant pour l'élaboration de la loi. Dès lors, ce contexte a provoqué la création d'un régime particulier d'élaboration de la norme, applicable aux projets de loi (B).

A. La crise de la politique pénale et la naissance de la légistique

18. La crise de la politique pénale telle qu'elle était caractérisée par GASSIN en 1985 perdure. En effet, tous les facteurs de manifestation et de justification de l'existence d'une crise définis par l'auteur à cette époque sont toujours observables aujourd'hui. La prise de conscience de l'existence d'une crise de la politique pénale (1) a conduit au développement de l'intérêt pour la légistique (2).

1. La crise de la politique pénale

19. **Les indices de la crise** – La politique pénale est une matière qui s'intéresse à la criminalité. Précisément, il s'agit d'un outil destiné à réduire la criminalité. La critique d'une politique pénale donnée s'opère notamment par une étude de l'évolution du taux de la criminalité. Toutefois, il serait erroné de faire correspondre une augmentation de la criminalité au seul échec de la politique pénale ou de la politique criminelle

---

45 MORIN (E.), Vers une crisologie – La notion de crise, *Revue Communications*, Le seuil, 1976, Volume 25, pp. 155-160

46 GASSIN (R.), La crise des politiques criminelles occidentales, *op. cit.*

menée[47]. Il faut utiliser la variation de la criminalité comme un indice de succès ou d'échec de la politique pénale sans lui donner une importance exclusive. Aussi, il est délicat de déterminer les indicateurs rationnels de manifestation de l'existence d'une crise de la politique pénale en dehors de ce taux. En effet, bien qu'il ne faille pas se fier qu'à des statistiques par nature manipulables[48], l'avantage de ces chiffres est qu'ils sont des données rationnelles.

L'existence d'une crise de la politique pénale a été démontrée par GASSIN en 1985[49]. Son étude nous permet de déterminer la nature des indices manifestant l'existence d'une crise de la politique criminelle et, précisément, de la politique pénale. L'auteur identifie les manifestations de la crise, ses motifs ainsi que les modalités de sortie de la crise. Bien qu'il fasse l'économie de la définition de la politique criminelle, les concepts évoqués nous permettent de distinguer les sujets relevant de la politique pénale de ceux relevant de la politique criminelle, conformément aux définitions expliquées en introduction. En effet, GASSIN nous explique que cette crise, en 1985, se manifeste par l'inflation du droit pénal et par le blocage des institutions répressives.

20. **L'inflation du droit pénal** – Concernant l'inflation du droit pénal, la crise de la politique pénale se manifeste par l'augmentation constante du nombre d'incriminations et notamment du nombre d'incriminations techniques. L'étude se fonde sur une étude menée au Canada pour étayer cet argument car la recherche menée ne concerne pas uniquement la politique criminelle française[50]. Sur ce point, il est intéressant de remarquer qu'un travail de recherche avait été initié pour dresser un bilan exhaustif des incriminations en France et que

---

47 *Ibidem*

48 *Le grand trucage : Comment le gouvernement manipule les statistiques*, Collectif Lorraine Date, éd. La Découverte, 2009

49 GASSIN (R.), La crise des politiques criminelles occidentales, *op.cit.*

50 *Ibidem*

ce travail n'a pas abouti[51]. La solution à cette inflation semble évidente. Le droit pénal ne doit incriminer que l'essentiel, et tout ce qui est essentiel[52]. Toutefois, on ne peut que constater que ce problème n'a pas été résolu, ni par la nouvelle codification pénale de 1994, ni depuis.

Certains comportements sont toujours soumis à de nombreux textes d'incrimination. Les infractions dites techniques sont toujours présentes. Ces infractions techniques provoquent une rupture d'égalité car elles sont méconnues des sujets de droit et parfaitement maîtrisées des administrations compétentes[53]. Cette inflation des réglementations pénales techniques doit se résoudre par un mouvement de dépénalisation de certains domaines du droit[54] et par l'amélioration de la qualité rédactionnelle de la loi pénale[55].

21. **Le blocage des institutions répressives** – Concernant le blocage des institutions répressives, il est utile de signaler que l'utilisation du terme blocage est un moyen pris par GASSIN afin de respecter la définition retenue du concept de crise de MORIN[56]. Outre cette question terminologique, l'auteur explique que les institutions répressives sont dépassées dans toutes les phases du procès pénal. Ces phases sont la police judiciaire, les poursuites, l'instruction et le jugement. Il constate également un blocage des institutions responsables de l'exécution des peines[57]. Le constat est clair, le nombre de signalements d'infractions et de dépôts de plaintes a considérablement augmenté entre les années 1950 et 1980, mais le

---

51 DESPORTES (F.) et LE GUNEHEC (F.), *Droit pénal général*, *op. cit.*

52 GASSIN (R.), La crise des politiques criminelles occidentales, *op. cit.*

53 *Ibidem*

54 COULON (J-M.), *La dépénalisation de la vie des affaires*, Ministère de la Justice, coll. rapports officiels, La documentation française, janvier 2008

55 DE BRESSON (J-J.), « Inflation des lois pénales et réglementations techniques », *op. cit.*

56 MORIN (E.), Vers une crisologie – La notion de crise, *op.cit.*

57 GASSIN (R.), La crise des politiques criminelles occidentales, *op. cit.*

nombre de fonctionnaires de police, de gendarmerie, et de la justice n'a pas suivi cette évolution de façon linéaire. Ainsi, ce n'est pas l'augmentation de la criminalité en soi qui a conduit à la crise de la politique criminelle mais bien l'absence d'adaptation des institutions à cette évolution.

22. **Les raisons de la crise** – Cette crise constatée s'explique par des motifs d'ordre sociologique et juridique. Les raisons sociologiques sont le défaut d'adaptation des lois pénales à l'éthique des sociétés modernes et l'éclatement des valeurs éthiques[58]. La raison juridique tient à l'absence d'efficacité des dispositifs mis en place, qu'ils soient individuels ou collectifs.

Concernant les motifs sociologiques, nous rappelons que l'étude date de 1985. L'auteur traitait alors notamment du droit des femmes, de l'avortement et de l'homosexualité. Or, la discrimination n'était pas pénalement réprimée de façon générale[59] et l'homosexualité était encore une maladie mentale selon le DSM3. Aujourd'hui, les discriminations en raison du sexe ou de l'orientation sexuelle d'une personne sont pénalement incriminées par le Code pénal[60].

Concernant la raison juridique, le constat est que les dispositifs de prévention de la délinquance fondés sur le traitement de l'infracteur ne sont pas plus efficaces que les mécanismes classiques de la peine privative de liberté[61]. En ce sens, la loi dite sécurité et liberté de 1981[62] marquait justement un retour à la vision de la peine utile de BENTHAM. Cette loi sera

---

58 *Ibidem*

59 Art. 187-1 de l'ancien C. pén.

60 Art. 225-1 du C. pén.

61 CUSSON (M.), *Le contrôle social du crime*, *op. cit.*

62 Loi n°81-82 du 2 février 1981 renforçant la sécurité et protégeant la liberté des personnes

modifiée deux ans plus tard et un retour à l'individualisation de la peine sera opéré[63].

23. **L'absence de résolution de la crise** – Les crises de la politique criminelle et de la politique pénale étaient ainsi constatées en 1985. On ne peut que regretter la présence actuelle des illustrations de cette crise. En effet, le Nouveau Code pénal de 1994 a permis de réorganiser le Code pénal mais l'ensemble des textes d'incriminations reste éparpillé lorsqu'il s'agit d'infractions techniques. Le constat de cette crise de la politique pénale a conduit au développement croissant de l'intérêt porté à l'élaboration de la norme et en particulier de la norme pénale. Au demeurant, le plus grand problème posé par GASSIN est celui de l'absence d'efficacité des mesures individuelles et collectives s'attachant plus au traitement de la délinquance qu'à la répression de cette dernière. En effet, ce constat sur l'absence d'efficacité desdites mesures démontre la nécessité d'instaurer des modes de contrôle de l'efficacité de la politique pénale.

2. La naissance de la légistique

24. **Définition et intérêt de la légistique** – La définition de la légistique, comme toutes les sciences humaines, n'est pas unanime et varie selon les auteurs. Toutefois, l'esprit de toutes les définitions respecte le fait que la légistique soit la science qui étudie l'art de faire la loi. En ce sens, elle est la : *« science de la composition des lois ; plus spécialement étude systématique des méthodes de rédaction des textes de loi »*[64]. Nous différencions alors naturellement les règles applicables à l'élaboration de la norme des règles applicables à la qualité intrinsèque de la norme. Il est utile de parler de légistique depuis la création d'un guide

---

63 Loi n°83-466 du 10 juin 1983 portant abrogation ou révision de certaines dispositions de la loi n°81-82 du 2 février 1981 et complétant certaines dispositions du Code pénal et du Code de procédure pénale

64 CORNU (G.) et Association Henri CAPITANT (dir.), *Vocabulaire juridique*, *op. cit.*

de légistique par le Conseil d'Etat et le Secrétariat général du Gouvernement en 2005. Ce guide, dont la deuxième et plus récente édition date de 2007, est mis à jour de manière informatique[65]. Avant l'élaboration de ce guide, les questions relatives à la qualité de la réglementation et de son élaboration se posaient déjà. En effet, le constat de la crise de la politique pénale avait conduit à la réalisation de recherches visant à améliorer la qualité de la rédaction de la loi. Parmi ces recherches, le rapport de 2002 intitulé *« La qualité de la réglementation »*[66], lui, sera suivi d'effets.

25. **La prise de conscience de la nécessité d'améliorer la qualité de l'élaboration de la loi** – Bien que la circulaire ne soit pas l'instrument normatif le plus important, deux circulaires de 2003[67] illustrent la volonté grandissante du pouvoir exécutif d'améliorer la qualité de la rédaction des normes. Pour exemple, dans la circulaire du 26 août, le Premier ministre demandait aux ministres et aux secrétaires d'Etat de se doter d'une charte de la qualité de la réglementation et de respecter les recommandations du rapport présidé par MANDELKERN dans le cadre de la rédaction des textes normatifs et notamment des projets de loi. Ces circulaires marquent le point de départ de notre étude sur les lois de circonstances. En effet, elles manifestent la prise de conscience de la crise de la politique pénale. Aussi, ces circulaires tentent d'établir des règles permettant d'améliorer la qualité de l'élaboration des lois et des règlements. L'objectif de réduire l'inflation normative et simplifier le droit est alors présent. Cet objectif se manifeste également dans le guide de légistique qui affirme qu'une loi doit répondre d'une obligation juridique et

---

65 Guide de Légistique – Site internet Legifrance.gouv.fr

66 MANDELKERN (D.) (sous la présidence de), *Rapport du groupe de travail interministériel sur la qualité de la réglementation*, La documentation française, 2002

67 Circulaire du 26 août 2003 relative à la maîtrise de l'inflation normative et à l'amélioration de la qualité de la réglementation ; Circulaire du 30 septembre 2003 relative à la qualité de la réglementation

non d'un choix d'opportunité[68]. Ensuite, d'autres groupes de travail se pencheront sur la qualité de la réglementation[69].

26. **Les effets des rapports sur l'amélioration de la qualité de la réglementation** – De ces rapports et circulaires va naître l'idée selon laquelle il faut encadrer la rédaction des projets de loi. Dès lors, la loi organique du 15 avril 2009[70] dispose en son article 7 que : *« Les projets de loi sont précédés de l'exposé de leurs motifs »*. Il est surprenant de s'apercevoir que cette obligation date de 2009. Il ne faut pas entendre que les projets de loi n'étaient jamais motivés avant mais que cette obligation est récente. Aussi, cette obligation ne s'applique qu'aux seuls projets de loi. Les propositions de loi n'y sont pas soumises. La naissance de la légistique a donc permis une prise de conscience de la nécessité d'améliorer l'élaboration de la norme. En revanche, les obligations qui en sont nées, pour la plupart, ne s'appliquent qu'aux textes émanant du Gouvernement.

B. Le régime applicable au Gouvernement dans le cadre de l'élaboration de la loi

27. Un projet de loi est un *« texte proposé pour être adopté par le Parlement ou le peuple comme loi, et émanant de l'initiative gouvernementale »* là où une proposition de loi est un *« texte proposé pour être adopté comme loi, et émanant de l'initiative parlementaire »*[71].

Le Gouvernement est constitué de l'ensemble des organes du pouvoir exécutif[72]. En vertu de l'article 48 de la Constitution,

---

68 Guide de Légistique, *op. cit.*

69 LASSERRE (B.), *Pour une meilleure qualité de la réglementation* ; La documentation française, 2004 ; SAUVE (J-M.), *La qualité de la loi*, audition devant le groupe de travail Assemblée nationale – Sénat sur la qualité de la loi, le 6 mai 2010.

70 Loi organique n°2009-403 du 15 avril 2009 relative à l'application des articles 34-1, 39 et 44 de la Constitution

71 CORNU (G.) et Association Henri CAPITANT (dir.), *Vocabulaire juridique*, *op. cit.*

72 *Ibidem*

il dispose de la faculté de fixer l'ordre du jour de chaque assemblée parlementaire pour la moitié des séances parlementaires. Sur le fond comme sur la forme, les projets de loi, émanant du pouvoir exécutif, sont soumis à des obligations plus importantes que les propositions de loi (1). Au-delà des obligations, le pouvoir exécutif est également le seul habilité à déclencher la procédure accélérée (2).

1. L'obligation de procéder à une étude d'impact

28. **Le domaine des projets de loi** – Le développement de la légistique a permis de développer un intérêt croissant pour l'élaboration de la norme. Cet intérêt s'est concrétisé par des réformes créant des obligations de fond et de forme. Ces obligations diffèrent selon qu'il s'agisse des projets ou des propositions de loi pour plusieurs raisons. D'abord, sur le fond, les projets de loi ont un domaine exclusif et un domaine partagé avec les propositions de loi. En effet, les lois d'habilitation à légiférer par ordonnance, les lois de ratification des traités et conventions internationaux et les lois de finances et de financement de la sécurité sociale sont à l'initiative exclusive du Gouvernement[73]. Les autres matières relevant de l'article 34 de la Constitution peuvent faire l'objet d'un projet ou d'une proposition de loi. Toutefois, l'article 40 de la Constitution dispose que : *« Les propositions et amendements formulés par les membres du Parlement ne sont pas recevables lorsque leur adoption aurait pour conséquence soit une diminution des ressources publiques, soit la création ou l'aggravation d'une charge publique »*. Cette interdiction exclusivement applicable aux propositions de loi semble surprenante car elle réduit considérablement l'initiative parlementaire. Le domaine budgétaire ne semble relever que de l'initiative gouvernementale. En effet, cette interdiction

[73] Guide de Légistique, *op. cit.* ; Art. 38 de la loi organique n°2001-692 du 1er août 2001 relative aux lois de finances

s'inscrit dans la continuité de l'impossibilité pour les parlementaires de proposer des *« propositions de loi de finances »*.

29. **L'étude d'impact** – Au niveau formel, la grande différence se caractérise par l'obligation pour le Gouvernement de procéder à une étude d'impact des projets de loi qu'il dépose. En vertu de l'article 8 de la loi organique du 15 avril 2009 : *« Les projets de loi font l'objet d'une étude d'impact »*[74]. L'obligation de procéder à une étude d'impact ne s'applique pas à tous les projets de loi. En effet, l'article 11 de ladite loi dispose que : *« L'article 8 n'est pas applicable aux projets de révision constitutionnelle, aux projets de loi de finances, aux projets de loi de financement de la sécurité sociale, aux projets de loi de programmation visés au vingt et unième alinéa de l'article 34 de la Constitution ainsi qu'aux projets de loi prorogeant des états de crise »*. Les lois de programmation du vingt et unième alinéa de la Constitution concernent les lois de programmation des finances publiques. Il est très important de considérer ces exceptions dans le cadre de l'étude des lois de circonstances. En effet, cette liste d'exceptions est d'interprétation stricte. Les projets de loi concernant d'autres domaines doivent nécessairement être précédés d'une étude d'impact. Les études d'impact sont précisément définies par la loi organique et doivent ainsi traiter de l'articulation du projet de loi avec le droit existant ainsi que de ses modalités d'application et conséquences économiques et sociales[75]. En tout état de cause, cette obligation de procéder à une étude d'impact démontre la volonté de regard du Parlement sur l'élaboration de la loi par le Gouvernement. Elle permet d'encadrer le rôle du pouvoir exécutif qui est très actif dans le cadre de l'élaboration de la loi. Ce rôle très actif s'observe jusqu'au vote de la loi, domaine réservé, bien entendu, aux parlementaires élus. En effet, les prérogatives du

---

[74] Loi organique n°2009-403 du 15 avril 2009 relative à l'application des articles 34-1, 39 et 44 de la Constitution

[75] *Ibidem*

Gouvernement vont plus loin que la simple élaboration des projets de loi et que la fixation de l'ordre du jour des assemblées. Celui-ci est habilité à déclencher la procédure législative accélérée.

2. L'utilisation de la procédure accélérée par le Gouvernement

30. **Les procédures législatives** – Depuis la révision constitutionnelle de 2008[76], l'article 42 de la Constitution dispose que : *« La discussion en séance, en première lecture, d'un projet ou d'une proposition de loi ne peut intervenir, devant la première assemblée saisie, qu'à l'expiration d'un délai de six semaines après son dépôt. Elle ne peut intervenir, devant la seconde assemblée saisie, qu'à l'expiration d'un délai de quatre semaines à compter de sa transmission »*. Ce délai de six semaines permet aux parlementaires d'avoir le temps de prendre connaissance des textes. Ce délai permet également aux parlementaires de préparer l'exercice de leur droit d'amendement[77] et il s'applique dans le cadre de la procédure législative ordinaire. En revanche, l'article 42 de la Constitution poursuit par un quatrième alinéa qui affirme que : *« l'alinéa précédent ne s'applique pas si la procédure accélérée a été engagée dans les conditions prévues à l'article 45. Il ne s'applique pas non plus aux projets de loi de finances, aux projets de loi de financement de la sécurité sociale et aux projets relatifs aux états de crise »*. Ainsi, le Gouvernement peut engager la procédure accélérée[78] et cela a pour effet de supprimer le délai entre le dépôt du texte et sa discussion en séance. La procédure accélérée a remplacé la déclaration d'urgence qui permettait au Premier ministre de : *« provoquer la*

[76] Loi constitutionnelle n°2008-724 du 23 juillet 2008 de modernisation des institutions de la Vè République

[77] Art. 44 de la Constitution

[78] Art. 45 de la Constitution

réunion d'une commission mixte paritaire chargée de proposer un texte sur les dispositions restant en discussion »[79].

31. **L'objectif de la procédure législative accélérée** – Précisément, que le terme employé soit la procédure accélérée ou la déclaration d'urgence, l'objectif reste le même. Il s'agit de permettre l'adoption du texte le plus rapidement possible. Cela n'induit pas nécessairement que lorsque la procédure accélérée est déclenchée le texte soit adopté rapidement. Cette procédure marque seulement la volonté du Gouvernement en ce sens. On ne peut que regretter l'absence de contrôle efficace de l'utilisation de ce dispositif. Déjà, le rapport d'activité du Sénat le regrettait en 2007[80]. Certaines études regrettent le principe de la procédure accélérée[81], mais aucune étude ne traite de l'efficacité de ladite procédure. En d'autres termes, il serait utile d'étudier le rapport entre l'efficacité des normes adoptées après l'utilisation de la procédure accélérée et de le comparer avec celui de l'utilisation de la procédure ordinaire. Sur ce point, Monsieur GAHDOUN regrettait en 2008 que : *« Les lois votées en urgence souffrent généralement d'un défaut de mesures d'application bien supérieur à la moyenne »*[82]. Nous tenterons d'expliquer que son utilisation abusive a un effet malheureux sur la qualité de la norme pénale. Toutefois, l'étude n'inclut pas toutes les lois votées à la suite de l'utilisation de la procédure accélérée. Dès lors, nous tenterons d'illustrer le fait que dans le cadre des lois de circonstances, on peut légitimement et juridiquement regretter l'utilisation abusive cette procédure.

---

79 Art. 45 de la Constitution dans sa version en vigueur jusqu'à la révision constitutionnelle du 23 juillet 2008

80 *Le contrôle de l'application des lois*, Synthèse des travaux des commissions permanentes au 30 septembre 2007, 59è rapport, Service des commissions du Sénat, République française p.117

81 CALMES – BRUNET (S.), Le temps du débat législatif, *Cahiers de recherches sur les droits fondamentaux*, PUC, Volume n°10, 2012, pp.81 à 96

82 GAHDOUN (P-Y.), L'amélioration de la fabrication des lois, *AJDA*, Dalloz, 2008, p.1872

§2. La définition des lois de circonstances

32. Les lois de circonstances désignent les lois qui sont adoptées en dehors d'une certaine cohérence légistique. Plusieurs critères nous permettent de définir précisément ce que nous entendons par lois de circonstances pour les besoins de cette étude (A). La définition précise desdits critères nous permet de caractériser l'ensemble des lois de circonstances adoptées depuis le 26 août 2003 et la prise de conscience de la nécessité de maîtriser l'inflation normative et d'améliorer la qualité de la réglementation (B).

A. La définition positive des lois de circonstances

33. Afin de définir les lois de circonstances, nous retenons plusieurs critères de natures différentes. Dès lors, les critères de forme s'attachent à étudier plusieurs situations particulières (1), ces critères nous permettant de ne pas nous détacher de l'esprit de la définition juridique des lois de circonstances. Ensuite, le critère de fond retenu est la récurrence thématique d'un sujet (2). C'est le constat de l'existence de cette récurrence thématique qui nous amène à l'utiliser comme critère de définition des lois de circonstances.

1. Les situations particulières

34. **La définition existante des lois de circonstances** – Selon le vocabulaire juridique, la loi de circonstances est : *« une mesure exceptionnelle (rationnement, moratoire, blocage des prix…) édictée en raison d'une situation particulière (état de guerre, crise économique), en principe destinée à prendre fin à l'expiration d'un délai déterminé (V. temporaire) ou à l'issue de la période considérée (V. provisoire), mais qui peut parfois se perpétuer »*[83]. Cette définition est restrictive quant au domaine des lois de circonstances. De plus, le guide de légistique élaboré par le Conseil d'Etat et le

---

[83] CORNU (G.) et Association Henri CAPITANT (dir.), *Vocabulaire juridique*, *op. cit.*

Secrétariat Général du Gouvernement pose les principes de l'élaboration des normes et affirme qu'avant de rédiger un texte, qu'il soit législatif ou réglementaire, il faut se poser la question : *« La réforme répond-elle à une obligation juridique ou à un choix d'opportunité ? »*[84]. On entend ici l'exigence de respecter un principe de nécessité et de proportionnalité de la norme. En effet, pour le Conseil d'Etat, les normes doivent être nécessaires et elles doivent demeurer le moyen adéquat de répondre à une question donnée.

35. **La définition propre des lois de circonstances** – Dans le cadre de notre étude, nous associons ces deux propositions afin de retenir une définition propre des lois de circonstances associant le critère de la situation particulière et celui de l'opportunité. ***Les lois de circonstances sont donc les lois adoptées dans des situations particulières qui démontrent l'absence de nécessité de la norme***. Nous nous attachons ainsi aux raisons de légiférer ainsi qu'à la façon de légiférer. L'objectif est de confronter les circonstances de l'élaboration de la norme à sa qualité intrinsèque. Nous distinguons par cette définition deux types de politique pénale à savoir une politique pénale de réflexion et une politique pénale de réaction. La politique pénale de réaction s'illustre au travers de circonstances tant sociales que politiques. Nous étudierons la politique pénale de réaction, celle qui sort du cadre de la réflexion.

36. **Les situations particulières étudiées** – Nous retenons en ce sens trois situations particulières que sont la survenance d'un fait divers criminel, le changement de législature et l'utilisation de la procédure accélérée.

Les lois adoptées en réponse aux faits divers sont des lois qui se basent sur l'émotion pour en déduire des évolutions juridiques. Bien qu'il ne soit pas question de considérer le droit

---

84 Guide de Légistique, *op. cit.*

comme imperméable vis-à-vis de l'évolution de la société, il est important de démontrer que ces lois ne sont pas juridiquement cohérentes. L'existence même de ce type de lois démontre qu'elles font l'objet d'un consensus au moment de leur adoption. Or, tous les auteurs de politique pénale et de politique criminelle regrettent l'existence de ce type de loi[85]. Nous occulterons le volet social pour se concentrer exclusivement sur la logique juridique de notre système pénal.

Ensuite, la situation particulière du déclenchement de la procédure accélérée est une circonstance politique. L'utilisation de la procédure accélérée ne signifie pas que la loi ait été adoptée dans un temps très court. Elle démontre une volonté d'action rapide du Gouvernement. En soi, cette volonté d'action rapide peut être louable mais elle n'est pas toujours bénéfique au droit.

Enfin, nous étudierons également les lois adoptées dans le cadre des changements de législature. Le changement de législature s'opère à chaque élection législative. L'élection des députés est une circonstance politique. Par l'association des articles 6 de la Constitution et LO 121 du Code électoral, les mandats présidentiels et législatifs sont concomitants. En effet, l'instauration du quinquennat présidentiel par la loi du 2 octobre 2000 fait correspondre les durées des mandats du Président de la République et des députés. De plus, la loi organique du 15 mai 2001[86] a modifié la durée du mandat des députés et affirmé que : *« Les pouvoirs de l'Assemblée nationale expirent le troisième mardi de juin de la cinquième année qui suit son élection »*. Dans son ancienne rédaction, l'article LO 121 du

---

[85] DELMAS-MARTY (M.), *Les grands systèmes de politique criminelle, op. cit.* ; LAZERGES (C.), *Introduction à la politique criminelle, op. cit.* ; GIUDICELLI (A.), Le principe de la légalité en droit pénal français – aspects légistiques et jurisprudentiels, *op. cit.* ; DE BRESSON (J-J.), Inflation des lois pénales et législations ou réglementations techniques, *op. cit.*

[86] Loi organique n°2001-419 du 15 mai 2001 modifiant la date d'expiration des pouvoirs de l'Assemblée nationale

Code électoral disposait que les pouvoirs de l'Assemblée Nationale expiraient en avril. Cette modification semble anodine mais elle permet de faire correspondre parfaitement les élections présidentielles et législatives. En effet, ces élections sont séparées de moins de deux mois et les hypothèses de cohabitation s'en trouvent considérablement réduites. Le changement de législature est une situation particulière au regard de la définition des lois de circonstances car il est clair que les premières lois adoptées en début de législature ont été rédigées rapidement, et non dans le cadre d'une politique pénale de réflexion. Nous étudierons les lois adoptées dans le cadre de cette situation politique particulière et démontrerons qu'elles ne sont pas cohérentes. L'exemple type d'une loi adoptée dans ce cadre est la loi du 10 août 2007[87] qui institue des peines minimales en cas de récidive.

Enfin, il n'est pas question de critiquer le caractère politique de l'élaboration des lois. Ce caractère est inévitable dans le cadre de la démocratie représentative. Il s'agit d'étudier les situations particulières qui rompent avec le principe de nécessité des normes. Au-delà de ces trois situations particulières, nous retenons également la notion d'opportunité dans le cadre de la définition des lois de circonstances. Or, cette absence d'obligation juridique de légiférer s'illustre également par la récurrence de certains thèmes. En effet, nous traiterons également des lois dont l'objet est récurrent, trop récurrent.

2. La récurrence thématique

37. **L'exclusion des lois de circonstances juridiques** – Les lois de circonstances sont des lois qui ne répondent pas d'une nécessité juridique. Naturellement, nous écartons l'étude des lois de circonstances juridiques. Ces lois sont de deux ordres. D'une part, ce que nous appelons lois de circonstances juridiques correspond aux lois de ratification des

---

[87] Loi n°2007-1198 du 10 août 2007 renforçant la lutte contre la récidive des majeurs et des mineurs

traités, accords et conventions internationales, bilatérales, multilatérales et européennes. D'autre part, nous intégrons également sous ce terme de lois de circonstances juridiques les lois adoptées dans le but de faire respecter les principes issus des droits supra-législatifs. Ces droits sont le droit constitutionnel, le droit de l'Union européenne, le droit européen des droits de l'Homme et le droit international. En effet, certaines lois sont des lois de mise en conformité du droit interne et ce mécanisme est indispensable. C'est dans ce cadre que la loi sur la garde à vue[88] de 2011 a été adoptée. Le Conseil constitutionnel avait déclaré le régime de la garde à vue inconstitutionnel et donné un délai au Législateur pour réformer ce régime[89]. Cette déclaration d'inconstitutionnalité était inévitable et intervint alors que le régime de la garde à vue allait être déclaré contraire à la CESDH quelques mois plus tard[90].

38. **La récurrence thématique législative** – Le critère de la récurrence thématique est apprécié concrètement. En effet, on constate par l'étude de l'ensemble des thèmes abordés par le Législateur dans le cadre de la matière pénale que certains thèmes sont récurrents. Pour exemple, depuis l'année 2012, le terrorisme et la défense sont les thèmes de légifération privilégiés du Législateur. Cette récurrence n'est pas nouvelle et s'observe également concernant la récidive. Entre 2002 et 2010, de nombreuses lois ont été adoptées sur ce point[91]. Cette sur-légifération s'opère nécessairement en dehors d'une réflexion globale sur ces sujets. À tout le moins, on ne peut qu'affirmer que des lois sont votées avant même que les mécanismes mis en place aient pu être évalués. Dès lors, nous considérons comme lois de circonstances les lois

---

88 Loi n°2011-392 du 14 avril 2011 relative à la garde à vue

89 Décision n°2010 14/22 QPC du 30 juillet 2010

90 CEDH Brusco c/ France, 14 octobre 2010, requête n°1466/07

91 Voir *infra* Partie 1, Chapitré 2, Section 1, §2

adoptées dans l'une des situations particulières précédemment définies et les lois répondant d'une récurrence thématique manifeste.

39. **L'exclusion des propositions de loi relatives à la simplification du droit** – Enfin, concernant ce critère de la récurrence, nous écartons un thème qui répond de ce critère. En effet, de nombreuses lois sur la simplification, la clarification ou la modernisation du droit ont été votées. Néanmoins, l'étude de ces lois nous force à reconnaître qu'elles sont le fruit d'un travail réfléchi. Pour la plupart, elles sont issues de propositions de loi de Monsieur WARSMANN. La volonté de simplification du droit étant louable et l'objectif étant atteint par les lois issues de ces propositions, nous avons exclu ces lois de procédure de la caractérisation des lois de circonstances. En effet, ces lois n'entrent pas dans le champ d'application de la définition des lois de circonstances au regard de l'esprit de ladite définition.

B. La caractérisation des lois de circonstances

40. Le point de départ de la présente étude des lois de circonstances est fixé à la date de l'une des différentes prises de conscience de la nécessité d'améliorer la qualité de la réglementation et de l'élaboration de la réglementation. La prise de conscience envisagée est illustrée par les deux circulaires de 2003 relatives à la qualité de la réglementation[92]. Dès lors, la méthodologie de la sélection des lois de circonstances (1) dont découle nécessairement l'objet de la présente étude (2) s'opère à partir de la date du 26 août 2003.

1. La méthodologie de sélection des lois de circonstances

41. **La subjectivité de la caractérisation des lois de circonstances** – La définition des lois de circonstances est

---

92 Circulaire du 26 août 2003 relative à la maîtrise de l'inflation normative et à l'amélioration de la qualité de la réglementation ; Circulaire du 30 septembre 2003 relative à la qualité de la réglementation

une définition propre à cette étude. Dès lors, la sélection des lois de circonstances étudiées sera nécessairement propre à cette étude. Afin de déterminer quelles lois intégraient la définition des lois de circonstances retenues, la démarche méthodologique a d'abord été exhaustive. Ainsi, nous avons recensé l'ensemble des lois adoptées intéressant la matière pénale entre le 26 août 2003 et la fin de la XIVème législature le 20 juin 2017. Nous en avons recensé 133[93]. Ensuite, la caractérisation des lois de circonstances s'est opérée positivement et négativement en suivant les quatre critères retenus dans la définition.

42. **La caractérisation positive des lois résultant de la survenance d'un fait divers** – Dans un premier temps, nous avons retenu les lois adoptées en réponse directe aux faits divers. Ces lois sont les lois adoptées en réponse aux faits divers de plusieurs types. D'abord, on retrouve les lois intéressant la récidive et la délinquance sexuelle adoptées à la suite de faits divers commis par des personnes condamnées pour des infractions sexuelles en état de récidive. Aussi, nous intégrons également les lois adoptées en matière de terrorisme depuis 2012. Concernant ce dernier point, il est nécessaire de rappeler que depuis les années 1990 la problématique du terrorisme est abordée et on peut recenser de nombreuses lois sur ce thème. Et, de nombreux attentats ont eu lieu à l'étranger depuis le début des années 2000 (New York, Londres et Madrid notamment). Toutefois, en France, c'est l'affaire Mohammed MERAH qui a conduit à l'adoption rapide d'une loi sur le terrorisme. Depuis, les attentats se succèdent et les lois tentant d'y répondre également.

43. **L'étude des lois adoptées dans le cadre des deux changements de législature** – Ensuite et dans un deuxième temps, nous avons retenu les lois adoptées avant et après les

---

93 Les lois de ratification de textes internationaux et d'adaptation au droit de l'UE et au droit de la CEDH ne sont pas incluses dans l'annexe 1

changements de législature. Depuis 2003, nous constatons deux changements de législature en 2007 et en 2012. Dès lors, nous nous sommes intéressés précisément aux lois adoptées durant les mois de février à août 2007 et 2012. Concernant 2017, on peut relever trois lois intéressant la matière pénale en février et mars 2017 (sur la prescription, sur la sécurité publique et sur l'extension du délit d'entrave à l'IVG)[94]. Néanmoins, ces lois demeurent trop récentes pour que nous puissions en faire une analyse approfondie.

44. **L'exclusion de l'utilisation de la procédure ordinaire** – Dans un troisième temps, nous avons étudié l'utilisation de la procédure accélérée et exclu toutes les lois qui n'avaient pas fait l'objet d'une procédure accélérée depuis 2008 ou d'une déclaration d'urgence avant. On rappelle que c'est par la révision constitutionnelle du 23 juillet 2008 que la déclaration d'urgence est devenue la procédure accélérée.

45. **L'application du critère de la récurrence thématique** – Enfin et dans un quatrième temps, nous retenons les lois qui, répondant ou non aux précédents critères, sont relatives à des thèmes que l'on observe de façon récurrente. Nous appliquons ici le critère de la récurrence thématique précédemment défini. La prise en compte de façon exhaustive des lois intéressant la matière pénale depuis 2003 nous a en ce sens permis d'avoir une vision globale sur les thèmes abordés et sur ceux qui sont récurrents. De manière peu surprenante, nous retrouvons les lois sur la récidive, la violence (sexuelle ou générale) et le terrorisme. Dès lors, nous traiterons de la loi du 12 décembre 2005[95]. En effet, la proposition de cette loi est antérieure aux événements sociétaux intervenus en

---

[94] Loi n°2017-242 du 27 février 2017 portant réforme de la prescription en matière pénale ; Loi n°2017-258 du 28 février 2017 relative à la sécurité publique ; Loi n°2017-347 du 20 mars 2017 relative à l'extension du délit d'entrave à l'interruption volontaire de grossesse

[95] Loi n° 2005-1549 du 12 décembre 2005 relative au traitement de la récidive des infractions pénales

2005. Clairement, cette loi ne répondait pas aux critères posés dans la définition des lois de circonstances si l'on s'intéresse aux critères de forme. Toutefois, nous remarquons qu'elle s'inscrit dans le cadre d'une politique pénale décennale relative au traitement de la récidive. Le thème de la récidive et de la prévention des infractions fait l'objet de lois de façon récurrente depuis les années 2000 et nous étudierons ces lois dans leur globalité, intégrant ainsi la loi de 2005.

46. **Sur l'application des critères retenus** – Cette méthode de caractérisation des lois de circonstances a donc consisté en une application des critères précédemment définis. L'application de ces critères demeure propre à cette étude et nous permet de dresser un inventaire précis des lois intéressant la matière pénale adoptées depuis 2003. Surtout, elle nous permet de visualiser la proportion d'utilisation des critères retenus dans la définition des lois de circonstances[96]. Néanmoins, de cette liste, nous choisissons de ne pas étudier toutes les lois de circonstances pour plusieurs raisons. D'abord, il serait inintéressant et contreproductif d'étudier isolément chaque loi afin de déterminer sa valeur et sa cohérence. Ensuite, certaines lois répondant des critères de forme posés ne relèvent pas d'un choix d'opportunité et ne peuvent alors pas intégrer la caractérisation des lois de circonstances étudiées.

2. L'objet de l'étude

47. **L'exclusion des formes de criminalité nouvellement prises en compte par le droit pénal** – Cette étude de politique pénale n'ayant pas vocation à être linéaire, nous préférons différencier quelques types de lois. Certains thèmes doivent être exclus de cette étude. En premier lieu, nous ne traiterons pas des nouvelles formes de criminalité. Les nouvelles formes de criminalité sont de deux ordres. D'abord, la

---

96 Voir annexe 1 – Liste des lois intéressant la matière pénale depuis le 26 août 2003

cybercriminalité et la bioéthique sont des thèmes qui existent aujourd'hui en raison de l'évolution de la technologie. Dès lors, il est indispensable que le droit pénal s'intéresse à ces domaines. Nous ne traiterons pas des lois qui tentent d'adapter le droit à l'évolution de ce type de criminalité. Ces lois ne sont pas nombreuses mais elles auraient pu intégrer cette étude au regard des critères de forme de la définition des lois de circonstances. Ensuite, nous entendons également par nouvelle forme de criminalité la thématique des violences conjugales. Il n'est pas question de considérer que ce type de violence est récent. Toutefois, le droit pénal doit s'adapter à la particularité de ce type de criminalité et tente de le faire progressivement. C'est une forme de criminalité nouvellement prise en compte par le droit pénal.

48. **Une étude centrée sur les personnes délinquantes** – En deuxième lieu, nous différencions l'agressologie de la victimologie. Ces deux sciences criminologiques s'intéressent à l'auteur de l'infraction pour la première et à la victime pour la seconde. Nous nous intéressons exclusivement à l'étude des auteurs d'infractions. En ce sens, nous aborderons le cas de la protection des mineurs mais uniquement dans le cadre de la protection des mineurs délinquants et non des mineurs victimes. La politique pénale de la prise en compte de la délinquance des mineurs suit l'évolution globale de celle de la prise en compte des majeurs. En effet, la volonté de respecter l'ordonnance du 2 février 1945 sur l'enfance délinquante prônant l'éducation aux dépens de la répression n'induit pas nécessairement que cette volonté soit respectée.

49. **Une étude centrée sur le droit pénal classique** – En troisième lieu, nous n'étudierons pas le droit des étrangers et les lois relatives à la maîtrise de l'immigration. Ces lois sont principalement des lois de circonstances mais sont du domaine du droit administratif et du droit pénal. En ce sens, l'étude de ces lois nous amènerait nécessairement à quitter la sphère pénale. Nous privilégions l'étude exclusive du droit

pénal. Le droit pénal des affaires est également un thème exclu du cadre de l'étude.

50. **L'absence de prise en compte des lois régissant le statut des institutions** – Enfin nous excluons de cette étude les lois intéressant le statut et le fonctionnement des autorités judiciaires, policières et militaires. Nous traiterons de quelques dispositions de lois avec un intitulé intéressant cette matière mais seulement en ce qu'elles intéressent la matière pénale. Sur ce point, il est très important de signaler que l'intitulé d'une loi n'induit pas que cette loi traite exclusivement de ce sujet.

Cette délimitation thématique nous amène à centrer l'étude des lois de circonstances autour de trois thèmes à savoir la récidive, la délinquance sexuelle et violente et le terrorisme[97]. Dans le cadre de ces trois thèmes, on peut remarquer que les lois de circonstances permettent de caractériser des atteintes au principe fondamental de légalité des délits et des peines.

Section 2. L'inadéquation de la définition avec le principe de légalité criminelle

51. Le principe de légalité criminelle *stricto sensu* signifie que les infractions et les peines qui leur sont applicables doivent être définies par la loi. Les contraventions échappent à ce principe depuis la cinquième République. La Constitution du 4 novembre 1958 a attribué la compétence de la définition des contraventions au pouvoir exécutif[98]. Cette attribution de compétence s'observe également dans le Code pénal, les contraventions entrant dans le champ réglementaire. Dès lors, nous ne traiterons pas des contraventions. Ce principe tel qu'il est interprété par la jurisprudence exige de la norme pénale qu'elle permette de respecter un principe de sécurité juridique

97 Voir annexe 1 : Liste des lois intéressant la matière pénale depuis 2003

98 Art. 34 et 37 de la Constitution

(§1). Pour autant, on ne peut que regretter la faiblesse du contrôle du respect des obligations affirmées par ce principe dans le cadre des lois de circonstances (§2).

§1. Le principe de légalité criminelle et la qualité de la norme

52. Afin que l'adage *« nul n'est censé ignorer la loi »* soit respecté, il est nécessaire que la norme soit accessible aux sujets de droit. Les citoyens doivent également bénéficier d'une certaine sécurité juridique. La sécurité juridique est un principe du droit dont la valeur n'est pas unanimement admise. Ses applications sont alternativement associées au principe de légalité criminelle ou indépendamment de ce dernier, les deux principes se faisant, de fait, concurrence (A). Sur le fond, la norme pénale doit être compréhensible. Cette exigence d'intelligibilité induit que les incriminations soient rédigées dans des termes suffisamment clairs et précis (B).

A. La concurrence des principes de sécurité juridique et de légalité criminelle

53. La valeur du principe de sécurité juridique n'est pas clairement exprimée. Toutefois, deux décisions du Conseil constitutionnel de 2013 laissent présumer de sa valeur constitutionnelle[99] (1). La sécurité juridique est un objectif que la qualité de la norme pénale doit permettre d'atteindre. On déduit de ce principe de sécurité des exigences d'accessibilité et de prévisibilité de la norme pénale. Ces obligations sont constitutionnellement garanties, et associées au principe de légalité criminelle (2).

1. La valeur du principe de sécurité juridique

54. **La définition de la sécurité juridique** – Le principe de sécurité juridique n'a pas de définition précise. Selon le

---

[99] Décision n°2013-682 DC du 19 décembre 2013 ; Décision n°2013-685 DC du 29 décembre 2013

Conseil d'Etat, cette notion : *« implique que les citoyens soient, sans que cela appelle de leur part des efforts insurmontables, en mesure de déterminer ce qui est permis et ce qui est défendu par le droit applicable. Pour parvenir à ce résultat, les normes édictées doivent être claires et intelligibles, et ne pas être soumises, dans le temps, à des variations trop fréquentes, ni surtout imprévisibles »*[100]. En d'autres termes, le principe de sécurité juridique doit permettre de garantir l'accessibilité et la prévisibilité du droit[101]. Aussi, il doit garantir l'absence de restriction des droits légalement acquis[102] et l'absence de rupture de l'équilibre contractuel[103]. Concernant la norme pénale, l'un des principaux intérêts de ce principe réside dans la non-rétroactivité de la loi pénale qui permet justement de garantir la prévisibilité du droit. L'article 8 de la DDHC le consacre explicitement : *« La Loi ne doit établir que des peines strictement et évidemment nécessaires, et nul ne peut être puni qu'en vertu d'une Loi établie et promulguée antérieurement au délit, et légalement appliquée »*. Néanmoins, la lecture *a contrario* de cet article permet d'exclure du champ d'application de cet article les mesures de sûreté. Ainsi, les mesures de sûreté, sanctions pénales, peuvent s'appliquer rétroactivement.

55. **Les prémices de la constitutionnalisation du principe de sécurité juridique** – Le Conseil constitutionnel, par sa jurisprudence du siècle dernier, applique le principe de sécurité juridique mais il ne lui consacre aucune valeur explicitement. Aujourd'hui, on peut tout de même affirmer que le principe de sécurité juridique a une valeur constitutionnelle au regard des évolutions de la jurisprudence depuis les années 2000. En effet, d'abord, en 2000, une proposition de

---

100 *Rapport d'activité du Conseil d'Etat*, Conseil d'Etat, 2006

101 Décision n°99-421 DC du 16 décembre 1999

102 Décision n°84-181 DC des 10 et 11 octobre 1984

103 Décision n°98-401 DC du 10 juin 1998

loi constitutionnelle[104] avait pour objet de le faire entrer dans la catégorie des principes à valeur suprême par la modification de l'article 34 de la Constitution. Cette proposition de messieurs MILLON et MEYLAN n'ayant pas été suivie, une proposition rigoureusement identique fut proposée devant le Sénat par Monsieur CARLE le 8 février 2001. Cette dernière proposition est devenue caduque. Ces propositions de loi ont eu le mérite de nous éclairer sur la définition du principe exigeant de la loi qu'elle soit prévisible et non rétroactive. La rétroactivité n'était admise que lorsque : *« à titre exceptionnel, le but à atteindre l'exige, et lorsque la confiance légitime des citoyens est dûment respectée »*[105]. Sur la valeur du principe, certains auteurs considéraient qu'il avait une valeur constitutionnelle déduite de ses applications[106]. En 2006, la sécurité juridique était le thème de recherche du rapport du Conseil d'Etat et certains pensaient alors que sa constitutionnalisation explicite allait intervenir. Par la suite, le Conseil d'Etat a rendu un arrêt en 2006[107] dans lequel il fait explicitement référence à ce principe. Pour autant, à la lecture de l'arrêt, on ne peut que regretter l'absence de définition dudit principe et l'absence de consécration de sa valeur. On peut seulement affirmer en 2006 que le principe de sécurité juridique a été utilisé dans un arrêt de droit administratif relatif aux actes administratifs unilatéraux. Il ne s'agit ni d'une consécration de l'existence d'une obligation générale de respecter le principe de sécurité juridique ni d'une constitutionnalisation formelle dudit principe. Le Conseil d'Etat n'est pas habilité à consacrer une telle valeur à un principe.

---

104 Proposition de loi constitutionnelle n°2251 du 15 mars 2000 portant reconnaissance du principe de sécurité juridique dans la Constitution

105 *Ibidem*

106 VALEMBOIS (A-L.), La constitutionnalisation de l'exigence de sécurité juridique en droit français – Cahiers di Conseil constitutionnel n°17, Prix de thèse 2004, mars 2005

107 Cons. d'Et., Assemblée, n°288460 du 24 mars 2006

56. **La constitutionnalisation implicite du principe** – L'évolution marquante de la valeur du principe vient de deux décisions du Conseil constitutionnel de 2013[108]. Dans ces deux décisions, le Conseil constitutionnel ne consacre pas explicitement la valeur constitutionnelle du principe de sécurité juridique. C'est dans son commentaire de la décision qu'il affirme que : *« Le principe de confiance légitime n'est rien d'autre que le principe de sécurité juridique vu du point de vue des particuliers »*. Cette affirmation conjuguée à la constitutionnalisation des applications du principe nous amène à penser que le principe de sécurité juridique a une valeur constitutionnelle. Il a à tout le moins une valeur supra-législative car il s'agit d'un principe général du droit de l'Union Européenne depuis 1962[109]. Enfin, l'importance de cette consécration, attendue[110], doit être relativisée au regard de la valeur de ses applications et de la concurrence du principe de sécurité juridique avec le principe de légalité criminelle. En effet, le principe de légalité des délits et des peines, tel qu'il est interprété par la jurisprudence exige déjà de la loi qu'elle soit accessible, intelligible, prévisible, claire et précise.

2. La dualité de fondement des obligations d'accessibilité et de prévisibilité de la norme

57. **Le fondement constitutionnel du principe de légalité criminelle** – Le principe de légalité criminelle, lui, a une valeur constitutionnelle. Le Conseil constitutionnel l'a affirmé en 1981 dans une décision relative à la loi dite sécurité et liberté[111]. En vertu de ce principe, on observe un contrôle de la qualité de la norme pénale opéré par le juge constitutionnel français lui-même et par la Cour européenne des droits de

---

108 Décision n°2013-682 DC du 19 décembre 2013 ; Décision n°2013-685 DC du 29 décembre 2013

109 CJCE, arrêt n°13/61 du 6 avril 1962, Bosh

110 *Droit des libertés fondamentales,* 7ème éd., Dalloz, coll. Précis, 2016

111 Décision n°80-127 DC du 20 janvier 1981

l'Homme. Le fondement de ce principe se trouve dans la DDHC en son article 8 qui exige que les délits et les peines soient définis par la loi et strictement nécessaires. Cet article fonde également la non-rétroactivité de la loi pénale. À l'origine, ce principe avait pour but de supprimer l'arbitraire des juges. En effet, BECCARIA affirmait en ce sens que : *« Le pouvoir d'interpréter les lois pénales ne peut pas être confié non plus aux juges des affaires criminelles, pour la bonne raison qu'ils ne sont pas législateurs »*[112]. Il est intéressant de souligner cet objectif car on observe aujourd'hui que c'est justement la jurisprudence qui donne toute sa portée au principe de légalité criminelle.

58. **Les exigences découlant du principe de légalité criminelle** – D'abord, la norme doit être accessible. Cette exigence a été affirmée par la CEDH et par le juge constitutionnel français[113]. La CEDH affirmait en effet dès 1979 que *: « Aux yeux de la Cour, les deux conditions suivantes comptent parmi celles qui se dégagent des mots "prévues par la loi". Il faut d'abord que la "loi" soit suffisamment accessible »*[114]. Cette exigence d'accessibilité de la norme est donc clairement affirmée. Pour autant, le fondement de cette exigence n'est pas clair. En effet, d'un côté certains auteurs associent cette exigence au principe de sécurité juridique car le Conseil constitutionnel se fonde sur les articles 6 et 16 de la DDHC et non sur son article 8[115]. En revanche, d'autres auteurs rattachent directement cette exigence au principe de légalité criminelle[116]. Il en va de même pour l'exigence de prévisibilité raisonnable qui a été affirmée

---

112 BECCARIA (C.), *Des délits et des peines,* réédition de l'ouvrage de 1764, Flammarion, 1991

113 Décision n°99-421 DC du 16 décembre 1999

114 CEDH Sunday Times c/ Royaume-Uni du 26 avril 1979, requête n°6537/74

115 *Droit des libertés fondamentales, op. cit.*

116 GIUDICELLI (A.), Le principe de légalité en droit pénal français – aspects légistiques et jurisprudentiels, *op. cit.*

dans un arrêt de la CEDH de 1979[117]. Au regard de la réticence du Conseil constitutionnel à consacrer le principe de sécurité juridique, il est plus judicieux d'entendre ces exigences comme fondées sur le principe de légalité criminelle. On peut alors affirmer que l'accessibilité et la prévisibilité de la norme permettent, sur le fondement du principe de légalité criminelle, d'assurer le respect de la sécurité juridique.

59. **L'accessibilité de la norme pénale** – Concernant l'accessibilité de la norme pénale en droit français, on peut affirmer que cette exigence n'est pas problématique. En effet, le droit pénal classique, le droit du Code pénal, est accessible pour tous et actualisé automatiquement par voie informatique par le site internet Légifrance. En revanche, cette exigence peut poser problème lorsque l'on se penche sur les réglementations techniques qui ne sont pas dans le Code pénal. En effet, il est alors très difficile pour les usagers d'avoir une vision actualisée du droit qui leur est applicable. Les lois de circonstances que nous étudions relèvent du droit pénal classique. Dès lors, le non-respect de l'exigence d'accessibilité de la norme ne sera pas relevé dans cette étude.

60. **La prévisibilité de la norme** – Concernant la prévisibilité de la norme, le régime des mesures de sûreté est bien évidemment contraire à cette exigence. En effet, la non-rétroactivité de la loi pénale s'applique au prononcé des peines et non aux mesures de sûreté. Cette particularité de régime est couramment admise et rappelée par la CEDH qui affirme dans le cadre des mesures de sûreté que : « *L'article 7 § 1 de la Convention ne trouve pas à s'appliquer en l'espèce et la Cour retient l'objection du Gouvernement. En conséquence, il n'y a pas eu violation de cette disposition* »[118]. Cette rétroactivité des mesures de sûreté est un moyen de lutter contre les dangerosités psychiatrique et

117 CEDH Sunday Times c/ Royaume-Uni du 26 avril 1979, requête n°6537/74

118 CEDH Berland c/ France du 3 septembre 2015, requête n°42875/10

criminologique de certains auteurs d'infractions pénales. On ne peut que regretter que cela passe par une atteinte à l'un des plus grands principes de droit interne. Outre ces obligations d'accessibilité et de prévisibilité de la norme, le principe de légalité criminelle pose également des exigences de fond concernant la qualité de la norme pénale.

B. Les obligations de fond en matière de qualité de la norme pénale

61. L'objectif constitutionnel d'intelligibilité de la loi (1) doit permettre le respect du principe de clarté et de précision de celle-ci (2). Ces exigences sont attachées au fond la norme. En effet, on s'attache à la qualité intrinsèque de la loi et non à sa procédure d'élaboration. Là où le respect de la clarté et de la précision est une exigence claire, on ne peut que regretter la subjectivité de la notion d'intelligibilité des textes.

1. L'intelligibilité de la loi

62. **La consécration de l'exigence d'intelligibilité de la norme** – Le juge constitutionnel français, dans sa décision du 16 décembre 1999[119], traitait de : *« l'objectif de valeur constitutionnelle d'accessibilité et d'intelligibilité de la loi »*. Le langage commun définit ce qui est intelligible comme quelque chose : *« qui peut être compris, saisi aisément »*[120]. L'intelligibilité renverrait alors à la lisibilité de la loi[121]. Cette exigence peut, tout comme l'accessibilité du droit, être associée au principe de sécurité juridique[122] ou au principe de légalité criminelle[123]. Ce débat sur

---

119 Décision n°99-421 DC du 16 décembre 1999

120 *Dictionnaire Le Grand Larousse illustré 2016*, *op. cit.*

121 FLUCKIGER (A.), Le principe de clarté de la loi ou l'ambiguïté d'un idéal, *Cahiers du Conseil constitutionnel*, n°21, Dossier : « La normativité », 2007

122 *Droit des libertés fondamentales*, *op. cit.*

123 GIUDICELLI (A.), Le principe de la légalité en droit pénal français – aspects légistiques et jurisprudentiels, *op. cit.*

le fondement de l'intelligibilité de la loi n'entache en rien son importance.

63. **La définition de l'intelligibilité de la loi** – Sur la définition précise de l'objectif d'intelligibilité de la loi, il est opportun de procéder *a contrario*. Dès lors, on ne considère plus la loi intelligible en raison de son caractère compréhensible, mais on sanctionne son caractère manifestement incompréhensible[124]. Dans l'esprit de cette définition, Madame BESSON affirme que : *« Le critère d'intelligibilité de la loi reconnu par la Cour suprême canadienne est la compréhension de la norme par des personnes d'intelligence moyenne »*[125]. Nous nous attardons pour deux raisons sur cette définition qui d'apparence semble très claire et à propos. D'abord, le problème suscité par cette affirmation est qu'il faudrait définir ce qu'est une personne d'intelligence moyenne. En effet, selon que l'on se place du point de vue du justiciable ou de son défenseur, la compréhension du droit sera différente. La deuxième raison est que cette affirmation n'est pas représentative de la définition canadienne de l'intelligibilité de la loi.

64. **La réalité de la vision canadienne de l'intelligence de la loi** – En droit canadien, l'exigence d'intelligibilité de la loi est fondée sur l'article 7 de la Charte canadienne des droits et libertés. Cet article est très général et consacre le droit à la vie et la liberté des citoyens[126]. L'exigence d'intelligibilité est rattachée à la théorie de l'imprécision de la loi. Et, la question que se pose la Cour suprême dans ses arrêts relatifs à l'intelligibilité de la loi ne traite absolument pas des personnes *« d'intelligence moyenne »*. En effet, qu'il s'agisse du volet anglais

---

124 FRISON-ROCHE (M-A.) et BARANES (W.), Le principe constitutionnel de l'accessibilité et de l'intelligibilité de la loi, *Rec. Dalloz*, 2000, p.361

125 BESSON (E.), Principe de clarté et objectif de valeur constitutionnelle d'accessibilité et d'intelligibilité de la loi, *Publications numériques du VIème congrès de droit constitutionnel*, atelier n°5, Montpellier, 2005

126 Art. 7 de la charte des droits et libertés canadienne

comme du volet français des décisions, la Cour se pose une même question de deux façons différentes. D'abord : *« Une loi sera jugée d'une imprécision inconstitutionnelle si elle manque de précision au point de ne pas constituer un guide suffisant pour un débat judiciaire, c'est-à-dire pour trancher quant à sa signification à la suite d'une analyse raisonnée appliquant des critères juridiques »*[127]. Ensuite, l'autre formulation de cette question est de savoir si : *« le législateur a formulé une norme intelligible sur laquelle le pouvoir judiciaire doit se fonder pour exécuter ses fonctions »*[128]. Dans les deux cas, on ne s'intéresse à l'intelligibilité de la loi que du point de vue du pouvoir judiciaire et des institutions. La question n'est pas de savoir si les justiciables peuvent comprendre la loi mais si cette dernière peut être interprétée et appliquée par un juge. Il est opportun de reconnaître que dans les arrêts précités, la Cour suprême canadienne examine les termes des lois au regard du sens commun et non du vocabulaire juridique complexe. Toutefois, il est important de rappeler que l'intelligibilité de la loi doit permettre aux justiciables de la comprendre afin, justement, d'éviter le débat judiciaire. Ainsi, faire dépendre l'intelligibilité de la loi de sa possible utilisation devant un juge ne nous semble pas un critère adéquat.

65. **La nécessité de l'intelligibilité de la loi** – L'intelligibilité de la loi permet de concrétiser le respect du principe de sécurité juridique. Son importance croît dans le cadre du droit pénal car les citoyens doivent être en mesure de comprendre les comportements autorisés et interdits. Les lois pénales techniques sont regrettables sur ce point[129] car elles ne

---

[127] Jugement de la Cour suprême canadienne du 27 février 1992, n°22191, R. c/ Butler

[128] Jugements de la Cour suprême canadienne du 9 juillet 1992, n°22473, R. c/ Nova Scotia Pharmaceutical Society et du 6 juin 1991 n°21201, 21202, 21203, Osborne c/ Canada

[129] DE BRESSON (J-J.), Inflation des lois pénales et législations ou réglementations techniques, *op. cit.* ; GASSIN (R.), La crise des politiques criminelles occidentales, *op. cit.*

permettent pas une compréhension de la loi avant le stade du procès pénal. Afin que la norme soit intelligible, elle doit être comprise par tous. À cet effet, il est nécessaire qu'elle soit claire et précise.

2. Les exigences de clarté et de précision

66. **La valeur constitutionnelle de l'exigence** – L'exigence de clarté et de précision des incriminations est un principe à valeur constitutionnelle. Le Conseil constitutionnel fonde sur l'article 8 de la DDHC une exigence de rédaction des incriminations en des termes suffisamment clairs et précis depuis la décision dite sécurité et liberté du 20 janvier 1981[130]. Dans le même sens, la décision du 16 juin 1999 affirme que les incriminations doivent définir l'élément matériel mais également l'élément moral de l'infraction[131]. Le guide de légistique nous éclaire également sur ce point en affirmant que : *« Ne faire que des textes nécessaires, bien conçus, clairement écrits et juridiquement solides, telle doit être l'ambition des administrateurs et des légistes »*[132]. Cette affirmation n'est en rien un critère légal ni jurisprudentiel mais elle met en exergue la volonté affirmée de disposer d'une réglementation cohérente et de qualité.

67. **La vision de la CEDH** – Concernant le juge européen des droits de l'Homme, il contrôle également la qualité de la norme et en particulier de la norme pénale. Dans son arrêt Sunday Times c/ Royaume – Uni de 1979, la CEDH affirmait que : *« Aux yeux de la Cour, les deux conditions suivantes comptent parmi celles qui se dégagent des mots "prévues par la loi". … On ne peut considérer comme une "loi" qu'une norme énoncée avec assez de précision pour permettre au citoyen de régler sa conduite »*[133]. La

---

130 Décision n°80-127 DC du 20 janvier 1981

131 Décision n°99-421 DC du 16 décembre 1999

132 Guide de Légistique, *op. cit.*

133 CEDH Sunday Times c/ Royaume-Uni du 26 avril 1979, requête n°6537/74

CEDH fonde explicitement cette exigence de clarté et de précision sur le principe de légalité des délits et des peines. Elle fonde ce principe sur l'article 7 de la Convention et en déduit l'exigence de clarté de la définition des infractions depuis l'arrêt Kokkinakis de 1993[134].

68. **Les effets de l'exigence de clarté et de précision** – L'effet immédiat de cette exigence de clarté et de précision des infractions est que la loi soit d'interprétation stricte. Le Conseil constitutionnel a, en effet, affirmé que le principe de légalité criminelle induisait l'interprétation stricte de la loi pénale[135]. Dès lors, que le fondement soit le principe de légalité des délits et des peines ou le principe de sécurité juridique, la loi pénale doit être accessible, prévisible, intelligible, claire et précise. Le respect de ces obligations doit être contrôlé. La qualité de la norme pénale doit être contrôlée. Les lois de circonstances telles que nous les définissons ne répondent pas au critère de prévisibilité, mais chaque juridiction suprême étudiée (Conseil constitutionnel, CEDH et Cour suprême canadienne) affirme que la prévisibilité absolue est impossible et n'est pas requise. L'absence d'atteinte à ces principes de fond, attachés à la qualité de la norme pénale et aux obligations de formes attachées à l'élaboration des projets de loi est contrôlée par le Conseil constitutionnel.

§2. Le contrôle de la qualité de la loi de circonstances

69. A titre liminaire, nous tenons à préciser que l'intégralité des statistiques présentées dans cette partie ressort de données personnellement recueillies. Dès lors, bien que les statistiques demeurent manipulables[136], nous tenterons de

---

134 CEDH Kokkinakis c/ Grèce du 25 mai 1993, requête n°14307/99

135 Décision n°96-377 DC du 16 juillet 1996

136 *Le grand trucage : Comment le gouvernement manipule les statistiques*, Collectif Lorraine Data, *op. cit.*

rendre compte le plus justement possible de la proportionnalité du contrôle de la qualité de la norme pénale. Ensuite, et pour rappel, les lois de circonstances ne sont pas une catégorie légale de lois. Elles subissent le même contrôle que toutes les autres lois. Le Conseil d'Etat possède un rôle important dans l'élaboration de la norme en vertu de ses fonctions consultatives. Toutefois, c'est au Conseil constitutionnel que revient la tâche de contrôler le respect des obligations de fond et de forme attachées à l'élaboration et à la qualité de la loi (A). Comme son nom l'indique, le Conseil d'Etat a un rôle de conseiller de l'Etat et n'est pas un acteur décisionnel (B).

A. Le contrôle du Conseil constitutionnel

70. Le Conseil constitutionnel a été créé par la Constitution de la Vè République, le 4 octobre 1958. L'une de ses attributions est le contrôle de la constitutionnalité des lois. Jusqu'en 2010, ce contrôle s'opérait exclusivement avant la promulgation des lois, *a priori* (1). Aujourd'hui, l'introduction de la QPC permet aux sages de contrôler le respect par les lois du bloc de constitutionnalité après sa promulgation, *a posteriori* (2).

1. Le contrôle *a priori*

71. **La théorie du contrôle a priori** – Le contrôle *a priori* de la constitutionnalité des lois est opéré par le Conseil constitutionnel en vertu de l'article 61 de la Constitution qui dispose que : *« Les lois organiques, avant leur promulgation, les propositions de loi mentionnées à l'article 11 avant qu'elles ne soient soumises au référendum, et les règlements des assemblées parlementaires, avant leur mise en application, doivent être soumis au Conseil constitutionnel qui se prononce sur leur conformité à la Constitution. Aux mêmes fins les lois peuvent être déférées au Conseil constitutionnel, avant leur promulgation, par le Président de la République, le Premier ministre, le Président de l'Assemblée nationale, le Président du Sénat ou 60 députés ou 60 sénateurs. Dans les cas prévus aux deux alinéas précédents, le Conseil constitutionnel doit statuer dans le délai d'un mois. Toutefois, à*

la demande du Gouvernement, s'il y a urgence, ce délai est ramené à huit jours. Dans ces mêmes cas, la saisine du Conseil constitutionnel suspend le délai de promulgation ». Ce contrôle ne s'exerce pas de façon systématique. Toutes les lois de circonstances ne font pas l'objet d'un contrôle de constitutionnalité. Aussi, on peut noter que le Conseil constitutionnel est, lui aussi, susceptible d'être entraîné par l'émotion. Cela peut s'observer au travers de la validation du dispositif des seuils de peines minimales créé par la loi du 10 août 2007. Cette validation est intervenue par la décision du 9 août 2007[137]. Effectivement, comme nous serons amenés à l'expliquer[138], cette décision validant le dispositif des peines planchers semble, à tout le moins, surprenante.

72. **La réalité du contrôle a priori** – Suivant la méthodologie de sélection des lois de circonstances, parmi les 120 lois retenues en ce qu'elles intéressent la matière pénale, seules 41 ont fait l'objet d'un contrôle de constitutionnalité *a priori*, soit 34%[139]. Parmi ces lois ayant fait l'objet d'une décision de constitutionnalité, on remarque que 83% étaient issues d'un projet de loi et que 80% de ces projets de loi avaient subi l'utilisation de la procédure accélérée ou de son ancêtre la déclaration d'urgence. Alors, nous remarquons que les lois faisant le plus l'objet d'un contrôle de constitutionnalité sont issues d'un projet de loi que le Gouvernement avait pour objectif de faire adopter rapidement. Ce constat est très heureux. En effet, on ne peut qu'admettre que ce constat va dans le sens d'un contrôle plus grand des lois qui n'ont pas fait l'objet d'un débat entier sur le fond. Or, pour rappel, le Gouvernement dispose depuis 2002 d'une majorité parlementaire quasi systématique, voire systémique. Le contrôle du respect des obligations légistiques est donc opéré par le Conseil

---

137 Décision n°2007-554 DC du 9 août 2007

138 Voir *infra* Partie 1, Chapitre 2, Section 2, §2

139 Voir annexe 1 : Liste des lois intéressant la matière pénale depuis 2003

constitutionnel. En effet, à cet égard, nous rappelons que le contrôle du Conseil d'Etat n'est que consultatif. Le Président de l'assemblée parlementaire peut en effet saisir le Conseil constitutionnel s'il estime que la procédure n'est pas respectée[140]. Il n'y est malheureusement pas tenu. Cette absence d'obligation à l'égard du Président de l'assemblée est malheureuse car elle réduit considérablement la force des obligations légistiques précédemment définies. Enfin, dans plusieurs cas, un contrôle *a posteriori* de la constitutionnalité de la loi est possible. Ces cas sont l'absence de contrôle *a priori* de la disposition et le changement des circonstances de fait et de droit comme pour le cas de la censure du régime de la garde à vue.

2. Le contrôle *a posteriori*

73. **La théorie du contrôle a posteriori** – La loi constitutionnelle du 23 juillet 2008[141] a introduit, en droit français, la possibilité de procéder à un contrôle de constitutionnalité *a posteriori* des lois par le biais de la question prioritaire de constitutionnalité. Le régime de ce contrôle est prévu par l'article 61-1 de la Constitution. Le dispositif, entré en vigueur le 1er mars 2010[142], permet aux justiciables de demander, en cours d'instance à ce qu'une disposition qui doit leur être appliquée et qui leur semble inconstitutionnelle soit étudiée par le Conseil constitutionnel. La QPC, pour être transmise par la Cour de cassation, doit présenter un caractère nouveau et sérieux. En ce sens, les dispositions des lois ayant fait l'objet d'un contrôle *a priori* ne peuvent être réexaminées par le Conseil constitutionnel, hormis le cas où un changement des

---

140 Art. 39 de la Constitution

141 Loi constitutionnelle n°2008-724 du 23 juillet 2008 de modernisation des institutions de la Vème République

142 Décret n°2010-148 du 16 février 2010 portant application de la loi organique n°2009-1523 du 10 décembre 2009 relative à l'application de l'article 61-1 de la Constitution

circonstances de fait ou droit est démontré. Un tel changement a été révélé dans le cadre de la décision QPC relative à la garde à vue. En effet, le Conseil constitutionnel a admis que l'augmentation conséquente du recours à la garde à vue justifiait qu'il regarde, à nouveau, la constitutionnalité de son régime juridique[143]. Cette décision QPC sanctionnera ce régime, et conditionnera l'adoption de la loi du 14 avril 2011[144], loi que nous n'étudierons pas car elle constitue une loi de circonstances juridiques.

74. **La réalité du contrôle a posteriori** – D'un point de vue méthodologique, nous avons recensé l'intégralité des décisions QPC rendues par le Conseil constitutionnel et nous sommes attachés à étudier celles qui traitaient du fond des lois intéressant la matière pénale. Sur ce point, nous remarquons qu'une loi peut modifier un mot d'un article du Code pénal ou du Code de procédure pénale sans en changer le sens ou sans apporter de modification sur le fond. Notre objectif est de regarder ces lois sur le fond. Pour exemple, on peut noter que l'article L.3213-2 du Code la santé publique relatif à l'admission en soins psychiatriques sur décision du préfet a été modifié par la loi du 5 juillet 2011[145]. Or, l'expression : *« par la notoriété publique »* a été déclarée inconstitutionnelle par le Conseil[146]. Pour autant, cette expression n'étant pas issue de la loi du 5 juillet 2011, ce n'est pas ladite loi qui a été sanctionnée par le Conseil constitutionnel. Aussi, nous n'étudions ni les lois de finances ni les lois de finances rectificatives. Or, des cavaliers peuvent se glisser dans les dispositifs de ces lois et intéresser la matière pénale. Concernant les lois de circonstances, les atteintes aux droits et libertés fondamentaux sont

---

143 Décision n°2010-14/22 QPC du 30 juillet 2010

144 Loi n°2011-392 du 14 avril 2011 relative à la garde à vue

145 Loi n°2011-803 du 5 juillet 2011 relative aux droits et à la protection des personnes faisant l'objet de soins psychiatriques et aux modalités de leur prise en charge

146 Décision n°2011-174 QPC du 6 octobre 2011

nombreuses. Ainsi, l'introduction d'un tel contrôle permet d'offrir la possibilité aux justiciables de se plaindre, juridiquement, des effets désastreux des lois fondées sur l'émotion. Ensuite, sur les 120 lois retenues, nous dénombrons quelque 71 décisions QPC intéressant le fond de ces lois. Ces 71 décisions intéressent 32 lois différentes. Et, 30 décisions sont des décisions comportant une déclaration d'inconstitutionnalité d'une disposition de la loi. Les 41 décisions restantes sont des décisions de conformité de la disposition étudiée à la Constitution. Dès lors, on peut à ce stade affirmer que, sur les 120 lois retenues, qu'il s'agisse d'un contrôle *a priori* ou d'un contrôle *a posteriori*, la moitié d'entre elles a fait l'objet, en tout ou en partie, d'un contrôle de constitutionnalité. Au regard de l'absence d'obligation d'un tel contrôle, ce résultat est heureux car il illustre l'intérêt porté au respect de la Constitution par la loi pénale.

B. Le contrôle du Conseil d'Etat

75. En 2010, Monsieur SAUVE, Vice-président du Conseil d'Etat, affirmait que le Conseil d'Etat était : *« quotidiennement, un gardien vigilant de la qualité de la législation et de la réglementation »*[147]. Il est vrai que le Conseil d'Etat, par son rôle de conseil et de rédaction de ses avis, joue un rôle important dans l'élaboration de la loi (1). Cependant, les avis de la juridiction administrative la plus haute en droit français ne sont que consultatifs (2).

1. Les avis du Conseil d'Etat

76. **La publicité des avis du Conseil d'Etat** – En vertu des articles 38 et 39 de la Constitution, le Conseil d'Etat est saisi pour avis de tous les projets de loi et ordonnances et il peut être saisi d'une proposition de loi si le Président de l'assemblée parlementaire le sollicite. Dès lors, on ne peut qu'affirmer que le Conseil d'Etat a un rôle important dans

---

[147] SAUVE (J-M.), *La qualité de la loi*, *op. cit.*

l'élaboration de la loi. En effet, il est susceptible d'être saisi pour avis de tous les textes de loi. De l'avis des spécialistes du droit administratif, le Conseil d'Etat veille ainsi au respect de la Constitution par les projets de loi qui lui sont soumis[148]. Dès lors, le renforcement du rôle et de l'activité législative a conduit à renforcer parallèlement l'importance des avis du Conseil d'Etat[149]. Traditionnellement et en vertu de l'article 1er de la loi du 17 juillet 1978, les avis du Conseil d'Etat n'étaient pas considérés comme des documents administratifs publics[150]. En 2009, une ordonnance renvoyait cette question de la publicité des avis aux règles régissant le fonctionnement des assemblées parlementaires[151]. On aurait pu déduire de cette modification et du renvoi vers l'ordonnance régissant le fonctionnement des assemblées parlementaires[152] que les avis du Conseil d'Etat étaient devenus publics. Pour autant, la publicité effective des avis consultatifs du Conseil d'Etat fait suite à un discours prononcé le 20 janvier 2015 par Monsieur le Président de la République François HOLLANDE et n'est intervenue que le 19 mars 2015[153]. Les avis consultatifs du Conseil d'Etat sont désormais publics. Cette publicité conduit le Conseil d'Etat à développer ses avis mais elle n'entraîne pas de modification des avis sur le fond, le Conseil d'Etat

---

148 HOEPFFNER (H.), Les avis du Conseil d'Etat, *RFDA*, 2009, p.895

149 LONG (M.), Le Conseil d'Etat et la fonction consultative : de la consultation à la décision, *RFDA*, 1992, p.787

150 Art. 1er de la loi du 17 juillet 1978 dans ses versions successives du 17 juillet 1978 au 1er mai 2009

151 Ordonnance n°2009-483 du 29 avril 2009 prise en application de l'article 35 de la loi n°2008-696 du 15 juillet 2008 relative aux archives

152 Ordonnance n°58-1100 du 17 novembre 1958 relative au fonctionnement des assemblées parlementaires

153 Déclaration de Monsieur François HOLLANDE, Président de la République, sur la lutte contre le terrorisme et sur la réforme de l'Etat, Vœux aux Corps constitués et aux bureaux des assemblées, Paris le 20 janvier 2015

demeurant impartial[154]. L'importance de la publicité de ces avis est grande. En effet, le rôle du Conseil d'Etat est de conseiller le Gouvernement. Cette grande importance de la publicité ne doit toutefois pas conduire à une mauvaise perception de la nature du rôle du Conseil d'Etat.

77. **Les effets de la publicité des avis du Conseil d'Etat** – Le rôle du Conseil d'Etat n'est absolument pas de sanctionner les éventuelles atteintes à la Constitution qui découleraient des projets de loi, initiés par le Gouvernement. La publicité des avis permet de freiner le Gouvernement si ce dernier s'apprête à demander le vote d'une loi qui serait, selon le Conseil d'Etat, contraire à la Constitution. Encore ici, le Conseil d'Etat est susceptible de relever, de constater et de regretter les manquements aux règles légistiques mais il n'a aucun pouvoir de sanction. Le seul organe juridique français susceptible de sanctionner l'activité du Gouvernement et du Parlement demeure le Conseil constitutionnel. Il convient de rappeler que nous traitons là des avis du Conseil d'Etat dans ses fonctions consultatives. Il faut les différencier des avis contentieux rendus dans le cadre de ses fonctions juridictionnelles. Ce rôle de garant de la qualité de la réglementation doit être relativisé car les avis consultatifs n'ont pas de valeur décisionnelle.

2. Le caractère consultatif des avis du Conseil d'Etat

78. **Les lois de circonstances et les avis du Conseil d'Etat** – Dans le sens commun, un avis est une : *« opinion exprimée avant ou dans une délibération, émanant d'un conseil, d'un jury, d'un supérieur, etc., et n'ayant pas force de décision »*[155]. Les avis n'ont aucune force contraignante dans le cadre du rôle de conseil du Conseil d'Etat. En tout état de cause, le rôle des avis du Conseil d'Etat doit être relativisé. Effectivement, bien qu'il

---

154 SAUVE (J-M.), *L'Assemblée nationale et les avis du Conseil d'Etat*, conclusions devant l'Assemblée nationale le 25 novembre 2016

155 *Dictionnaire Le Grand Larousse illustré 2016*, *op. cit.*

apporte son point de vue technique et juridique sur la qualité de la loi, le caractère consultatif des avis permet, justement, le développement des lois de circonstances. Le fait que le Conseil d'Etat émette un avis défavorable sur la constitutionnalité d'un texte n'induit pas que ce texte ne sera pas présenté devant les assemblées parlementaires, ni que le Conseil constitutionnel en sera saisi dans le cadre de son contrôle *a priori*. Or, les lois de circonstances sont des lois justifiées d'une opportunité. Que ces circonstances soient sociales ou politiques, les lois de circonstances font l'objet d'un consensus au moment de leur adoption et le Conseil d'Etat n'a aucun pouvoir de censure relatif à la qualité des textes proposés. Tout le problème des lois de circonstances se situe justement dans leur approbation, fusse-t-elle temporaire, par le plus grand nombre, à un moment précis. Ces circonstances ont des conséquences juridiques importantes et le Conseil d'Etat, censé être le garant quotidien de la qualité de la loi, n'a en réalité aucun pouvoir de censure sur ce point.

79. **La neutralité des avis du Conseil d'Etat** – Ensuite, l'avis favorable donné ne signifie pas que le Conseil d'Etat approuve le projet dans son inspiration. Sur ce point, Roland MASPETIOL affirmait en ce sens que l'approbation donnée par l'avis du Conseil d'Etat est d'ordre technique, juridique. Cet ancien Président de la section de l'intérieur du Conseil d'Etat expliquait que le Gouvernement ne peut pas se prévaloir de l'avis favorable du Conseil d'Etat pour déduire une validation politique du projet de loi par la juridiction[156]. Une telle validation politique n'aurait d'ailleurs pas lieu d'être. Il est juste que les avis du Conseil d'Etat demeurent des avis juridiques. La volonté politique, quelles qu'en soient ses conséquences, doit demeurer la prérogative du Gouvernement. Dans un objectif de qualité, les projets de loi sont soumis à des obligations telles que la réalisation d'une étude d'impact ou l'obligation de

---

156 LONG (M.), Le Conseil d'Etat et la fonction consultative : de la consultation à la décision, *op. cit.*

motivation. Néanmoins, le Conseil d'Etat n'est pas le garant de la qualité de la réglementation car c'est le Conseil constitutionnel qui est compétent pour sanctionner le non-respect de ces obligations de forme et de fond. Et, comme nous l'avons vu, le Conseil constitutionnel est majoritairement saisi pour juger de la constitutionnalité des lois qui sont le moins débattues devant le Parlement. Cette proportion est heureuse mais elle n'empêche bien évidemment pas l'existence de dérives par les lois pénales sur le terrain des droits fondamentaux[157].

---

157 Voir *infra* Partie 2

Conclusion du chapitre premier

80. Les lois de circonstances, telles que nous les avons précisément définies dans ce chapitre, nous amènent à centrer notre étude sur les thèmes du terrorisme, de la délinquance sexuelle et du traitement de la récidive. Encore, nous rappelons que cette définition, tout comme la méthodologie de sélection et d'étude du contrôle de constitutionnalité des lois, est propre à cette étude. En effet, à l'image de la réserve que nous conservons lorsque les statistiques nous sont présentées, il est nécessaire d'être attentif à l'objectif de l'utilisation des statistiques au sein de la présente étude. Nous remarquons, grâce aux données recueillies, que le contrôle constitutionnel, d'un point de vue quantitatif, devient de plus en plus adéquat depuis l'introduction en droit national de la QPC. L'existence d'un contrôle de constitutionnalité *a posteriori* de la loi et, précisément de la loi pénale, nous semble indispensable. La définition retenue des lois de circonstances caractérise, en soi, une atteinte au principe de légalité criminelle dans son esprit car nous étudions des lois que nous définissons comme ne répondant pas au critère de nécessité. L'observation de la fréquence d'adoption des lois de circonstances nuit aussi à la lisibilité du droit applicable et à l'intelligibilité du droit pénal actuel. En outre, l'absence de contrôle constitutionnel systématique de la loi permet l'adoption de dispositions dont la qualité n'est pas contrôlée. Néanmoins, cette atteinte est formelle. Il est et il sera nécessaire d'entendre la distinction entre l'étude de la loi sur sa forme d'adoption et sur son fond, sur sa qualité intrinsèque. L'objectif demeure justement d'étudier le rapport entre la façon dont la loi est adoptée et sa qualité. Dès lors, et c'est ce que nous tenterons de démontrer, la question qui se pose à ce stade est celle de savoir si cette atteinte au principe de légalité criminelle tel qu'il est déduit de l'article 8 de la DDHC n'est relative qu'à la forme, à l'élaboration de la loi, ou si elle s'observe également concrètement au regard d'autres principes fondamentaux du droit. Parmi ces

principes, nous nous intéressons prioritairement à ceux susceptibles d'avoir des conséquences liberticides, et particulièrement sur la peine privative de liberté.

Chapitre 2. L'atteinte aux principes directeurs du droit de la peine par les lois de circonstances

81. Les peines sont des : *« châtiments édictés par la loi à l'effet de prévenir et, s'il y a lieu, de réprimer l'atteinte à l'ordre social qualifiée d'infraction »*[158]. Elles sont traditionnellement opposées aux mesures de sûreté qui elles sont : *« des mesures de précaution..., de défense sociale imposées à un individu dangereux afin de prévenir les infractions futures qu'il pourrait commettre et que son état rend probable, l'aider ou le soumettre à un traitement »*[159]. Ces peines et mesures de sûreté constituent les sanctions pénales applicables aux personnes délinquantes. Les principes directeurs du droit de la peine, constitutionnellement reconnus, ont permis au Législateur de définir les fonctions de celle-ci. Cependant, l'équilibre découlant de cette définition des fonctions de la peine n'est pas respecté par les lois de circonstances (Section 1). Aussi, le principe de l'individualisation de la sanction pénale est grandement remis en cause par les lois de circonstances (Section 2).

Section 1. L'atteinte aux fonctions découlant des principes directeurs du droit de la peine par les lois de circonstances

82. La définition des fonctions de la peine permet d'assurer le respect des principes constitutionnels régissant le droit de la sanction pénale (§1). Ces fonctions sont la répression, la prévention, la réparation et la resocialisation du délinquant. Dans le cadre des lois de circonstances, l'importance de la

---

158 CORNU (G.) et Association Henri CAPITANT (dir.), *Vocabulaire juridique*, *op. cit.*

159 *Ibidem*

resocialisation décline nettement, là où celle de la répression croit dangereusement. Il est alors utile de constater l'atteinte des fonctions de la peine par les lois de circonstances (§2).

§1. Une définition des fonctions de la peine découlant de ses principes directeurs

83. La DDHC de 1789 avait notamment pour objectif de rompre avec les châtiments et l'arbitraire du juge. En effet, l'importance de la loi n'a eu de cesse de croître à partir du XVIIIème siècle. La rationalisation de la justice et la volonté d'égalité s'illustrent dans la DDHC par l'affirmation des principes directeurs du droit de la peine (A). Afin de respecter ces principes, il était nécessaire de définir les fonctions de la peine en adéquation avec ceux-ci (B).

A. Les principes directeurs du droit de la peine

84. La définition des principes directeurs du droit de la peine implique nécessairement de s'intéresser à celle du domaine d'application de ces principes. L'intérêt de l'existence d'une différenciation des sanctions pénales, à savoir entre les peines et les mesures de sûreté, réside dans l'existence d'un régime différent. Dès lors, il est utile de procéder à la définition de la nature de la peine par opposition aux autres sanctions pénales (1). Le régime applicable à cette peine nous permet d'affirmer qu'une peine doit être nécessaire, proportionnée et prévue par la loi (2).

1. La définition de la peine

85. **L'intérêt de la définition de la peine** – Le texte fondateur en matière de régime du droit de la peine est la DDHC. En son article 8, elle affirme que : *« La Loi ne doit établir que des peines strictement et évidemment nécessaires, et nul ne peut être puni qu'en vertu d'une Loi établie et promulguée antérieurement au délit, et légalement appliquée »*. Cet article ne concerne pas l'ensemble des sanctions pénales. Il est dès lors important de différencier les peines des mesures de sûreté et des sanctions ayant le

caractère d'une punition. Il n'existe pas de définition légale de la peine. C'est la jurisprudence qui a progressivement dressé les contours du domaine d'application des principes directeurs du droit de la peine.

86. **Les définitions jurisprudentielles de la peine** – Dans un premier temps, le Conseil constitutionnel explique que la qualification de peine relève du Législateur[160]. Dans les décisions traitant de la matière, il utilise donc la formule : *« Il n'appartient pas au Conseil constitutionnel de substituer sa propre appréciation à celle du législateur »*[161]. Dès lors, on peut présumer que les peines soient les mesures qualifiées comme telles par le Législateur pénal. La liste des peines applicables en droit français est dressée par le Code pénal en ses articles 131-1 à 131-49. Il en va différemment de la vision du juge européen des droits de l'Homme. Pour la CEDH, la qualification de droit interne n'est qu'un indice de détermination de la nature de la mesure. Elle apprécie la nature de la mesure de façon autonome en application de plusieurs critères. La CEDH apprécie ainsi si la mesure a été imposée à la suite d'une condamnation pour une infraction pénale, la nature et le but répressif de la mesure, la qualification de la mesure en droit interne, la gravité de la mesure et ses procédures associées d'adoption et d'exécution[162]. Cette appréciation conduit la CEDH à exclure de la notion de peine les mesures de sûreté associées à la procédure de déclaration d'irresponsabilité pénale pour cause de trouble mental[163], y compris l'hospitalisation d'office[164].

---

160 VAN DE KERCHOVE (M.), Le sens de la peine dans la jurisprudence du Conseil constitutionnel, *Rev. sc. crim.*, 2008, p.805

161 Décision n°93-234 DC du 20 janvier 1994

162 Guide sur l'article 7 de la CEDH – Pas de peine sans loi : principe de légalité des délits et des peines, maj avril 2017

163 Art. 706-135 et 706-136 du C. pr. pén.

164 CEDH Berland c/ France du 3 septembre 2015, requête n°42875/10

87. **La distinction des peines et des autres mesures** – La distinction entre les peines et les mesures de sûreté n'est pas dénuée d'intérêt au regard notamment de la mesure de rétention de sûreté. En droit interne, la rétention de sûreté n'est pas une peine alors qu'au sens de la CESDH, le dispositif est une peine. Cette affirmation se déduit de l'arrêt de la CEDH relatif à la détention de sûreté allemande, qui est un mécanisme très similaire à la rétention de sûreté française[165]. Cette requalification est heureuse au regard de la non-rétroactivité des peines et de la gravité de la mesure qu'est la rétention de sûreté. Dans sa décision de conformité sur la loi du 25 février 2008, le Conseil constitutionnel avait déjà expliqué que la rétention de sûreté n'était pas une peine mais que le principe de non-rétroactivité devait tout de même s'appliquer[166]. Ensuite, au-delà de la distinction entre les peines et les mesures de sûreté, il est nécessaire de définir les sanctions ayant le caractère d'une punition. Ces sanctions sont des mesures prononcées par des autorités administratives. Il s'agit alors de réprimer des infractions techniques. Le Conseil constitutionnel étend alors la notion de peine à ces sanctions ayant le caractère d'une punition. Le principe de légalité des délits et des peines s'applique en effet à ces sanctions[167]. Aussi, les sanctions pénales doivent être nécessaires, proportionnées et légalement définies. Concernant la prévisibilité, les mesures de sûreté échappent à ce principe au regard de leur caractère rétroactif.

2. Une peine nécessaire, proportionnée, prévisible et légalement définie

88. **Le fondement des principes directeurs du droit de la peine** – Les sanctions pénales sont soumises, partiellement ou entièrement à l'article 8 de la DDHC. Les principes

---

165 CEDH M c/ Allemagne du 17 décembre 2009, requête n°19395/04

166 Décision n°2008-562 DC du 21 février 2008

167 Décision n°2014-690 DC du 13 mars 2014

directeurs du droit de la peine qui en découlent sont l'existence, la prévisibilité et la proportionnalité des peines. Concernant l'existence légale des peines, il s'agit de l'application du principe de légalité criminelle précédemment défini. Concernant la prévisibilité de la peine, il s'agit d'un principe qui, en droit européen, se rapproche du principe de prévisibilité de la loi. Là encore, le principe de légalité criminelle est justement appliqué à la peine[168]. En revanche, il ne s'applique pas aux mesures de sûreté. Cette inapplication du principe de la non-rétroactivité de la loi pénale plus sévère est déduite d'une lecture *a contrario* dudit article 8, qui ne traite que des peines. Enfin, la nécessité et la proportionnalité des peines s'apprécient conjointement. En effet, bien que l'article 8 de la DDHC laisse présumer d'un strict contrôle de nécessité des peines, le Conseil constitutionnel estime que : *« Il n'appartient pas au Conseil constitutionnel de substituer sa propre appréciation à celle du législateur »*[169]. Dès lors, l'appréciation de la nécessité des peines relève du Législateur. Cela n'interdit pas le Conseil constitutionnel de regarder cette nécessité.

89. **Le contrôle de la proportionnalité des peines** – Le véritable contrôle des sages s'effectue du point de vue de la proportionnalité des peines[170]. La gravité de la peine doit être proportionnelle à la gravité de l'infraction[171]. Pour exemple, la peine complémentaire d'interdiction d'entrer dans une gare, un port, ou une gare routière infligée en cas d'exercice illégal de l'activité de mototaxi était manifestement disproportionnée[172]. Cependant, cette exigence de proportionnalité des

---

168 BONIS-GARCON (E.) et PELTIER (V.), *Droit de la peine,* 2ème éd., LexisNexis, 2015

169 Décision n°93-234 DC du 20 janvier 1994

170 CERE (J-P.), « Peines (Nature et prononcé) », *Répertoire de droit pénal et de procédure pénale*, maj 2017

171 BONIS-GARCON (E.) et PELTIER (V.), *Droit de la peine, op. cit.*

172 Décision n°2013-318 QPC du 7 juin 2013

peines n'induit pas que les juges soient tenus d'appliquer les mêmes peines aux mêmes comportements. En effet, le contrôle de la Cour de cassation ne s'effectue qu'au regard du respect, par les juges judiciaires, des limites fixées par la loi. Elle se refuse à opérer un contrôle de proportionnalité judiciaire des peines[173]. Or, la grande différence existante entre le quantum des peines légales, prononcées et exécutées, peut conduire à une rupture d'égalité devant la loi. En effet, bien qu'il soit justifié que les juges aient une marge d'appréciation dans la détermination de la sanction, l'absence d'harmonie dans cette détermination est nuisible à la sécurité juridique. Il est important de lutter contre l'arbitraire du juge tel qu'il fut contesté à la Révolution française. Toutefois, sans marge d'appréciation, le juge ne pourrait pas appliquer le principe de l'individualisation de la sanction pénale, nouveau principe directeur du droit de la peine[174]. Cette marge d'appréciation est également nuisible au regard de la fonction préventive de la peine, car le délinquant ne sait pas à quelle réalité de la peine encourue il doit faire face lorsqu'il commet l'infraction.

B. La définition des fonctions de la peine

90. La définition des fonctions de la peine est longtemps restée l'apanage des auteurs affirmant chacun leur théorie. Ce débat doctrinal (1) a été déclencheur de la prise de position du Législateur qui a tranché par la loi du 15 août 2014. Cela nous permet de comparer la définition des fonctions de la peine en France et à l'étranger (2).

1. Le débat doctrinal entourant la définition

91. **L'absence de définition unanime de la peine** – La définition des fonctions de la peine ne fait l'objet d'aucun consensus. Encore aujourd'hui, les concepts et les terminologies employés pour définir les fonctions, les finalités, les objectifs

---

[173] Cass. crim., 10 mars 2010, n°09.80-480

[174] Voir *infra*, Partie 1, Chapitre 2, Section 2

de la sanction pénale diffèrent. De l'utilité préventive de la peine à la resocialisation du délinquant, de nombreux auteurs s'attachent à définir ces fonctions, tandis que d'autres éludent la question. Pourtant, cette problématique des fonctions de la peine est fondamentale lorsque l'on s'intéresse au droit pénal. Il paraît en effet nécessaire de déterminer les buts de la peine dans l'objectif de trouver une cohérence au droit pénal. Parmi les nombreux auteurs traitant de la définition des fonctions de la peine, on peut différencier ceux qui incluent la resocialisation et ceux qui ne l'envisagent pas comme fonction de la peine. En ce sens, certains affirment que les fonctions de la peine sont la rétribution et l'intimidation[175], ou encore que les fonctions classiques de la peine sont la rétribution, l'intimidation et l'élimination[176]. Le mouvement de la défense sociale nouvelle a introduit la notion de resocialisation du délinquant, passant par l'individualisation de la sanction[177]. Cette notion est aujourd'hui très présente notamment dans le cadre de la justice restaurative[178]. Madame PONCELA, elle, spécialiste en droit de la peine, ne prend pas de position franche. Elle parle des fonctions possibles de la peine que sont l'intimidation, l'élimination dans le sens de neutralisation temporaire, la rétribution, l'amendement, l'exemplarité et la réparation. Elle différencie les rationalités prospectives et restitutives de la peine[179].

92. **L'étude de VAN DE KERCHOVE** – Parmi les nombreuses études traitant des fonctions de la peine, la plus complète

---

175 RASSAT (M-L.), *Droit pénal général,* 3ème éd., Ellipses, coll. Cours magistral, 2014

176 DESPORTES (F.), et LE GUNEHEC (F.), *Droit pénal général, op. cit.*

177 ANCEL (M.), *La défense sociale nouvelle : un mouvement de politique criminelle humaniste, op. cit.*

178 CARIO (R.), « Justice restaurative », *Répertoire de droit pénal et de procédure pénale,* maj octobre 2014

179 PONCELA (P.), *Droit de la peine,* 2ème éd., PUF, coll. Thémis, 2001

demeure celle de VAN DE KERCHOVE[180]. L'avancée, la différence majeure de cette étude est qu'en plus de définir les fonctions de la peine, elle définit leurs fondements et les présente indépendamment les unes des autres. L'auteur adhère à la fonction réparatrice de la peine en son double aspect de réparation du trouble à l'ordre public et de réparation du dommage. Au-delà de cette prise de position, il explique également que la rétribution et la prévention peuvent fonder la peine. Ainsi, pour chacune des trois fonctions identifiées que sont la rétribution, la prévention et la réparation, il étudie les impacts sur la nature, la justification, les fondements, les objectifs et l'adéquation de la peine. C'est en ce sens qu'il explique que la rétribution et la prévention, envisagés isolément, sont désuètes et qu'on ne peut pas fonder exclusivement la peine sur la faute ni sur l'intimidation. Cela s'apparenterait à de la vengeance pure dans le premier cas et la prévention générale serait insuffisante concernant le second. Il reconnaît toutefois les avantages de la prévention spéciale, utilisée aujourd'hui dans le cadre de la prévention de la répression. La prévention spéciale est ciblée sur une catégorie d'individus ou d'infractions. Au travers de cette étude, la question n'est alors plus de définir les fonctions de la peine mais d'opter pour un système qui serait rétributif, préventif ou réparateur. L'avantage de cette étude est qu'elle permet d'avoir une vision globale sur les enjeux de la définition des fonctions de la peine. Surtout, elle permet à chacun, individuellement, de se faire un propre avis sur le système auquel il adhère. Et, cette étude légitimise donc toutes les définitions des fonctions de la peine proposées en doctrine. Il s'agit alors de prendre une position argumentée. Le problème que pose cette étude et qu'illustrent les lois de circonstances demeure l'exclusion de la resocialisation en tant que fonction de la peine. Or, en droit français, la resocialisation est une fonction légale de la peine.

---

180 VAN DE KERCHOVE (M.), *Sens et non-sens de la peine – entre mythe et démystification*, Faculté universitaire de Saint-Louis, 2009

2. Le choix des législateurs français et étrangers

93. **Les fonctions de la peine en droit français** – Avant la loi du 15 août 2014, la question de la valeur constitutionnelle des fonctions de la peine pouvait se poser. En effet, le Conseil constitutionnel avait défini les fonctions de la peine privative de liberté[181]. Il traitait alors de la protection de la société, de la punition du délinquant et de sa réinsertion. Toutefois, il ne traitait que des peines privatives de liberté et n'avait pas exprimé explicitement que le respect de ces fonctions était une exigence constitutionnelle. Dès lors, on ne pouvait affirmer que les fonctions de la peine avaient une valeur constitutionnelle. Depuis la définition législative de ces fonctions, on peut affirmer que ces fonctions ont une valeur législative. Le 15 août 2014[182], le Législateur a, enfin, défini les fonctions de la peine dans l'article 130-1 du Code pénal : *« Afin d'assurer la protection de la société, de prévenir la commission de nouvelles infractions et de restaurer l'équilibre social, dans le respect des intérêts de la victime, la peine a pour fonction : 1 - De sanctionner l'auteur de l'infraction ; 2 - De favoriser son amendement, son insertion ou sa réinsertion »*[183]. Pour analyser ce choix du Législateur, il est nécessaire de distinguer ce qu'il définit comme les fonctions de la peine et les finalités de celle-ci. On retrouve évidemment le paradigme répression/prévention au cœur de cet article. La prévention est présente dans son double aspect général et spécial. D'une part, il est question de protéger la société de la commission d'infractions par des primo-délinquants et d'autre part il s'agit d'éviter que les personnes commettent de nouvelles infractions. On parle dans cette dernière hypothèse de prévention spéciale. La prévention générale telle qu'elle est

---

181 Décision n°93-234 DC du 20 janvier 1994

182 Loi n°2014-896 du 15 août 2014 relative à l'individualisation des peines et renforçant l'efficacité des sanctions pénales

183 Art. 130-1 du C. pén.

définie par VAN DE KERCHOVE[184] s'apparente à la fonction historique d'intimidation de la peine. L'objectif de réparation est présent, dans le sens des réparations du trouble causé à l'ordre public et de celle du trouble causé à la victime. Dès lors, les fonctions de la peine sont la rétribution et la réinsertion là où ses finalités sont la prévention et la répression des infractions. Cette définition légale a le mérite d'exister et de réunir les quatre grands objectifs de la sanction pénale. C'est par la rétribution et la possibilité de réinsertion que l'on peut arriver à prévenir la commission d'infractions et que l'on peut permettre de réparer les troubles causés par ces comportements. L'individualisation de la peine est présente car les fonctions de la peine sont attachées à leur auteur et pas uniquement à l'acte délictuel. Concernant les caractères de la peine, il n'y a pas de débat. Cette dernière est afflictive, infamante, déterminée et définitive[185].

94. **Les fonctions de la peine en droit comparé** – La définition française des fonctions de la peine est similaire aux définitions étrangères. En ce sens, l'article 718 du Code criminel canadien dispose que : *« Le prononcé des peines a pour objectif essentiel de protéger la société et de contribuer, parallèlement à d'autres initiatives de prévention du crime, au respect de la loi et au maintien d'une société juste, paisible et sûre par l'infliction de sanctions justes visant un ou plusieurs des objectifs suivants : a – dénoncer le comportement illégal et le tort causé par celui-ci aux victimes ou à la collectivité ; b – dissuader les délinquants, et quiconque, de commettre des infractions ; c – isoler, au besoin, les délinquants du reste de la société ; d – favoriser la réinsertion sociale des délinquants ; e – assurer la réparation des torts causés aux victimes ou à la collectivité ; f – susciter la conscience de leurs responsabilités chez les délinquants, notamment par la reconnaissance du tort qu'ils ont causé aux victimes ou à la collectivité »*. On retrouve dans cette

---

184 VAN DE KERCHOVE (M.), *Sens et non-sens de la peine – entre mythe et démystification*, *op. cit.*

185 BOULOC (B.), *Droit pénal général*, 25ème éd., Dalloz, coll. Précis, 2017

définition toutes les fonctions de la peine présentes en droit français. La vision canadienne est plus attachée à la morale par l'emploi de la dénonciation du tort et de la responsabilisation du délinquant mais les effets concrets des deux définitions se rejoignent clairement.

Ensuite, au sein du Titre 18 (Crimes et Procédure criminelle) du Code Fédéral américain, le §3553 traite des facteurs à prendre en compte dans la détermination de la peine. Cet article affirme que la nécessité de la peine imposée s'apprécie : *« A – afin de refléter la gravité de l'infraction, de promouvoir le respect de la loi et de prévoir une punition pour l'infraction ; B – pour donner une dissuasion adéquate à une conduite criminelle ; C – pour protéger la société des futurs crimes de l'auteur d'infraction ; et D – fournir à l'auteur la formation éducative ou professionnelle nécessaire, les soins médicaux ou tout autre traitement correctionnel de la manière la plus efficace »*. On retrouve alors toutes les fonctions présentes en droit français, mis à part la réparation du trouble causé à la victime. Cependant, en droit américain, les procès civils et pénaux sont plus séparés qu'ils ne le sont en droit français. Le procès pénal se centre alors plus sur l'auteur de l'infraction pénale. La place de la victime dans le procès pénal est une question importante en victimologie. Les systèmes pénaux français et américain divergent sur ce point dans le cadre de la définition des fonctions de la peine. Dans les deux cas, un équilibre entre la prévention, la répression et la réparation du trouble causé à l'ordre public est recherché. Surtout, la définition légale des fonctions de la peine n'empêche pas le Législateur français de rompre avec l'équilibre qu'elle engage, notamment dans le cadre des lois de circonstances.

§2. L'atteinte aux fonctions de la peine par les lois de circonstances

95. La présente étude a principalement vocation à s'intéresser au cas des majeurs délinquants. Toutefois, il est utile de remarquer que l'atteinte à la fonction de resocialisation

caractérisée par les lois traitant de la récidive s'observe tant chez les majeurs (A) que chez les mineurs délinquants (B).

A. L'atteinte à la fonction de resocialisation par les lois de circonstances

96. La fonction de resocialisation, de réinsertion voire d'insertion est une fonction légale de la peine. Or, l'étude des lois de circonstances, nombreuses en matière de récidive, marque une atteinte claire à cette fonction. Nous traiterons donc la multiplication des lois en matière de récidive (1) et expliquerons en quoi la fonction de resocialisation n'est pas prise en compte dans ce cadre (2).

1. La multiplication des lois de circonstances en matière de récidive

97. **La signification de la récidive** – La récidive est un terme polysémique. En droit, en vertu des articles 132-8 à 132-11 du Code pénal, il s'agit d'une circonstance conduisant à l'aggravation de la peine maximale encourue. La commission d'une infraction par une personne ayant déjà fait l'objet d'une condamnation pénale n'entraîne pas nécessairement l'application de la récidive légale. À cet effet, le régime de la récidive prévoit que celle-ci soit limitée dans le temps en matière délictuelle[186]. Aussi, certaines infractions sont assimilées dans le cadre de la récidive légale. Pour exemple, l'agression sexuelle et l'atteinte sexuelle sont considérées comme une même infraction au regard de la récidive[187], ces infractions sont assimilées. De plus, la réitération d'infractions est, depuis la loi du 12 décembre 2005, légalement définie. Ainsi, en vertu de l'article 132-16-7 alinéa 1 du Code pénal : *« Il y a réitération d'infractions pénales lorsqu'une personne a déjà été condamnée*

---

186 Art. 132-9 et 132-10 du C. pén

187 Art. 132-16-1 du C. pén

définitivement pour un crime ou un délit et commet une nouvelle infraction qui ne répond pas aux conditions de la récidive légale ».

98. **Le développement des lois de circonstances en la matière** – En tout état de cause, depuis 2003[188], la loi du 12 décembre 2005 a été la première d'une longue série de lois relatives à la récidive. Déjà, on peut noter l'adoption de trois lois[189] dont la récidive est un enjeu majeur et affirmé par l'intitulé de la loi. À ces trois lois on peut également ajouter celle du 5 mars 2007 relative à la prévention de la délinquance[190], qui étend, encore, le champ du contrôle pénal. En ce sens, c'est l'article 42 de ladite loi du 5 mars 2007 qui a affirmé, dans le cadre du FIJAISV que la présentation aux autorités serait mensuelle lorsque la dangerosité de la personne le justifie. Sur la forme, la loi du 12 décembre 2005 respecte la procédure d'élaboration classique de la norme. Toutefois, on ne peut que remarquer qu'elle a été adoptée dans un contexte où l'état d'urgence était en vigueur[191]. Le principal apport de cette loi réside dans l'extension du suivi socio-judiciaire et du FIJAIS aux infractions violentes. Cette loi rompt avec la spécialisation de la réponse pénale en matière de délinquance sexuelle, qui avait été initiée en 1998[192] par l'instauration du suivi socio-judiciaire.

Ensuite, la loi du 5 mars 2007 suit également la procédure législative traditionnelle. Il ne serait pas fondé, nous l'avons vu,

---

188 Le point de départ de l'étude se situe au 26 août 2003

189 Loi n°2005-1549 du 12 décembre 2005 relative au traitement de la récidive des infractions pénales ; Loi n°2007-1198 du 10 août 2007 renforçant la lutte contre la récidive des majeurs et des mineurs ; Loi n°2010-242 du 10 mars 2010 tendant à amoindrir le risque de récidive criminelle et portant diverses dispositions de procédure pénale

190 Loi n°2007-297 du 5 mars 2007 relative à la prévention de la délinquance

191 Loi n°2005-1425 du 18 novembre 2005 prorogeant l'application de la loi n°55-385 du 3 avril 1955

192 Loi n°98-468 du 17 juin 1998 relative à la prévention et à la répression des infractions sexuelles ainsi qu'à la protection des mineurs

de regretter le seul fait que la loi soit issue d'un projet et non d'une proposition de loi. Concernant les lois des 10 août 2007 et 10 mars 2010, la procédure exceptionnelle a été utilisée par le déclenchement de l'urgence et l'utilisation de la procédure accélérée. Dès lors, ici, ce n'est pas tant la forme de l'adoption des lois mais la récurrence du thème de la récidive qui conduit à affirmer qu'il s'agit d'une politique pénale de circonstances. Ces lois sont des lois de circonstances en ce qu'elles répondent d'une opportunité et non d'une nécessité juridique. Aussi, on ne peut que remarquer que l'évolution de ces lois tend vers une répression croissante des infractions pénales, et nous conduit à nous demander si la resocialisation de la personne condamnée est effectivement une fonction de la peine en droit français.

2. L'absence de prise en compte de la fonction de resocialisation par les lois de circonstances

99. **Le non-sens de la répression croissante** – À titre liminaire, nous précisons que le fait de regretter une augmentation constante de la répression n'induit pas que nous adhérions à une thèse abolitionniste de la prison. Ensuite, les effets de la frénésie législative en matière de récidive illustrent la volonté constante d'augmenter les peines encourues, puis les peines prononcées, en réponse à l'évolution de la criminalité. À cet égard et pour rappel, la crise de la politique criminelle telle qu'elle était étudiée, déjà, en 1985, faisait état d'un blocage des institutions répressives, notamment en matière d'exécution des peines[193]. Or, ce blocage n'a, à ce jour, pas été résolu. Jusqu'en 2014, la politique pénale oscillait ainsi entre lois sur la récidive augmentant le *quantum* des peines et introductions de mesures alternatives à la peine privative de liberté. L'augmentation de la répression aux dépens de la resocialisation s'illustre par l'augmentation des circonstances aggravantes. Cet élargissement des circonstances aggravantes

193 GASSIN (R.), La crise des politiques criminelles occidentales, *op. cit.*

provoque nécessairement une augmentation de la peine maximale encourue[194]. Ces circonstances s'appliquent tant aux primo-délinquants qu'aux personnes condamnées en état de récidive légale. Aussi, le maximum des peines encourues varie selon l'évolution de la criminalité et, en matière de délinquance sexuelle, la tendance est à la criminalisation du maximum de comportements[195].

100. **L'absence de prise en considération des causes du crime** – Le problème ne se situe pas dans l'existence de la répression mais dans l'absence de prise en compte des causes du crime. En effet, en principe, concernant le droit pénal des mineurs, on s'intéresse à l'enfant[196]. Néanmoins, en droit pénal des majeurs, on ne s'intéresse plus aux circonstances de l'infraction. Dans un cas concret, Monsieur PORTELLI expliquait le cas d'un homme condamné sans cesse pour des vols de téléphones portables et pour consommation de stupéfiants[197]. Dans ce cas, l'auteur expliquait que les procédures pénales ne retenaient que l'infraction de vol en état de récidive légale, sans s'intéresser à la consommation de stupéfiants. Or, le problème de la personne résidait justement dans sa dépendance au cannabis, qui aurait pu et aurait dû être appréhendée juridiquement. Cet exemple permet de comprendre que la récidive produit un certain désintérêt du droit pénal pour des personnes dont les causes de la délinquance sont curables. Certes, cela n'induit pas que la resocialisation de la personne condamnée soit toujours possible. Pour autant, elle doit être envisagée et, dans cet exemple précis, la souplesse à l'égard de

---

194 *La frénésie sécuritaire – retour à l'ordre et nouveau contrôle social*, MUCCHIELLI (L.) (dir.), éd. La Découverte, collection sur le vif, 2008

195 *Le renouveau de la sanction pénale – Evolution ou révolution,* JACOPIN (S.) (dir.), *op. cit.*

196 CHAZAL (J.), *L'enfance et la jeunesse délinquantes,* 12ème éd., PUF, collection Que sais-je ?, 1993

197 PORTELLI (S.), *Récidivistes,* Grasset, collection Chroniques de l'humanité ordinaire, 2008

la consommation de cannabis s'entend. Toutefois, l'absence de rigueur pénale ne doit pas conduire à une absence de prise en considération des causes du crime. La fonction de resocialisation de la sanction pénale s'illustre en droit pénal des mineurs par le caractère éducatif des mesures prononcées. Et, ce caractère éducatif peut, et devrait s'appliquer également dans le cadre de la délinquance de masse des majeurs. Il est alors déjà question de repenser le régime de l'exécution des peines. En effet, il est clair que la condamnation à une peine privative de liberté n'est pas une solution de principe adéquate.

B. L'atteinte à la fonction éducative de la sanction pénale du mineur par les lois de circonstances

101. Le droit pénal des mineurs est un droit pénal spécial. En effet, depuis la fin de la Deuxième Guerre mondiale, il existe un principe incontestable affirmant que les sanctions pénales applicables aux mineurs doivent avoir un caractère éducatif (1). Pour autant, l'évolution du droit pénal des mineurs suivant celle du droit pénal des majeurs, ce caractère éducatif est de plus en plus remis en cause (2).

1. Le caractère éducatif de la sanction pénale du mineur

102. **La spécialisation du droit pénal des mineurs** – Le texte fondateur en matière de spécialisation du droit pénal des mineurs est l'ordonnance du 2 février 1945[198]. En France, les personnes mineures sont les personnes âgées de moins de dix-huit ans. Cependant, juridiquement, les régimes sont nombreux et diffèrent selon l'âge des mineurs. Déjà, et en vertu de l'article 122-8 du Code pénal, les mineurs capables de discernement sont responsables des infractions qu'ils commettent. La spécialisation du droit pénal des mineurs se manifeste dans le régime des peines applicables. En effet, bien que des peines privatives de liberté puissent être prononcées à l'égard de

198 Ordonnance n°45-174 du 2 février 1945 relative à l'enfance délinquante

personnes mineures, ces peines voient leur *quantum* réduit[199]. Pour autant, et on peut déjà noter une forme de déspécialisation du droit pénal des mineurs, les personnes âgées de plus de seize ans peuvent voir l'excuse de minorité inappliquée[200]. Cette suppression de l'excuse de minorité ne doit s'appliquer qu'à titre exceptionnel et par des décisions juridictionnelles spécialement motivées.

103. **Les effets de la spécialisation du droit pénal des mineurs** – De plus, l'ordonnance du 2 février 1945 a institué un juge des enfants, compétent pour traiter des affaires relatives aux mineurs délinquants et aux mineurs en danger[201]. On peut noter que bien que l'essentiel des mineurs en danger ne soient pas délinquants, les mineurs délinquants eux, sont tous en danger[202]. Ensuite, la spécialisation du droit pénal des mineurs se manifeste également par l'introduction du caractère éducatif dans le prononcé de la sanction pénale. En effet, l'ordonnance traite alors des mesures de protection, d'assistance, de surveillance, et d'éducation[203]. Cette exigence du caractère éducatif des mesures prononcées s'illustre par la création du contrôle judiciaire en centre éducatif, qui semple préférable à la détention provisoire. Toutefois, l'élargissement de la possibilité de placer les mineurs de plus de treize ans en détention provisoire par la loi du 5 mars 2007 nuit à ce caractère éducatif

---

199 Art. 20-2 al. 1 de l'ordonnance n°45-174 du 2 février 1945 relative à l'enfance délinquante

200 Art. 20-2 al. 2 de l'ordonnance n°45-174 du 2 février 1945 relative à l'enfance délinquante

201 Ordonnance n°58-1301 du 23 décembre 1958 relative à la protection de l'enfance et de l'adolescence en danger

202 *La frénésie sécuritaire – retour à l'ordre et nouveau contrôle social*, MUCCHIELLI (L.) (dir.), *op. cit.*

203 Art. 2 de l'ordonnance n°45-174 du 2 février 1945 relative à l'enfance délinquante

de la mesure[204]. On remarque que l'ordonnance du 2 février 1945, créant un droit pénal d'exception basé sur l'atténuation de la responsabilité du mineur, se voit remise en cause. En effet, bien que le droit pénal s'applique encore plus souplement à l'égard des mineurs, on peut remarquer que l'évolution globale en la matière suit les traces de l'évolution en matière de droit pénal des majeurs, caractérisée par une répression croissante.

2. La répression des mineurs dans le cadre des lois de circonstances

104. **La surprenante possibilité du placement du mineur en détention provisoire** – Tout d'abord, il convient d'entendre que la responsabilité des mineurs délinquants fait l'objet d'une constante augmentation. Surtout, la possibilité de placer un mineur de plus de treize ans en détention provisoire est très surprenante. En effet, déjà concernant les majeurs, le régime de la détention provisoire[205] est censé être un régime d'exception. La détention provisoire consiste en un placement d'une personne qui fait l'objet de poursuites judiciaires dans un établissement pénitentiaire. À ce stade de la procédure, la personne est toujours présumée innocente. Dès lors, concevoir la possibilité d'une telle mesure pour des personnes mineures de plus de treize ans est difficile à admettre. Cette évolution est le fruit de la loi de circonstances du 5 mars 2007. Cet élargissement accroît le blocage des institutions répressives dont parlait GASSIN en 1985[206]. En effet, la création d'établissements pénitentiaires pour mineurs n'a pas eu pour effet immédiat d'endiguer les détentions au sein des quartiers mineurs des établissements pénitentiaires. En 2007, seuls dix pour cent des mineurs détenus se trouvaient au sein de ces

---

204 PEDRON (P.), *Guide de la protection judiciaire de la jeunesse,* 4ème éd., Gualino, 2016

205 Art. 143-1 à 148-8 du C. pr. pén.

206 GASSIN (R.), La crise des politiques criminelles occidentales, *op. cit.*

EPM[207]. Il est cependant utile de remarquer que la création de tels établissements va dans le sens des évolutions demandées par le syndicat national des directeurs pénitentiaires, désireux d'obtenir la spécialisation desdits établissements[208].

105. **Les peines applicables aux mineurs** – Ensuite, toujours à l'image de l'évolution du droit pénal des majeurs, la création des peines minimales, dites peines planchers, a également été appliquée aux mineurs délinquants entre 2007[209] et 2014[210]. Bien entendu, la suppression de ces peines pour les personnes majeures s'est également appliquée aux personnes mineures. Aussi, concernant la nature des mesures applicables aux personnes mineures, il convient de traiter des sanctions éducatives qui, comme leur dénomination l'indique, se rapprochent plus des peines que des mesures éducatives. En ce sens, les peines complémentaires applicables aux majeurs telles que les interdictions de paraître en certains lieux ou de rencontrer certaines personnes s'appliquent désormais aux mineurs[211]. Sur ce point, on notera que, tout comme pour les majeurs, ces peines sont très difficiles à appliquer concrètement[212]. La spécialisation du droit pénal des mineurs est censée se centrer sur la prise en compte des besoins du mineur et favoriser sa réinsertion dans le respect de la doctrine de la

---

207 *La frénésie sécuritaire – retour à l'ordre et nouveau contrôle social*, MUCCHIELLI (L.) (dir.), *op. cit.*

208 Avis du SNDP du 16 décembre 2016

209 Loi n°2007-1198 du 10 août 2007 renforçant la lutte contre la récidive des majeurs et des mineurs

210 Loi n°2014-896 du 15 août 2014 relative à l'individualisation des peines et renforçant l'efficacité des sanctions pénales

211 Loi n°2002-1138 du 9 septembre 2002 d'orientation et de programmation pour la justice

212 *La frénésie sécuritaire – retour à l'ordre et nouveau contrôle social*, MUCCHIELLI (L.) (dir.), *op. cit.*

défense sociale nouvelle[213]. Or, cette vision est contredite par des évolutions de fait allant dans le sens d'une répression croissante. Cette sévérité croissante s'accompagne d'une prise en compte de plus en plus faible du principe de l'individualisation de la sanction pénale.

Section 2. L'atteinte au principe d'individualisation de la sanction pénale par les lois de circonstances

106. Les mesures de sûretés sont des mesures justifiées par l'état dangereux ou la dangerosité des personnes. Elles n'entrent pas dans le cadre du principe de l'individualisation des peines tel qu'évoqué dans la présente section. Au niveau terminologique, nous traiterons aléatoirement de la peine et de la sanction pénale dans le cadre du principe d'individualisation. En effet, les principes directeurs du droit de la peine ont vocation à s'appliquer aux sanctions ayant le caractère d'une punition[214]. L'étude reste bien entendu centrée sur les peines prononcées par les juridictions pénales et non sur les sanctions prononcées par les autorités administratives. Toujours sur un niveau terminologique, certaines études de droit de la peine traitent aujourd'hui du principe de personnalisation de la sanction pénale[215]. Nous préférons conserver la terminologie initiale du principe d'individualisation des peines, tel qu'il est affirmé par le Conseil constitutionnel[216]. L'utilisation du terme personnalisation permet d'inclure les personnes morales qui ne sont pas des individus mais, comme nous l'avons indiqué en introduction, nous ne traiterons pas des personnes

---

213 ANCEL (M.), *La défense sociale nouvelle : un mouvement de politique criminelle humaniste*, *op.cit.*

214 Décision n°87-237 DC du 30 décembre 1987

215 BONIS-GARCON (E.) et PELTIER (V.), *Droit de la peine*, *op. cit.*

216 Décision n°80-127 DC du 20 janvier 1981 ; Décision n°2005-520 DC du 22 juillet 2005

morales dans le cadre de cette étude. Le principe de l'individualisation de la sanction pénale signifie que les sanctions prononcées et exécutées doivent être adaptées aux circonstances de l'infraction et à la personnalité de l'auteur (§1). Ce principe à valeur constitutionnelle est susceptible de subir des atteintes, notamment lorsque l'on envisage l'existence de dispositifs permettant l'automaticité des sanctions pénales (§2).

§1. La définition du principe d'individualisation de la sanction pénale

107. Il est indispensable de se concentrer sur la définition du principe avant d'expliquer en quoi celui-ci subit des atteintes. La définition du principe doit s'opérer à plusieurs niveaux. En effet, il est nécessaire d'entendre les deux aspects du principe de l'individualisation de la sanction pénale. Dans un premier temps, le principe de l'individualisation des peines a une définition au niveau constitutionnel qui est très théorique (A). Dans un second temps, cette définition a des effets concrets et induit l'obligation d'effectuer un traitement personnalisé de la personne délinquante (B).

A. La signification constitutionnelle du principe de l'individualisation de la sanction pénale

108. La valeur du principe de l'individualisation des peines ne fait pas l'objet d'un consensus clair. Pour autant, le rapprochement par le Conseil constitutionnel de ce principe avec l'article 8 de la DDHC nous amène à en déduire sa valeur constitutionnelle (1). Au-delà de cette valeur constitutionnelle, l'évolution de la vision de la peine a conduit à une évolution de la signification du principe de l'individualisation des peines (2). Cette évolution, modifiant l'articulation des principes directeurs du droit de la peine et du droit pénal

général, a été initiée par les mouvements de défense sociale[217] et de défense sociale nouvelle[218].

1. Un principe à valeur constitutionnelle

109. **La naissance de l'individualisation des peines** – La valeur du principe de l'individualisation de la sanction pénale ne laisse présumer aujourd'hui d'aucun doute. Il s'agit d'un principe à valeur constitutionnelle, affirmé comme tel explicitement par le juge constitutionnel. Avant cette consécration de la valeur dudit principe, l'individualisation de la peine existait déjà. Le Code pénal de 1810 en son article 463 prévoyait des mécanismes d'individualisation de la sanction, notamment par l'existence de circonstances atténuantes susceptibles de réduire la peine jusqu'à un seuil minimal[219]. On peut noter ici qu'outre l'existence d'un principe général d'individualisation de la sanction pénale, des mécanismes existaient et permettaient d'adapter la peine aux circonstances de l'infraction. Ces circonstances pouvaient être de nature à augmenter ou à diminuer la peine. De plus, il est utile de remarquer que ce mécanisme s'appliquait parallèlement à un dispositif de peines minimales. Un tel dispositif n'avait rien à voir avec le systématisme assumé par celui des peines planchers étudiées ci-après[220]. Ainsi, ce n'est pas parce que la valeur du principe a été consacrée en 2005 qu'aucune individualisation de la sanction pénale n'existait auparavant. Dès 1981, le Conseil constitutionnel l'envisageait comme un principe fondamental reconnu par les lois de la République, un principe à valeur constitutionnelle donc. En effet, dans sa décision de constitutionnalité du 20 janvier 1981 relative à la loi

---

217 GRAMATICA (F.), *Principes de Défense sociale,* Cujas, 1963

218 ANCEL (M.), *La défense sociale nouvelle : un mouvement de politique criminelle humaniste, op. cit.*

219 Version en vigueur jusqu'au 1er mars 1994

220 Voir *infra* Partie 1, Chapitre 1, Section 2, §2

sécurité et liberté[221], le Conseil constitutionnel affirmait que : *« À supposer même que le principe de l'individualisation des peines puisse, dans ces limites, être regardé comme l'un des principes fondamentaux reconnus par les lois de la République, il ne saurait mettre obstacle à ce que le législateur, tout en laissant au juge ou aux autorités chargées de déterminer les modalités d'exécution des peines un large pouvoir d'appréciation, fixe des règles assurant une répression effective des infractions »*[222]. Dans cette décision, le Conseil constitutionnel a pris soin de rappeler que le principe d'individualisation des peines n'avait pas de consécration constitutionnelle et, surtout, que l'article 8 de la DDHC avait initialement pour but, justement, de mettre fin à l'arbitraire des juges. Dès lors, il se refusait, en 1981, à admettre un principe laissant une très grande liberté au juge pénal dans la détermination de la peine.

110. **La consécration de la valeur du principe** – La consécration explicite de la valeur constitutionnelle du principe date de la décision du Conseil constitutionnel du 22 juillet 2005[223]. Il devait se prononcer, dans le cadre de son contrôle *a priori* de la constitutionnalité des lois, sur la validité de la loi précisant le déroulement de l'audience d'homologation de la CRPC[224]. La juridiction constitutionnelle a profité de cette saisine pour ériger le principe de l'individualisation de la sanction pénale en principe à valeur constitutionnelle. En effet, le considérant 3 de la décision précitée affirme que la disposition ne méconnaît pas : *« le principe d'individualisation des peines qui découle de l'article 8 de la DDHC, ni aucun autre principe constitutionnel »*. La constitutionnalisation du principe de l'individualisation des peines s'est donc opérée sur le fondement de l'article 8 de la DDHC. Dès lors, cet article fonde le régime constitutionnel

---

221 Loi n°81-82 du 2 février 1981 renforçant la sécurité et protégeant la liberté des personnes

222 Décision n°80-127 DC du 20 janvier 1981

223 Décision n°2005-520 DC du 22 juillet 2005

224 Loi n°2005-847 du 26 juillet 2005 précisant le déroulement de l'audience d'homologation de la CRPC

des peines et exige que celles-ci soient nécessaires, proportionnées et individualisées.

111. **La signification du principe** – Le principe d'individualisation des peines se traduit par la prise en compte des circonstances de l'infraction et de la personnalité de l'auteur dans le prononcé et dans l'exécution de la peine[225]. En matière criminelle comme en matière correctionnelle, les juridictions sont susceptibles de prononcer des peines d'un *quantum* inférieur à celui prévu par la loi[226]. Plus spécifiquement, en matière correctionnelle, la juridiction qui prononce une peine d'emprisonnement ferme doit motiver précisément sa décision sur ce point en tenant compte de la gravité des faits et de la personnalité de l'auteur[227]. Cette obligation de motivation de la peine n'est pas expressément prévue en matière criminelle car la nature même de l'infraction peut justifier ici le prononcé d'une peine de détention ou de réclusion criminelle sans sursis. Il est utile de souligner que l'absence d'obligation de motivation de la peine ne doit pas être confondue avec l'absence de motivation des arrêts de cours d'assises. Cette motivation des arrêts de cours d'assises est obligatoire depuis 2011[228]. La seule limite portée au principe de l'individualisation des peines demeure l'existence d'une peine minimale que le juge est tenu de prononcer en matière criminelle. Précisément, le juge n'est que peu limité en la matière. Il est tenu de prononcer une peine supérieure à deux ans d'emprisonnement si la personne est condamnée pour une infraction dont la peine encourue est la réclusion criminelle ou la détention criminelle à perpétuité. Aussi, ce minimum est porté à un an si le maximum encouru est une peine de réclusion criminelle

---

225 BONIS-GARCON (E.) et PELTIER (V.), *Droit de la peine, op. cit.*

226 Art. 132-18 à 132-20 du C. pén

227 Art. 132-19 du C. pén

228 Loi n°2011-939 du 10 août 2011 sur la participation des citoyens au fonctionnement de la justice pénale et le jugement des mineurs

ou de détention criminelle à temps[229]. On remarque alors que le principe d'individualisation des peines n'est pas absolu, il existe des atteintes légales à ce principe. Il est compréhensible que le Législateur ait souhaité exiger que les personnes déclarées coupables de crimes soient effectivement condamnées à une peine d'emprisonnement. D'ailleurs, le prononcé d'une peine plus courte pourrait s'analyser en une déclaration de l'absence de culpabilité de l'auteur de l'infraction.

2. L'évolution de la signification du principe

112. **Individualisation et égalité devant la loi** – Comme nous avons été amenés à le voir, de nombreux principes à valeur constitutionnelle régissent le droit de la peine. Il est désormais important de préciser qu'au-delà de la signification de ces principes, c'est leur application concomitante qui pose problème. Tout d'abord, l'article 1er de la DDHC induit l'existence d'un principe général d'égalité : *« Les hommes naissent et demeurent libres et égaux en droits. Les distinctions sociales ne peuvent être fondées que sur l'utilité commune »*. Ensuite, l'article 6 de la même déclaration affirme lui que : *« La loi doit être la même pour tous, soit qu'elle protège, soit qu'elle punisse »*. Dès lors, on peut affirmer qu'il existe un principe d'égalité[230] des citoyens devant la loi pénale. Or, et comme nous venons de l'affirmer, le principe de l'individualisation de la sanction pénale exige que les citoyens soient jugés en fonction des circonstances de l'infraction et en fonction de leur personnalité. On peut clairement supposer ici que l'application conjointe des deux principes est délicate à mettre en œuvre.

113. **La vision initiale de l'individualisation** – Le principe de l'individualisation, initialement, était conçu comme un principe justement susceptible de s'accorder avec le principe d'égalité. En effet, l'idée était d'adapter la peine aux

---

229 Art. 132-18 du C. pén.

230 *Droit des libertés fondamentales, op. cit.*

circonstances de l'infraction. La personnalité de l'auteur n'était pas prise en compte, seul le degré de responsabilité de l'auteur permettait d'individualiser la sanction. D'ailleurs, sur ce point, il faut noter que SALEILLES, considéré à juste titre comme le premier théoricien de l'individualisation de la sanction pénale[231], envisageait ce principe avec l'objectif de permettre le respect du principe d'égalité et d'adapter la peine au degré de responsabilité de l'auteur. Cette vision de l'individualisation des peines s'entend au regard de la peur de l'arbitraire du juge. Les mécanismes d'individualisation des peines prévus par le Code pénal de 1810 étaient en effet emprunts de cette idée issue de la Révolution française[232]. À cette époque, le juge ne devait être que : *« la bouche de la loi »*[233] et aucun pouvoir d'appréciation ne devait être laissé au pouvoir judiciaire. C'est dans cet esprit que le principe de légalité des délits et des peines a été consacré, principe en vertu duquel c'est la loi qui détermine les comportements prohibés et les sanctions qui leur sont applicables. Alors, l'individualisation de la peine était une préoccupation mais seulement en ce qu'elle permettait de garantir une certaine égalité. Les dérives judiciaires susceptibles de naître de la prise en compte subjective de la personnalité de l'auteur devaient être évitées, ou tout au moins contrôlées. Les circonstances issues du Code pénal de 1810, qu'elles soient aggravantes ou atténuantes, étaient des éléments objectifs dont l'appréciation ne laissait que très peu de place à l'arbitraire.

114. **La vision actuelle de l'individualisation** – Aujourd'hui, la vision du pouvoir judiciaire et des personnes auteurs d'infractions pénales a évolué. La formation et

---

231 *L'individualisation de la peine – De Saleilles à aujourd'hui*, réédition de la 3ème éd. de l'ouvrage de Raymond SALEILLES, Erès, coll. Criminologie et sciences de l'homme, 2001

232 MERLE (R.), et VITU (A.), *Traité de droit criminel*, 7ème éd., Cujas, 1997

233 MONTESQUIEU, *L'esprit des lois*, Classiques Garnier, coll. Bibliothèque du XVIIIème siècle, 2011

l'indépendance des magistrats du siège n'est pas, n'est plus remise en cause. D'ailleurs, c'est l'autorité judiciaire qui est garante de la liberté individuelle, du droit à la sûreté, en vertu de l'article 66 de la Constitution. Au contraire, la tendance est à l'extension des pouvoirs d'appréciation du juge et la constitutionnalisation du principe de l'individualisation de la sanction pénale entre dans ce cadre. Concrètement, ce sont les mouvements de la défense sociale[234] et de la défense sociale nouvelle[235] qui ont conduit à la prise en compte de la personnalité de l'auteur dans le cadre de l'individualisation de la peine. En effet, bien avant la consécration de la valeur constitutionnelle du principe, celui-ci changeait d'orientation pour devenir un moyen de prise en compte de la situation de la personne qui commet une infraction pénale. Ce sont ces mouvements qui ont conduit à la prise en compte de la réinsertion, aujourd'hui fonction légale de la peine. Les mécanismes d'individualisation de la peine permettent désormais une appréciation plus subjective de l'auteur de l'infraction pénale par les juridictions de jugement et de l'application des peines. Cette vision prédominante permet de faire respecter la célèbre formule de GRAMATICA qui affirmait que : *« l'Etat n'a pas le droit de punir mais le devoir de socialiser »*[236]. Cette idée est toujours présente et s'illustre concrètement par l'existence des alternatives à la peine d'emprisonnement.

115. **Les conséquences de la vision actuelle** – La question que l'on peut se poser devient alors celle de savoir si une telle vision de l'individualisation de la sanction pénale est compatible avec le principe d'égalité entendu strictement. En effet, bien que certains critères d'individualisation soient objectifs, l'essence même du principe d'individualisation des peines est de laisser une part de subjectivité au juge dans le

---

234 GRAMATICA (F.), *Principes de Défense sociale,* Cujas, 1963

235 ANCEL (M.), *La défense sociale nouvelle : un mouvement de politique criminelle humaniste, op. cit.*

236 *L'individualisation de la peine – De Saleilles à aujourd'hui, op. cit.*

prononcé puis dans l'exécution de la sanction pénale. Deux visions sont possibles. Dans un premier temps, on peut se persuader que laisser une part de subjectivité au juge conduit nécessairement à une rupture d'égalité devant la loi pénale. L'application du principe de l'individualisation caractériserait alors une atteinte du principe d'égalité. Dans un second temps, il s'agit de considérer que le juge appliquera une jurisprudence cohérente et une sanction similaire à deux personnes placées dans une situation proche. Peu important les critères retenus, la rupture d'égalité n'est alors pas manifeste. Dans tous les cas, l'application du principe de l'individualisation des peines suppose une grande confiance dans l'autorité judiciaire. Le juge doit, dans le respect des principes constitutionnels précédemment évoqués, prononcer une peine qui permette d'assurer le respect des fonctions de la peine que sont la réparation, la prévention, la répression et la resocialisation.

B. Le traitement personnalisé de la personne délinquante

116. L'individualisation de la sanction pénale s'opère en fonction de facteurs liés aux circonstances de l'infraction ou à la personnalité de l'auteur. En ce sens, on peut envisager une distinction entre l'individualisation et la personnalisation de la peine telle qu'elle est opérée en doctrine. L'individualisation de la peine revient alors à son sens originaire et permet de respecter le principe d'égalité par l'application de critères objectifs. La personnalisation, elle, correspond alors au choix de la peine en fonction de la personnalité de l'auteur, et comporte nécessairement une plus grande part de subjectivité. À cet égard, le Code pénal emploie les deux termes, dont celui de personnalisation[237], là où le Conseil constitutionnel emploie le

237 Section II, Chapitre II, Titre III, Livre 1er de la Partie Législative du C. pén

terme d'individualisation[238]. Concrètement, et peu important la terminologie retenue, le principe s'applique à deux niveaux. Il peut s'appliquer au stade du prononcé de la peine par la juridiction de jugement (1). Il peut également être appliqué durant la phase de l'exécution des peines, en vertu de la décision de condamnation ou d'une décision de la juridiction de l'application des peines appuyée par l'administration pénitentiaire et d'autres acteurs non institutionnels (2).

1. L'application du principe au prononcé de la peine

117. **L'individualisation de la peine encourue** – En premier lieu, les circonstances faisant varier la peine encourue peuvent être atténuantes ou aggravantes. Les circonstances atténuantes ont, dans leur principe, été supprimées par le Code pénal entré en vigueur en 1994. Pour autant, quelques éléments permettent encore aujourd'hui d'atténuer la peine. D'abord, la circonstance de minorité est une circonstance atténuante en vertu de l'article 20-2 de l'ordonnance du 2 février 1945. Néanmoins, comme nous avons pu le remarquer, l'intervention des lois de circonstances en la matière nuance considérablement la réalité de cette circonstance atténuante. La circonstance atténuante que l'on peut encore aujourd'hui remarquer en droit pénal est celle du repentir actif[239] de la personne ayant commis ou tenté de commettre une infraction[240]. En effet, en matière de terrorisme[241] et de trafic de stupéfiants, si la personne a averti les autorités et que ce signalement a permis de faire cesser l'infraction et d'interpeller les auteurs présumés innocents, alors la peine encourue est réduite. Aussi, dans le cadre de l'enlèvement ou de la séquestration, le fait de

---

238 Décision n°80-127 DC du 20 janvier 1981 ; Décision n°2005-520 du 22 juillet 2005

239 MERLE (R.), et VITU (A.), *Traité de droit criminel, op. cit.*

240 Art. 132-78 du C. pén.

241 Art. 422-2 du C. pén.

libérer volontairement la victime est pris en compte[242]. Ces circonstances atténuantes sont des éléments objectifs, et la diminution de la peine est prévue et encadrée. Pour exemple, en matière de terrorisme, la peine encourue est diminuée de moitié ou réduite à vingt ans de réclusion criminelle si la réclusion à perpétuité est encourue. Toujours concernant les circonstances faisant varier la peine encourue, certains éléments permettent d'augmenter cette dernière et s'attachent à l'infraction en elle-même ou à la qualité de la victime. On peut notamment relever la circonstance que la victime soit un agent des forces de l'ordre[243] ou que l'infraction ait été commise en bande organisée[244]. Aussi, la préméditation engendre la qualification d'un meurtre[245] en assassinat[246] et porte la peine encourue de trente ans de réclusion criminelle à la réclusion criminelle à perpétuité. La principale circonstance aggravante reste l'état de récidive légale. L'état de récidive légale augmente en effet de façon automatique le *quantum* de la peine encourue. Le régime de cette augmentation de la peine encourue est prévu par le Code pénal[247].

118. **L'individualisation de la peine prononcée** – En second lieu, outre l'existence d'éléments faisant varier la peine encourue, on ne peut que remarquer que les peines prononcées ne correspondent pas aux peines encourues. Déjà, il faut noter que les peines encourues sont des *maxima*, et que la juridiction de jugement peut prononcer des peines inférieures aux peines encourues[248] dans le respect des limites précédemment évoquées en matière criminelle. Toute la question de

---

242 Art. 224-1 du C. pén.

243 MERLE (R.), et VITU (A.), *Traité de droit criminel*, *op. cit.*

244 Art. 132-71 du C. pén.

245 Art. 222-1 du C. pén.

246 Art. 221-3 du C. pén.

247 Art. 132-8 à 132-11 du C. pén.

248 Art. 132-18 à 132-20 du C. pén.

l'individualisation de la peine en raison de la personnalité de l'auteur intervient dans ce cadre. L'article 2 de la loi du 15 août 2014[249] a confirmé l'existence d'un principe légal général d'individualisation de la sanction pénale. En effet, les alinéas 2 et 3 de l'article 132-1 du Code pénal disposent désormais que : *« Toute peine prononcée par la juridiction doit être individualisée. Dans les limites fixées par la loi, la juridiction détermine la nature, le quantum et le régime des peines prononcées en fonction des circonstances de l'infraction et de la personnalité de son auteur ainsi que de sa situation matérielle, familiale et sociale, conformément aux finalités et fonctions de la peine énoncées à l'article 130-1 »*. Cet article concrétise la vision de l'individualisation de la peine en fonction de la personnalité de l'auteur et permet de faire varier plusieurs éléments de la peine en fonction de critères différents et très subjectifs.

Concernant la personnalité de l'auteur, le premier élément dont la juridiction tient compte est le passé pénal de l'auteur de l'infraction. La prise en compte de ce passé permet à la juridiction de se faire une idée de la personnalité pénale de la personne, mais également de respecter les règles légales applicables en matière de récidive et de réitération d'infraction. En effet, la récidive au sens large fait augmenter le *quantum* de la peine encourue. Ensuite, la juridiction de jugement tient compte de la situation matérielle, familiale et sociale de l'auteur de l'infraction pénale. Sur ce point, afin que la juridiction de jugement puisse se fonder sur des éléments relevant de la personnalité de l'auteur, il est nécessaire qu'elle dispose de la connaissance de ces éléments. C'est la raison pour laquelle les enquêtes de personnalité sont systématiques en matière criminelle. Cette connaissance peut également passer par une expertise psychiatrique ou un examen médico-psychologique de la personne. En ce sens et en vertu du pouvoir discrétionnaire du président de la cour d'assises[250], celui-ci peut entendre

---

249 Loi n°2014-896 du 15 août 2014 relative à l'individualisation des peines et renforçant l'efficacité des sanctions pénales

250 Art. 310 du C. pr. pén.

toutes personnes utiles à la manifestation de la vérité. Pour des raisons pratiques, un tel pouvoir est plus difficile à appliquer en matière correctionnelle. En tout état de cause, la juridiction de jugement se fonde sur les éléments dont elle dispose[251]. Cette appréciation comprendra nécessairement une part de subjectivité. Il faut également reconnaître que bien que les juridictions de jugement tentent de maintenir une certaine cohérence au sein de leur propre jurisprudence, cette cohérence n'existe pas entre les juridictions[252]. En matière correctionnelle, la peine prononcée peut être différente d'une juridiction à une autre. L'individualisation s'opère alors en fonction de la personnalité, certes, mais également en fonction de la juridiction. Bien que cette incohérence soit regrettable, il faut reconnaître que l'hypothèse de la création d'un barème à destination des juridictions reviendrait à appliquer un dispositif judiciaire de peines planchers qui, tout comme le dispositif légal, atteindrait le principe constitutionnel d'individualisation.

119. **La nécessaire confiance en l'autorité judiciaire** – En conséquence, l'individualisation de la peine s'opère à plusieurs niveaux et notamment au regard des peines encourues et prononcées. Le paradoxe de l'individualisation des peines est que ce principe, par nature, a vocation à laisser une part importante de subjectivité aux juridictions dans le prononcé de la peine. Or, en droit, l'interprétation stricte de la loi pénale[253] exige la prise en compte de critères objectifs. Il est alors nécessaire de faire confiance aux magistrats du siège, indépendants et impartiaux, pour que le principe de l'individualisation de la sanction pénale ait une juste application. L'individualisation des peines est une exigence constitutionnelle qu'il est

---

[251] DESPORTES (F.), et LE GUNEHEC (F.), *Droit pénal général, op. cit.*

[252] *Les techniques de l'individualisation judiciaire*, LEVASSEUR (G.) (dir.), Cujas, Publications du Centre d'études de défense sociale de l'Institut de droit comparé de Paris, 1971

[253] Art. 111-4 du C. pén.

nécessaire de mettre en place au regard de l'objectif de réinsertion des personnes condamnées pour des infractions pénales. Le respect des fonctions légales de la peine débute alors dès son prononcé, et se poursuit durant la phase de son exécution.

2. L'application du principe à l'exécution de la peine

120. **Le principe de l'individualisation de la peine exécutée** – Tout d'abord, il est utile de rappeler que, juridiquement, les peines prononcées par les juridictions pénales doivent être exécutées[254]. L'exécution des peines est poursuivie par le ministère public[255] lorsque la décision est devenue définitive[256]. Ces décisions définitives constituent des titres exécutoires au sens de l'article L.111-3 du Code des procédures civiles d'exécution. Elles ont force exécutoire. Cette remarque est utile car, avec un certain recul, on s'aperçoit que les peines privatives de liberté prononcées ne sont que rarement exécutées dans leur intégralité. Cette différence entre les peines prononcées et réellement exécutées vient de la légalité des réductions de peines, certaines étant automatiques[257]. Ensuite, ces mesures permettant l'application de l'individualisation à l'exécution des peines sont prononcées par les juridictions de jugement ou de l'application des peines. Les facteurs pris en considération dans ces prises de décisions sont similaires aux facteurs retenus dans la détermination de la sanction pénale. À ces facteurs, les juridictions de l'application des peines peuvent ajouter la conduite[258] de la personne détenue pour fonder leur décision. Il est très important de ne pas confondre l'obligation d'individualisation de la sanction

---

254 Art. 707 du C. pr. pén.

255 Art. 707-1 du C. pr. pén.

256 Art. 708 du C. pr. pén.

257 Art. 721 du C. pr. pén.

258 Art. 721 du C. pr. pén.

pénale avec l'obligation de motivation de la peine. En effet, sur ce point, on ne peut que souligner que les juridictions sont légalement tenues de respecter des critères d'individualisation, des facteurs illustrant la personnalité de l'auteur, mais elles ne sont en aucun cas tenues de justifier cette prise en considération des critères d'individualisation. Cette obligation de motivation de la peine n'existe qu'à l'égard de l'emprisonnement ferme en matière correctionnelle[259]. La phase de l'exécution des peines voit intervenir plusieurs acteurs institutionnels. Les juridictions ne décident pas seules du régime de l'exécution de la sanction pénale. Elles sont appuyées dans cette mission par les personnels de l'administration pénitentiaire. Aussi, des acteurs non institutionnels interviennent dans le cadre des expertises psychologiques et psychiatriques. Ces acteurs sont les mêmes que ceux présents dans le cadre de l'évaluation de la dangerosité[260]. Le rôle des assistantes sociales présentes en détention est également loué depuis la prise en compte de la nécessité d'individualiser les peines[261].

121. **L'individualisation concrète de l'exécution de la peine** – Concernant les modalités d'individualisation de la peine au regard de son exécution, la première est le sursis. Le sursis, qu'il soit simple[262] ou avec mise à l'épreuve[263], est décidé par la juridiction de jugement au regard des circonstances de l'infraction et de la personnalité de l'auteur. Intrinsèquement, le sursis demeure une modalité d'exécution de la peine. En matière correctionnelle, le sursis est la norme là où l'emprisonnement ferme est l'exception et doit être motivé. En effet, bien que la loi du 15 août 2014 ait modifié l'article 132-24 du Code pénal, l'obligation de motivation du prononcé d'une

---

259 Art. 132-19 du C. pén.

260 Voir *infra* Partie 2, Chapitre 1, Section 1, §2

261 *Les techniques de l'individualisation judiciaire*, LEVASSEUR (G.), *op. cit.*

262 Art. 132-29 et suivants du C. pén.

263 Art. 132-40 et suivants du C. pén

peine d'emprisonnement ferme en matière correctionnelle demeure[264]. La modification de l'article 132-24 du Code pénal intervient elle dans le cadre de la suppression du dispositif de peines planchers mis en place par la loi du 10 août 2007[265]. Cet article pose désormais un principe général de personnalisation de la peine et introduit la section du Code pénal relative à cette personnalisation. Le régime de la personnalisation des peines est prévu par le Code pénal[266]. De nombreuses mesures existent. Sans exhaustivité, le placement à l'extérieur, la semi-liberté, le placement sous surveillance électronique, la dispense ou l'ajournement de peine sont autant de modalités d'application de la peine que peut envisager la juridiction de l'application des peines.

122. **La réinsertion face au blocage des institutions répressives** – L'objectif de toutes ces mesures est de permettre la réinsertion de la personne condamnée. En ce sens, le rôle des personnels de l'administration pénitentiaire et spécifiquement du SPIP est primordial car il permet d'intégrer les acteurs quotidiens de l'exécution de la peine à la prise de décision. Il est nécessaire de trouver un équilibre entre le caractère effectif de la peine et la possible réinsertion de la personne condamnée[267]. À cet égard, la dénomination du service de l'administration pénitentiaire compétent est parlante, il s'agit du service pénitentiaire d'insertion et de probation. La réinsertion est désormais au cœur de l'exécution de la peine. On peut alors y voir l'adoption par la matière pénale française de la doctrine de la défense sociale nouvelle prônant cette réinsertion, cette réadaptation sociale de la personne

---

264 Art. 132-19 du C. pén.

265 Loi n°2007-1198 du 10 août 2007 renforçant la lutte contre la récidive des majeurs et des mineurs

266 Section II, Chapitre II, Titre III, Livre 1er de la Partie Législative du C. pén.

267 MERLE (R.), et VITU (A.), *Traité de droit criminel*, *op. cit.*

condamnée[268]. Par ailleurs, le blocage des institutions répressives précédemment évoqué conduit nécessairement les personnels de l'administration pénitentiaire et les juridictions de jugement à envisager des peines alternatives à la privation de liberté. Ce blocage s'illustre également au regard de considérations budgétaires et du manque de personnel dénoncé dans les professions judiciaires et pénitentiaires. Sur ce point, le 23 juin 2017, un communiqué de presse des sections syndicales du tribunal de grande instance de Créteil menaçait de libérer de nombreuses personnes en détention provisoire car leur charge de travail ne leur permettait pas d'assurer les délais légaux en la matière. Au demeurant, l'individualisation de la peine constitutionnellement reconnue doit permettre la réinsertion de la personne condamnée. Ce principe doit empêcher la justification de dispositifs consacrant l'automaticité des peines.

§2. L'atteinte au principe d'individualisation des peines par le dispositif des peines planchers

123. La grande difficulté des principes directeurs du droit de la peine et du droit pénal réside dans leur articulation. En effet, l'application stricte d'un principe à valeur constitutionnelle peut conduire à la violation d'un autre principe de même valeur. Dès lors, il est très important d'étudier les motivations juridiques des évolutions récentes pour comprendre en quoi l'articulation des principes d'égalité et d'individualisation des peines est très délicate à mettre en œuvre. Nous tenterons en ce sens d'expliquer en quoi le dispositif des peines planchers constitue une atteinte au principe de l'individualisation des peines (A). Nous nous interrogerons également sur l'avenir de ce dispositif, en France comme à l'étranger (B).

---

268 ANCEL (M.), *La défense sociale nouvelle : un mouvement de politique criminelle humaniste*, *op. cit.*

A. Le dispositif des peines planchers atteignant le principe de l'individualisation de la sanction pénale

124. La loi du 10 août 2007 est une loi de circonstances qui consacre un dispositif des peines planchers. Elle a fait l'objet d'un contrôle de constitutionnalité avant sa promulgation (1). Le dispositif a donc été validé et déclaré conforme à la Constitution. Le texte, l'esprit du texte et l'objectif de la loi du 10 août 2007 étaient de créer un dispositif de peines minimales en cas de récidive et de multi-récidive d'infractions pénales. Or, le Conseil constitutionnel censure, en principe, les peines automatiques. Nous expliquerons dès lors en quoi cette décision de constitutionnalité est incohérente et en quoi ledit dispositif atteint le principe de l'individualisation des peines (2).

1. La validation par le Conseil constitutionnel du dispositif issu d'une loi de circonstances

125. **La loi de circonstances** – La loi du 10 août 2007[269] est une loi de circonstances au sens de la définition de la présente étude. En effet, elle intervient au moment d'un changement de législature. Sur la forme de son adoption, le projet de loi a fait l'objet d'une déclaration d'urgence par le Gouvernement, permettant ainsi l'adoption de la loi moins de cinquante jours après le dépôt de son projet devant le Sénat. Clairement, le fond du projet de loi n'a pas été débattu au Parlement. Cette pratique est courante en début de législature. En effet, la concordance des mandats électoraux présidentiels et législatifs permet au Président de la République de composer un Gouvernement qui rédigera des projets de loi adoptés sans débat sur le fond. Cette pratique est un fait, et s'observe depuis 2002 à chaque changement de législature.

---

269 Loi n°2007-1198 du 10 août 2007 renforçant la lutte contre la récidive des majeurs et des mineurs

126. **L'esprit de la loi de circonstances** – Sur le fond, la loi du 10 août 2007 met en place un système de seuil minimum des peines prononcées par les juridictions de jugement. Ce dispositif s'applique pour deux types de sanctions. En effet, l'automaticité s'applique aux peines d'emprisonnement et de réclusion criminelle[270] mais également à l'injonction de soins prononcée dans le cadre du suivi socio-judiciaire[271]. Ensuite, cette automaticité des peines en cas de récidive légale s'applique également aux mineurs délinquants[272]. Or, sur ce point, on ne peut qu'affirmer que si un mineur commet un délit en état de récidive légale et qu'il ne peut pas justifier de garanties d'insertion ou de réinsertion, la solution ne réside pas nécessairement dans l'emprisonnement. En effet, l'emprisonnement ne doit pas se généraliser concernant le droit pénal des mineurs. Cela va à l'encontre du caractère éducatif[273] que doit comporter une sanction prononcée à leur égard. La particularité du texte de la loi, justement, est qu'elle affirme que les juridictions de jugements doivent respecter des seuils minimaux, et elle permet aux juridictions de ne pas respecter ces seuils si la personne condamnée apporte des garanties d'insertion ou de réinsertion[274]. Ces garanties doivent être exceptionnelles en cas de deuxième récidive légale. Dans le même temps, la loi crée un dispositif de peines planchers avec des seuils indérogeables et affirme que les juridictions de jugement peuvent procéder à l'individualisation de la sanction pénale. Cette dernière possibilité va

---

270 Art. 1 et 2 de la loi n°2007-1198 du 10 août 2007 renforçant la lutte contre la récidive des majeurs et des mineurs

271 Art. 7 à 11 de la loi n°2007-1198 du 10 août 2007 renforçant la lutte contre la récidive des majeurs et des mineurs

272 Art. 5 de la loi n°2007-1198 du 10 août 2007 renforçant la lutte contre la récidive des majeurs et des mineurs

273 Voir *supra* Partie 1, Chapitre 2, Section 1, §2

274 Art. 1 et 2 de la loi n°2007-1198 du 10 août 2007 renforçant la lutte contre la récidive des majeurs et des mineurs

totalement à l'encontre de l'esprit de la loi et de l'objectif qu'elle poursuit. Nous pensons qu'il s'agit surtout d'une mesure visant à garantir l'absence de censure constitutionnelle du projet de loi. De plus, ces garanties doivent être justifiées par la juridiction. Là, on s'écarte totalement de l'obligation de motivation de la peine pour créer une obligation de motivation de non-peine à l'égard de la juridiction de jugement et cela demeure tout au moins surprenant.

127. **La constitutionnalité de la loi de circonstances** – Par une décision du 9 août 2007[275], le Conseil constitutionnel, saisi sur la constitutionnalité de la loi relative aux peines planchers applicables aux personnes majeures et mineures récidivistes, a validé le dispositif. Interrogé sur l'atteinte à l'individualisation des peines, le Conseil constitutionnel a affirmé que le Législateur était libre de fixer des règles assurant une répression effective des infractions et que la personnalité de l'auteur de l'infraction n'était pas le critère exclusif à prendre en compte dans la détermination judiciaire du prononcé de la peine[276]. Dès lors, le Conseil constitutionnel ne revient pas sur sa position relative à la valeur constitutionnelle du principe de l'individualisation des peines, mais il explique que ce principe doit être concilié avec celui de nécessité et de proportionnalité des peines. En effet, le renvoi du Conseil à la libre volonté du Législateur de déterminer la nécessité des peines suit la position classique des sages en la matière. Le Conseil constitutionnel prend également soin de préciser que les juridictions de jugement peuvent tenir compte des garanties d'insertion et de réinsertion de la personne condamnée. Là, on entend clairement l'intérêt des dispositions qualifiées précédemment de surprenantes. Elles ont permis au dispositif des peines planchers de ne pas faire l'objet d'une censure constitutionnelle. En tout état de cause, la création d'un tel dispositif semble aller à l'encontre du principe de

---

275 Décision n°2007-554 DC du 9 août 2007

276 *Ibidem*

l'individualisation de la sanction pénale tel que nous l'avons défini précédemment. Enfin, nous rappelons qu'en vertu des règles régissant le contrôle de constitutionnalité des lois *a posteriori*, la loi du 10 août 2007 ayant fait l'objet d'un contrôle *a priori* portant sur toutes ses dispositions, elle ne pouvait plus faire l'objet d'un contrôle de constitutionnalité.

2. La caractérisation de l'atteinte au principe de l'individualisation des peines

128. **L'atteinte à l'individualisation des peines** – Les peines sont prononcées par le juge judiciaire qui prend en considération plusieurs critères. Parmi ces critères, la gravité des faits et les éléments constitutifs de l'infraction permettent de déterminer la peine encourue. Cette peine encourue par une personne auteur d'infraction pénale est un maximum. Le juge judiciaire ne peut pas prononcer de peine supérieure à cette peine encourue. En vertu du principe de l'individualisation des peines, qui a une valeur constitutionnelle, le juge doit tenir compte des circonstances de l'infraction et de la personnalité de l'auteur. Ces critères doivent lui permettre d'adapter la peine à la gravité des faits mais également à la personnalité de l'auteur. Or, par la création d'un seuil minimal de peines prononcées, le Législateur exige du juge judiciaire qu'il ne prenne plus en compte la personnalité de l'auteur de l'infraction pour se concentrer sur la gravité des faits, sur l'acte. Alors, les personnes auteurs d'infractions pénales sont déshumanisées en ce sens que seule l'infraction est prise en compte. Cela constitue selon nous une atteinte au principe de l'individualisation des peines. Certes, ces infractions sont commises en état de récidive légale, voire de nouvelle récidive, mais ce n'est pas parce qu'une personne a un parcours criminel qu'il faut cesser de prendre en compte sa personnalité. Aussi, on peut entendre que le Législateur souhaite qu'il y ait moins de différences entre les peines encourues, prononcées et exécutées. Cela ne doit pas se faire au détriment de la prise en compte de la personnalité de l'auteur de l'infraction pénale.

Au-delà de la critique de l'existence même des peines planchers, nous tenterons d'expliquer en quoi, juridiquement et techniquement, le dispositif mis en place par la loi du 10 août 2007 atteint le principe de l'individualisation des peines et conduit à l'existence de peines automatiques.

129. **L'atteinte aux prérogatives de l'autorité judiciaire** – Il est nécessaire de comprendre la distinction entre les peines encourues et les peines prononcées. Le Législateur est libre de déterminer les peines encourues[277]. Le principe de l'individualisation des peines permet au juge de faire varier cette peine en fonction de la personnalité de l'auteur et des circonstances de l'infraction. La liberté et la prérogative du juge résident dans le choix du prononcé de la peine. Ce choix s'effectue sur la nature de la peine et sur son *quantum*. Dans le cadre des peines planchers, le Législateur utilise sa liberté en matière de détermination des peines encourues pour s'immiscer dans un domaine réservé initialement à l'autorité judiciaire à savoir la détermination de la peine prononcée. Précisément, le principe de nécessité des peines a vocation à laisser le Législateur libre de déterminer les peines encourues par la commission des infractions. Le principe de l'individualisation des peines a lui vocation à permettre au juge d'adapter la sanction pénale au regard de la peine encourue et en fonction des circonstances de l'infraction et de la personnalité de l'auteur. L'articulation de ces critères permettra au juge de déterminer la peine qu'il prononce. C'est en ce sens que la détermination de peines minimales par le Législateur nous semble contraire au principe de l'individualisation de la sanction pénale. Tout au moins, elle caractérise une atteinte aux prérogatives de l'autorité judiciaire dans la libre détermination de la peine prononcée.

130. **Le retrait de l'individualisation de la sanction pénale** – Ensuite, le retrait de l'individualisation de la sanction pénale s'observe à deux niveaux. D'abord, le juge est tenu de

---

[277] Art. 34 de la Constitution

prononcer une peine d'emprisonnement. Il ne peut pas choisir lui-même la sanction qu'il estime adéquate en raison de la personnalité de l'auteur ou des circonstances de l'infraction. Par l'introduction des peines planchers, le Législateur tente alors de faire de la privation de liberté la reine des peines, aux dépens des peines alternatives à cette privation de liberté. Ensuite, en principe, le juge peut choisir le *quantum* le plus adapté à l'infraction et à la personnalité de l'auteur. Or, là, le seuil minimal de peine limite la liberté du juge dans ce domaine et illustre également un retrait de l'individualisation des peines. Le principe du seuil minimal est que tous les auteurs d'infractions pénales soient soumis au moins à une peine minimale similaire. Dès lors, l'individualisation en est clairement réduite. Or, bien qu'il soit acquis que la personnalité de l'individu ne soit pas le seul critère à prendre en compte dans la détermination de la peine[278], ce critère doit être pris en compte.

131. **La nouvelle récidive et l'individualisation** – Concernant la récidive, on observe qu'en cas de nouvelle récidive, la prise en compte des circonstances de l'infraction et de la personnalité de l'auteur disparaît totalement de la détermination de la peine. Déjà, ce terme de nouvelle récidive n'est pas défini par le Législateur et cela peut conduire à une différence d'appréciation par les juridictions[279]. Ensuite, toujours dans ce cas du nouvel état de récidive légale, seules des garanties exceptionnelles d'insertion ou de réinsertion peuvent permettre au juge de ne pas appliquer ces seuils minimaux. Dès lors, l'exclusion de la personnalité de l'auteur et des circonstances de l'infraction caractérise une atteinte au principe de l'individualisation de la sanction pénale. Aussi, pour certains délits commis dans ce nouvel état de récidive légale, le juge est tenu de prononcer une peine d'emprisonnement même en

---

278 Décision n°2007-554 DC du 9 août 2007

279 HERZOG-EVANS (M.), Prévenir la récidive : les limites de la répression pénale, *AJ Pénal*, 2007, p.357

présence de garanties exceptionnelles d'insertion ou de réinsertion[280]. Le juge n'est alors libre dans la détermination de la peine ni sur sa nature ni sur son *quantum*.

132. **Le régime des peines automatiques** – Ce dispositif s'apparente à un système de peines automatiques. Or, d'une part, la simple existence d'un dispositif de peines automatiques réduit considérablement l'intérêt du juge. En effet, le rôle du juge qui n'est que la bouche de la loi[281] est dépassé depuis longtemps. D'autre part, le problème posé et remarqué en la matière est que l'appréciation du Conseil constitutionnel n'est pas linéaire. Pour exemple, le Code de la route prévoit une obligation de prononcer l'annulation du permis de conduire dans certains cas et, notamment, en cas de conduite sous l'emprise de l'alcool en état de récidive légale[282]. Dans ce cadre le Conseil constitutionnel, saisi de la constitutionnalité de cette peine, n'a pas sanctionné l'automaticité de cette interdiction au motif que le juge est susceptible de moduler la durée pendant laquelle la personne condamnée peut solliciter la délivrance d'un nouveau permis de conduire[283]. Or, l'annulation du permis de conduire et l'interdiction de solliciter la délivrance d'un nouveau permis sont, selon nous, deux peines différentes. La première peine demeure automatique bien que le juge puisse moduler le régime de la seconde. La peine d'annulation du permis de conduire, elle, ne peut pas être individualisée. Seule la durée de l'interdiction de solliciter la délivrance d'un nouveau permis[284] supporte une marge d'appréciation laissée au juge. Pourtant cette disposition a été déclarée conforme à la constitution. À l'inverse, le Conseil constitutionnel, sur le fondement du principe de

280 Art. 2 de la loi n°2007-1198 du 10 août 2007 renforçant la lutte contre la récidive des majeurs et des mineurs

281 MONTESQUIEU, *L'esprit des lois, op. cit.*

282 Art. L.234-13 du Code de la route

283 Décision n°2010-40 QPC du 29 septembre 2010

284 Art. L.234-13 du Code de la route

l'individualisation des sanctions pénales, a censuré les peines que le juge est tenu de prononcer[285] et les peines ou sanctions ayant le caractère d'une punition qui s'appliquent sans que le juge n'ait à les prononcer[286]. Ces censures s'appliquent notamment en matière d'exercice des droits civiques et de suffrage. Le dispositif des peines planchers entre dans ce cadre et chacun est alors susceptible de se convaincre de l'articulation des alinéas créant des *minima* de peines avec la supposée appréciation laissée au juge judiciaire. Certains auteurs[287] suivent la position du Conseil constitutionnel et estiment que le principe de l'individualisation des peines est respecté. Pourtant, c'est une loi relative, justement, à l'individualisation des peines qui supprimera ce dispositif.

133. **La difficile articulation des principes directeurs du droit de la peine** – Enfin, le principe d'individualisation de la sanction pénale induit de laisser une grande liberté d'appréciation à la juridiction de jugement dans le choix du prononcé de la peine, parmi l'éventail de sanctions prévu par le texte d'incrimination du comportement réprimé[288]. Déjà, dans le cadre des peines planchers, on ne peut que constater le retrait de cette liberté d'appréciation du juge. Cela s'observe au niveau du choix du type de peine et au niveau du *quantum* de la peine prononcée.

Certes, ce retrait va dans le sens d'un strict respect du principe de légalité criminelle, mais il s'opère nécessairement aux dépens de l'individualisation de la sanction. Ensuite, et il est important de le rappeler, le pouvoir de déterminer les peines applicables aux comportements incriminés appartient au

---

285 Décision n°2011-218 QPC du 3 février 2012 ; Décision n°2010-72/75/82 QPC du 10 décembre 2010

286 Décision n°2011-211 QPC du 27 janvier 2012 ; Décision n°2010-6/7 QPC du 11 juin 2010

287 CAPDEVILLE-LASSERRE (J.), Peines planchers : état des lieux cinq ans après, *AJ Pénal*, 2012, p.398

288 *L'individualisation de la peine – De Saleilles à aujourd'hui*, *op. cit.*

Législateur. En effet, c'est la loi qui : *« fixe les règles applicables à la détermination des crimes et délits ainsi que les peines qui leur sont applicables »*[289]. Aussi, le droit français prévoit l'existence d'un contrôle de constitutionnalité des lois avant même leur promulgation. Et, ce contrôle *a priori* a été mis en œuvre dans le cadre de la loi validant le dispositif des peines planchers. Pourtant, cette validation du dispositif demeure surprenante et l'existence même d'un dispositif de peines automatiques, en droit français, va à l'encontre du principe d'individualisation.

B. L'incertitude sur l'avenir de l'automaticité des peines

134. Le principe de l'individualisation de la sanction pénale est un principe constitutionnel de droit français. Il n'induit absolument pas qu'en droit comparé, la vision de la peine soit similaire. En France, le dispositif de seuils minimaux de peines a été supprimé mais sa suppression ne signifie pas que le dispositif soit perpétuellement écarté de l'ordre juridique français. D'ailleurs, plusieurs éléments laissent présager d'un nouveau débat sur le retour dans l'ordre juridique d'un dispositif similaire (1). En droit comparé, l'existence de peines automatiques est admise et assumée dans de nombreux pays (2).

1. La suppression du dispositif en droit français

135. **Le retour à l'individualisation** – La loi relative à l'individualisation des peines du 15 août 2014[290] pourrait intégrer la présente étude au regard de l'utilisation de la procédure accélérée par le Gouvernement. Toutefois, ce n'est pas en tant que loi de circonstances mais en tant que loi supprimant le dispositif des peines planchers que nous préférons regarder l'apport de ladite loi. C'est alors par une section traitant de la

---

[289] Art. 34 de la Constitution

[290] Loi n°2014-896 du 15 août 2014 relative à l'individualisation des peines et renforçant l'efficacité des sanctions pénales

favorisation du recours aux modes de personnalisation des peines que l'article 7 de la loi du 15 août 2014 a abrogé les articles créés en 2007 consacrant les peines planchers. Ces dispositions étant plus douces que les dispositions anciennes, cette abrogation est naturellement rétroactive[291]. On ne peut valablement nier le caractère politique de l'évolution du dispositif des peines planchers. En effet, le changement de majorité politique a conduit à la suppression du dispositif.

136. **L'avenir incertain des peines planchers** – Pour autant, le problème actuel est que la validation du dispositif par le Conseil constitutionnel est susceptible de permettre à tout Gouvernement ou à tout député de proposer une loi réintroduisant un tel dispositif en droit interne. Cette possibilité est malheureuse du point de vue de la sécurité juridique et de l'importance de l'individualisation des peines, notamment en matière post-sentencielle. Il est désormais admis que la réinsertion, la réadaptation sociale fait partie intégrante des fonctions de la peine[292]. Il est également admis que le principe de l'individualisation des peines est un principe à valeur constitutionnelle et que le Législateur ne peut pas y déroger. Néanmoins, la politique pénale tendant vers l'adoption de lois de circonstances, il est impossible d'affirmer qu'un tel dispositif de peines minimales ou de peines automatiques ne reverra pas le jour en droit interne. Dès lors, et sans entrer dans des considérations partisanes, on ne peut que regretter, juridiquement, la validation du dispositif par le Conseil constitutionnel qui laisse la porte ouverte à un retour des peines planchers.

137. **L'existence historique des peines planchers** – Aussi, il est utile de signaler que la loi du 10 août 2007 ne faisait que reprendre un dispositif existant de longue date en droit français puis supprimé par le Code pénal de 1994[293]. Cette suppression marquait l'approbation par le droit français

---

291 Art. 112-1 du C. pén.

292 Art. 130-1 du C. pén.

293 CARBASSE (J-M.), *Histoire de la justice criminelle*, *op. cit.*

des doctrines de défense sociale et de défense sociale nouvelle. Les peines planchers elles, sont plus en adéquation avec les visions répressive et intimidatrice de la peine. Ce dispositif répond à la notion d'utilité de la peine que définissait BENTHAM et qu'expliquait parfaitement dans son étude sur les fonctions de la peine VAN DE KERCHOVE. Juridiquement, le dispositif peut valablement être admis ou censuré selon que le Conseil constitutionnel se centre plus sur le principe de nécessité ou d'individualisation des peines. Dès lors, chacun est susceptible de se convaincre de la justification d'un tel dispositif au regard de la définition des fonctions de la peine. La définition légale des fonctions de la peine prend alors tout son intérêt et nous permet de rejeter l'existence des peines automatiques, de toutes les peines automatiques. Enfin, la différence entre les peines encourues, prononcées et réellement exécutées est indispensable, justement car elle résulte de l'application par les juridictions de jugement et de l'application des peines de leur pouvoir d'individualisation de la sanction pénale.

2. L'existence du dispositif à l'étranger

138. **Les peines planchers en Amérique du Nord** – Les visions du droit pénal au sein des Etats ont chacune leurs particularités. Les études de droit comparé sont très délicates à mettre en œuvre au regard des différences institutionnelles, linguistiques et tout simplement philosophiques entre les Etats[294]. Parmi la multitude de systèmes juridiques qui illustrent ces différences, nous nous centrons principalement sur les Etats-Unis, le Canada et d'autres pays pour plusieurs raisons. D'abord, s'agissant des Etats-Unis et du Canada, ces pays sont les pionniers en matière de sciences criminelles. Pourtant, les conclusions de leurs études diffèrent totalement. Là où le Canada a une politique pénale et carcérale globalement plus humaniste et tient compte des facteurs sociaux, psychologiques et psychiatriques, les Etats-Unis sont réputés

---

294 CEDRAS (J.), *La justice pénale aux Etats-Unis*, Economica, 2005

pour appliquer une plus grande sévérité[295]. Parmi les nombreux régimes pénaux internationaux, on ne peut que constater que l'existence des peines planchers est un fait. À cet égard, la loi la plus marquante dans ce domaine a été prise par l'Etat de Californie en 1994. Cette loi dispose que le juge doit se prononcer sur une peine allant de vingt-cinq ans de privation de liberté à la réclusion criminelle à perpétuité lorsque la personne est condamnée pour la troisième fois. Contrairement aux autres dispositifs similaires, les circonstances tenant à la nature de l'infraction sont inopportunes. Bien entendu, les circonstances tenant à la personnalité de l'auteur de l'infraction ou de la prescription des anciennes condamnations ne sont pas prises en compte[296]. Cette loi dite *« des trois coups »* a le mérite de permettre à la peine de remplir sa fonction préventive. Ce mécanisme américain est le plus impressionnant. Il est utile de remarquer que cette loi californienne intervient après une tentative de retrait de la punition opérée jusque dans les années 1970. Enfin, la vision de la sévérité américaine doit être relativisée car après avoir tenté l'individualisation puis un retour à la punition, les Etats-Unis se sont rendu compte que la punition n'était pas plus efficace que l'individualisation[297]. Concernant le droit canadien, qui marque un exemple en matière de développement et d'intérêt pour les sciences criminelles, il est sensiblement identique au droit pénal français. La différence réside dans l'existence de peines minimales concernant les infractions les plus graves[298].

139. **Les peines planchers en Europe** – En Europe ensuite, certains Etats prévoient également l'existence de peines minimales applicables comme l'Espagne, l'Italie, la Belgique

---

295 PRADEL (J.), *Droit pénal comparé,* 4ème éd., Dalloz, coll. Précis, 2016

296 RAOULT (S.), La controverse sur l'effet dissuasif des peines plancher aux Etats-Unis, *Rev. sc. crim.*, p.153

297 *L'individualisation de la peine – De Saleilles à aujourd'hui, op. cit.*

298 BLANC (D.), Peines plancher : quelques éléments de droit comparé, in AJ Pénal, 2007, p.352

ou l'Allemagne[299]. L'intérêt de regarder les régimes applicables dans les autres Etats européens est que pour la plupart, ils sont soumis, tout comme la France, au contrôle de la CEDH. Surtout, il est intéressant d'étudier si les Etats-membres déduisent de la même façon les principes conventionnels affirmés en matière pénale. Dans ce cadre, on remarque que des éléments relevant du principe de l'individualisation des peines sont souvent pris en compte. La personnalité de l'auteur de l'infraction est également regardée. Toutefois, ces dispositifs existent et ne sont pas remis en cause sur le fondement du principe de l'individualisation des peines. Il semble que la doctrine de la défense sociale nouvelle ne fasse pas l'objet d'une approbation unanime à l'étranger.

140. **L'hypothèse du droit à la sécurité** – La doctrine de la défense sociale nouvelle ne fait d'ailleurs pas l'objet d'une telle approbation en France. L'existence prétendue d'un droit fondamental à la sécurité[300] justifie, en France comme à l'étranger, des mesures de plus en plus éloignées de la vision de Marc ANCEL. Ainsi, l'existence de peines automatiques n'est pas débattue. Dans le rapport de la commission des lois constitutionnelles relatif à la loi du 10 août 2007, ces éléments de droit comparé étaient utilisés pour justifier l'existence des peines minimales[301]. Bien entendu, nous noterons que ce n'est pas parce que des dispositifs existent à l'étranger qu'ils doivent être créés en France. La tendance des décisions du Conseil constitutionnel étant à la censure de ce type de peines, il faut espérer qu'un tel dispositif demeure désormais dans un cadre historique. Pour autant, les débats politiques dans le cadre de

---

299 *Ibidem*

300 *La frénésie sécuritaire – retour à l'ordre et nouveau contrôle social*, MUCCHIELLI (L.) (dir.), *op. cit.*

301 ZOCCHETTO (F.), *Rapport au nom de la commission des Lois constitutionnelles, de législation, du suffrage universel, du Règlement et d'administration générale (A), sur le projet de loi renforçant la lutte contre la récidive des majeurs et des mineurs n°358*, Sénat, séance du 2 juillet 2007

l'élection présidentielle de 2017 laissent supposer que ce type de peine pourrait revenir dans l'ordre juridique français.

Conclusion du chapitre second :

141. Une peine doit être déterminée par la loi. Elle doit être nécessaire et proportionnée à la gravité de l'infraction. Ces principes directeurs du droit de la peine ont permis au Législateur de dégager les fonctions et les finalités de la peine. Les fonctions de la peine sont la sanction et la réinsertion des personnes auteurs d'infractions pénales. Les finalités de la peine sont la protection de la société, de l'ordre public, la restauration de l'équilibre social et la prévention de la récidive au sens large. Ces fonctions et finalités doivent, selon le Législateur, tenir compte et prendre en compte le respect des intérêts de la victime. L'insertion, la réinsertion, la resocialisation de la personne auteur d'infraction pénale est une fonction légale de la peine, qu'elle soit privative de liberté ou non. Dans le cadre des lois de circonstances, on s'aperçoit que la tendance est à l'augmentation de la répression, sans prise en compte de la socialisation, de la situation de la personne condamnée. Et, dans le cadre du droit pénal des mineurs, la tendance est au retrait du caractère éducatif des sanctions pénales. Ces tendances illustrées par les lois de circonstances constituent des atteintes à la fonction de réinsertion de la peine. L'équilibre né de la définition des fonctions de la peine n'est alors plus respecté. Parmi les principes directeurs du droit de la peine, on peut désormais citer le principe de l'individualisation des peines. Ce principe a une valeur constitutionnelle depuis 2005. Il signifie que le juge judiciaire doit tenir compte des circonstances de l'infraction et de la personnalité de l'auteur dans la détermination de la peine. Cette peine prononcée est donc personnalisée, adaptée à la personne qui a commis une infraction pénale. Dans le cadre des lois de circonstances et particulièrement dans le cadre du dispositif des peines planchers, le juge s'intéresse moins à la personne auteur d'une infraction pénale pour se concentrer uniquement sur l'acte infractionnel et sur l'état de récidive légale. Ce dispositif caractérise selon nous une atteinte au principe de

l'individualisation des peines. Cette position n'est pas unanime en doctrine. En effet, juridiquement, le Législateur a introduit une possibilité d'individualisation de la peine en cas de première récidive, et une possibilité exceptionnelle d'individualisation en cas de nouvelle récidive. Nous estimons que la récidive peut s'expliquer par de nombreuses raisons d'ordre criminologique. Surtout, elle caractérise l'échec des politiques pénales et carcérales mises en place. Il est alors regrettable que la solution pour remédier à un tel échec soit l'aggravation dudit système. Cet effet pervers de la politique pénale et carcérale s'illustre particulièrement dans le cadre de la rétention de sûreté[302]. Ce dispositif des peines planchers a été supprimé en droit français mais demeure à l'étranger. Son avenir dans notre système juridique est incertain.

---

302 Voir *infra* Partie 2, Chapitre 2, Section 1, §2

Conclusion de la première partie :

142. Les lois de circonstances étant des lois qui répondent d'un critère d'opportunité plus que de nécessité, il est clair qu'elles caractérisent, en soi, une atteinte au principe de légalité criminelle. Or, la tendance est au développement des lois de circonstances, notamment depuis 2003, bien qu'une prise de conscience des dangers de l'inflation pénale ait eu lieu. Cette atteinte au principe de légalité est théorique, juridique, abstraite. Il est insuffisant de se borner à affirmer que des lois ne sont pas adoptées dans le cadre d'une politique pénale et carcérale cohérente. En effet, il est nécessaire de caractériser concrètement les atteintes aux principes fondamentaux du droit, aux droits de l'Homme. On observe clairement que ces lois de circonstances marquent une atteinte aux principes directeurs du droit de la peine. Précisément, elles atteignent la fonction de resocialisation de la peine et le principe de l'individualisation des peines. La caractérisation de ces atteintes nous conduit à conclure que l'excès de prise en compte des circonstances sociales et politiques dans l'élaboration de la loi conduit à une rupture de l'équilibre des principes fondamentaux du droit. En effet, l'articulation entre les principes de légalité criminelle, d'égalité devant la loi et d'individualisation des sanctions pénales n'est pas aisée à définir. Il semble d'ailleurs qu'un excès vers l'un ou l'autre de ces principes atteindrait les autres. En matière de droit de la peine, on peut affirmer que la peine se doit d'être nécessaire et proportionnée concernant la peine encourue, et individualisée lorsqu'elle est prononcée. À cet égard, les lois de circonstances, qui se développent de manière frénétique en matière de traitement de la récidive, n'atteignent pas les principes de nécessité et de proportionnalité des peines tels qu'ils sont entendus par le Conseil constitutionnel. Celui-ci laisse le Législateur libre de déterminer lui-même la nécessité des peines. Nous estimons que la création d'un dispositif liant le juge dans la détermination de la peine atteint elle nécessairement le principe de

l'individualisation des peines. Le cœur de la politique pénale se situe alors dans l'articulation des objectifs politiques avec les principes et les exigences juridiques. Surtout, il est important d'éviter et de dénoncer les atteintes aux principes fondamentaux de notre ordre juridique. Or, dans le cadre des lois de circonstances, on constate un net recul de ces principes. L'équilibre de l'articulation des principes d'égalité devant la loi et d'individualisation des peines est délicat à concrétiser. Toutefois, il est envisageable d'observer le principe d'égalité au regard des peines encourues, définies par le Législateur. Le principe d'individualisation, lui, relève du pouvoir de juge judiciaire. Il se doit, tout en prenant en compte que les personnes ayant commis des infractions pénales encourent les mêmes peines, d'adapter la peine qu'il prononce à la personnalité de l'auteur et aux circonstances de l'infraction. Cette articulation est donc délicate mais pas impossible. Dans la recherche d'un juste équilibre, d'une juste articulation des principes constitutionnels régissant la matière pénale, nous pensons qu'il faut avoir une réflexion d'ensemble d'ordre juridique. Nous estimons qu'il ne faut pas légiférer en réponse à des faits divers ou en raison des échéances électorales. Au demeurant, l'effet principal du développement des lois de circonstances ne réside pas uniquement dans l'existence d'atteintes aux principes fondamentaux du droit. Il concrétise l'existence d'un droit pénal de l'ennemi en vertu duquel les mesures les plus attentatoires aux droits et libertés fondamentaux sont susceptibles d'être justifiées. Ces atteintes sont concrètes.

2ème PARTIE

L'illustration du droit pénal de l'ennemi par les lois de circonstances

143. Le droit pénal de l'ennemi est une expression issue de la doctrine. Ce mouvement théorique a été développé par Monsieur Günter JAKOBS, qui considère qu'il existe deux droits pénaux différents : l'un applicable au citoyen qui commet une infraction pénale et l'autre à l'ennemi. En soi, le fait qu'il existe des régimes spécialisés de droit pénal et de procédure pénale peut s'avérer utile au regard des besoins spécifiques dont nécessitent certaines personnes. Sur ce point, les mouvements de spécialisation du droit pénal des mineurs et l'introduction de la prise en charge médicale des auteurs d'infractions sexuelles sont bénéfiques. Toutefois, dans le cadre du droit pénal de l'ennemi, le régime exorbitant de droit commun qui est visé est un régime de déshumanisation de la personne en ce sens que si ce n'est le droit à la vie, l'ennemi est susceptible de se voir privé de tous les autres droits fondamentaux. Il nous semble inconcevable de borner la présente étude à la seule explication que le droit pénal de l'ennemi existe en France. La création de ce droit pénal de l'ennemi par les lois de circonstances est un fait (Chapitre 1). Les effets qui en découlent sont tellement attentatoires des droits et libertés fondamentaux (Chapitre 2) qu'il nous est impossible de permettre la justification d'un tel mouvement. En ce sens, nous nous efforcerons d'avoir un regard éminemment critique sur l'évolution de la politique pénale de l'ennemi, cette critique relevant, bien entendu, d'une appréciation juridique.

Chapitre 1. La création du droit pénal de l'ennemi par les lois de circonstances

144. L'adhésion de la politique pénale française au courant du droit pénal de l'ennemi s'illustre manifestement par le développement des lois de circonstances et des mesures fondées sur la dangerosité plus que sur la culpabilité. Effectivement, le droit pénal de l'ennemi est un droit fondé sur la dangerosité et non sur la culpabilité des personnes qui commettent des infractions pénales (Section 1). Le domaine du droit pénal de l'ennemi évolue en fonction des préoccupations de la politique pénale de chaque époque. L'ennemi d'hier n'est pas obligatoirement celui d'aujourd'hui. Précisément, ce phénomène s'illustre au regard de l'évolution de la politique pénale en matière de terrorisme et de délinquance sexuelle (Section 2). Le délinquant sexuel récidiviste était l'ennemi du début du XXIème siècle là où le terroriste est celui d'aujourd'hui. Dans les deux cas, les mesures attentatoires sont fondées sur la notion de la dangerosité, qui a ses limites.

Section 1. La définition du droit pénal de l'ennemi fondé sur la dangerosité

145. Le terme droit pénal de l'ennemi marque la différence entre la prise en considération du délinquant citoyen et de l'ennemi. La grande différence entre ces deux personnes est que l'une a vocation à réintégrer la société tandis que l'autre doit à tout prix être neutralisée. Précisément, on sanctionne l'ennemi en raison de sa dangerosité et le citoyen en raison de sa culpabilité. Les effets de la théorie du droit pénal de l'ennemi s'observent particulièrement dans le cadre des lois de circonstances (§1). Le droit pénal de l'ennemi est un type de droit pénal fondé sur la dangerosité (§2). Il est essentiel de

comprendre cette notion de dangerosité et ses implications abstraites, théoriques, mais aussi concrètes pour les personnes que l'on considère ennemies.

§1. Le droit pénal de l'ennemi et les lois de circonstances

146. En doctrine, c'est JAKOBS qui a défini le mouvement du droit pénal de l'ennemi. Son étude explique clairement ce qu'il définit comme le droit pénal de l'ennemi et affirme que ce mouvement est présent dans les systèmes juridiques nationaux (A). Dès lors, le problème réside dans le fait qu'il s'agit d'une justification des atteintes portées aux droits et libertés fondamentaux. Les lois de circonstances sont représentatives de ce type d'atteintes aux droits fondamentaux (B).

A. La théorie du droit pénal de l'ennemi

147. La théorie du droit pénal de l'ennemi est à la fois philosophique et juridique. D'un point de vue philosophique, cette théorie considère les hommes comme des sujets de droit et différencie ces sujets des êtres humains. Il est très important d'entendre cette définition car elle permet de justifier une dépersonnalisation qui, en réalité, peut se définir comme une déshumanisation (1). Juridiquement, le droit pénal de l'ennemi est essentiellement fondé sur un délaissement de la notion de culpabilité pourtant essentielle en droit pénal (2).

1. L'apparente dépersonnalisation de l'ennemi

148. **La prise en compte des personnes juridiques** – Tout d'abord, pour comprendre la théorie du droit pénal de l'ennemi, il est nécessaire de revenir sur la définition de la personne au sens juridique. En effet, JAKOBS, dans l'exposé de sa théorie du droit pénal de l'ennemi, différencie l'homme de la personne[303]. Une personne est : *« un être qui jouit de la personnalité*

---

[303] JAKOBS (G), Aux limites de l'orientation par le droit : le droit pénal de l'ennemi, *Rev. sc. crim.*, 2009, p.7

juridique »[304]. La personne est un sujet de droit qui bénéficie de droits et qui doit respecter des obligations. La distinction est d'ordre philosophique. À l'état de nature, l'homme n'est fait que de désirs et de besoins, *« l'homme est alors un loup pour l'homme »*. La définition de la personne, elle, intègre la personne morale et tous les sujets qui bénéficient de la personnalité juridique[305]. Cette terminologie, qui s'entend d'un point de vue théorique, est utilisée par l'auteur pour expliquer la différenciation des droits applicables en fonction des personnes. Les personnes physiques et morales, les personnes majeures et mineures, n'ont pas les mêmes droits. Surtout, cela permet à l'auteur de ne pas confondre son concept de dépersonnalisation avec celui de déshumanisation[306]. En effet, la dépersonnalisation correspond à une atteinte des droits de la personne, qui est différente qu'il s'agisse d'un ennemi ou d'un citoyen. Ces différences s'opérant sur le terrain des droits de l'Homme, le terme de déshumanisation pourrait cependant autant s'utiliser d'un point de vue théorique. Surtout, il s'agit alors des droits et libertés les plus fondamentaux de notre Etat de droit. Les droits remis en cause sont le droit à un procès équitable[307], le droit à la sûreté[308] ou encore, plus techniquement, le principe de légalité criminelle et les principes du droit de la peine.

149. **La norme pénale insuffisante pour garantir la sécurité des citoyens** – Il semble que FEUERBACH affirme que l'Etat garantit la sécurité de la société civile par

---

304 CORNU (G.) et Association Henri CAPITANT (dir.), *Vocabulaire juridique, op. cit.*

305 JAKOBS (G.), Aux limites de l'orientation par le droit : le droit pénal de l'ennemi, *op. cit.*

306 GIUDICELLI-DELAGE (A.), Droit pénal de la dangerosité droit pénal de l'ennemi, *Rev. sc. crim.*, 2010, p.69

307 Art. 6§1 de la CESDH

308 Art. 5 de la CESDH

l'élaboration de la norme pénale[309]. Or, il est clair qu'il y a une différence entre le fait d'incriminer un comportement et celui de s'assurer que l'interdiction soit respectée. L'incrimination d'un comportement n'induit pas que toutes les transgressions à la règle pénale soient poursuivies et punies en vertu de la loi. Sur ce point, JAKOBS prend l'exemple des vols de vélos sur les campus universitaires[310]. Dans cette illustration, le comportement du vol est incriminé par la loi pénale, et, pourtant, les vols ont bien eu lieu et les victimes ont subi des préjudices réels. Dès lors, la loi pénale prohibe les atteintes à la sécurité des citoyens mais elle ne garantit pas cette sécurité. L'intérêt de cet exemple réside dans les effets juridictionnels du comportement. Il est clair que tous les vols de ce type ne font pas l'objet de poursuites intensives de la part des enquêteurs[311].

150. **L'application de la théorie du risque à la gestion de la criminalité** – Dès lors, la gestion de la criminalité devient une gestion du risque, variant selon la gravité du comportement considéré. La différence entre le citoyen délinquant et l'ennemi se trouve dans l'acceptation du risque de survenance du comportement incriminé. Clairement, l'existence de vols dans une société est plus acceptée que l'existence d'actes de terrorisme. Surtout, concernant le terrorisme, il faut tout mettre en œuvre pour que le comportement ne se réalise pas. De plus, on peut attendre du citoyen délinquant qu'il adopte, à l'avenir, une conduite légale[312]. Cette attente est impossible concernant l'ennemi. Partant, la dépersonnalisation que subit le citoyen, l'atteinte aux droits qu'il subit se fonde sur sa culpabilité, sur sa faute et se concrétise dans les effets de la peine. La dangerosité de l'ennemi interdit toute logique

---

309 JAKOBS (G.), Aux limites de l'orientation par le droit : le droit pénal de l'ennemi, *op. cit.*

310 *Ibidem*

311 *Ibidem*

312 LAZERGES (C.), et STOFFEL (H.), Le déclin du droit pénal : l'émergence d'une politique criminelle de l'ennemi, *Rev. sc. crim.*, 2016, p.649

similaire et il faut à tout prix éviter la réalisation de l'acte criminel. Cela justifie une dépersonnalisation, une atteinte extrême aux droits fondamentaux, aux droits de l'Homme[313]. Ces droits fondamentaux seraient des droits réservés aux citoyens, et les ennemis n'ayant plus cette qualité, ils deviennent alors exclusivement des individus qu'il faut neutraliser. Sur ce point, il est intéressant d'exposer l'avis de la CNCDH qui considère que les personnes suspectées, poursuivies, ou condamnées pour les infractions les plus graves devraient bénéficier du régime le plus protecteur des droits de l'Homme[314]. Cette négation des droits de l'Homme s'illustre concrètement en droit par l'introduction de régimes de procédure pénale exorbitants de droit commun, dérogeant aux règles du procès équitable. On ne s'intéresse alors plus, dans ce cadre théorique, à la notion de culpabilité.

2. L'abandon de la notion de culpabilité

151. **Les effets du droit pénal de l'ennemi sur la culpabilité** – Le droit pénal, en principe, obéit à une règle et à des fonctions claires. La norme pénale doit exprimer les valeurs essentielles de la société, définir les comportements qui atteignent ces valeurs et sanctionner ces comportements. Pour assurer le respect de ces fonctions, en vertu du principe de légalité criminelle, les incriminations sont définies de manière claire et précise. Ainsi, les personnes commettant les comportements précisément prohibés par la loi pénale sont susceptibles de se voir appliquer les sanctions prévues. Dans le cadre du droit pénal de l'ennemi, la logique est totalement différente. Là, les personnes sont sanctionnées pour ce

---

313 GIUDICELLI-DELAGE (G.), Droit pénal de la dangerosité droit pénal de l'ennemi, *op. cit.*

314 *Avis sur le projet de loi renforçant les dispositions relatives à la lutte contre le terrorisme*, Avis de la CNCDH, le 25 septembre 2014

qu'elles sont, car elles sont dangereuses[315]. Avant de procéder à la définition de la dangerosité, on peut affirmer qu'une personne dangereuse est une personne dont on peut redouter une action nuisible ou maléfique[316]. Il est différent de punir une personne parce qu'on peut redouter qu'elle commette une action criminelle et de sanctionner une personne parce qu'elle a commis un acte criminel. C'est là que se situe la différence entre la culpabilité et la dangerosité. Or, admettre qu'une personne soit punie parce qu'elle est dangereuse revient nécessairement à valider les régimes juridiques qui en découlent. Cette différence entre culpabilité et dangerosité se caractérise par la dualité de sanctions pénales. Les peines sont fondées sur la *culpa*, la faute pénale. Les mesures de sûreté sont des mécanismes de prévention spéciale fondées sur l'état dangereux d'une personne.

152. **La notion de punissabilité anticipée** – La manifestation du délaissement de la notion de culpabilité se traduit d'abord par l'apparition d'une sanction anticipée telle que la mesure de sûreté. Le théoricien du droit pénal de l'ennemi parle de *« punissabilité anticipée »*[317]. Cette punissabilité anticipée ne se justifie juridiquement que lorsqu'une infraction pénale a déjà été commise. En effet, la personne condamnée a déjà montré qu'elle était dangereuse par la commission d'une infraction et cela justifie le prononcé de mesures de sûreté. Ce fondement est susceptible de conduire à une stigmatisation de la personne condamnée pour une infraction, et cela nuit à sa réinsertion. La *« punissabilité anticipée »* s'illustre également par l'incrimination des actes préparatoires des infractions. En effet, en principe, la tentative n'est punissable que lorsqu'un

---

315 LAZERGES (C.), et STOFFEL (H.), Le déclin du droit pénal : l'émergence d'une politique criminelle de l'ennemi, *op. cit.*

316 CORNU (G.) et Association Henri CAPITANT (dir.), *Vocabulaire juridique, op. cit.*

317 JAKOBS (G.), Aux limites de l'orientation par le droit : le droit pénal de l'ennemi, *op. cit.*

commencement d'exécution de l'infraction manifeste cette tentative[318]. C'est ce commencement qui permet de matérialiser la tentative. Dans le cadre du droit pénal de l'ennemi, on constate la pénalisation des actes préparatoires[319]. En effet, il n'est alors plus nécessaire de prouver le commencement d'exécution étant donné que le fait d'envisager la commission d'une infraction est incriminé. Le problème se posant est celui de la définition desdits actes. La culpabilité repose sur la nécessité d'une définition claire et précise des infractions[320]. Or, l'incrimination des actes préparatoires correspond à une logique tout à fait opposée car c'est là l'intention de commettre qui est réprimée. L'élément matériel de l'infraction est vidé de sa substance car cela revient à incriminer, notamment en matière de terrorisme, le fait d'avoir envisagé la possibilité de commencer à préparer la commission d'un attentat. Une telle pensée illustre la dangerosité d'une personne, certes, mais elle ne doit pas conduire à lui retirer le bénéfice de la protection du droit à un procès équitable. Tel est le cas dans le cadre du droit pénal de l'ennemi[321]. Le droit pénal de l'ennemi passe également par la création de procédures exorbitantes de droit commun. Dès lors, le citoyen délinquant bénéficiera des règles applicables à la procédure de droit commun, mais l'ennemi ne pourra pas s'en prévaloir[322].

---

318 Art. 121-5 du C. pén.

319 JAKOBS (G.), Aux limites de l'orientation par le droit : le droit pénal de l'ennemi, *op. cit.*

320 LAZERGES (C.), et STOFFEL (H.), Le déclin du droit pénal : l'émergence d'une politique criminelle de l'ennemi, *op. cit.*

321 GIUDICELLI-DELAGE (G.), Droit pénal de la dangerosité droit pénal de l'ennemi, *op. cit.*

322 JAKOBS (G.), Aux limites de l'orientation par le droit : le droit pénal de l'ennemi, *op. cit.*

B. La définition des lois de circonstances représentative des effets du droit pénal de l'ennemi

153. Il est intéressant de différencier les effets découlant de la théorie du droit pénal de l'ennemi des effets concrets illustrés par les lois de circonstances. L'effet principal concernant les régimes juridiques réside dans la division de la procédure pénale en deux régimes : l'un applicable au citoyen, et l'autre à l'ennemi (1). Fondamentalement, la définition retenue des lois de circonstances permet, déjà, théoriquement, de comprendre qu'un tel mouvement attentatoire des droits et libertés fondamentaux peut être adopté (2). Cela se concrétise dans le cadre de l'irresponsabilité pénale pour cause de troubles mentaux.

1. L'existence de procédures exorbitantes de droit commun

154. **La dualité de régimes du droit pénal de l'ennemi** – Le droit pénal de l'ennemi est un droit pénal d'exception. La différence effectuée entre le citoyen délinquant et l'ennemi conduit à adopter des régimes de procédures différents. Le citoyen sera arrêté, poursuivi et condamné en vertu et dans le respect des principes fondamentaux du droit. Sur le terrain de la procédure, le principe le plus important est celui du droit au procès équitable. Ce principe intègre notamment la présomption d'innocence. L'article préliminaire du Code de procédure pénale, en son alinéa 5, dispose que : *« Toute personne suspectée ou poursuivie est présumée innocente tant que sa culpabilité n'a pas été établie. Les atteintes à la présomption d'innocence sont prévenues, réparées et réprimées dans les conditions prévues par la loi »*. Plusieurs éléments nous interpellent. En premier lieu, on notera que la notion de culpabilité est très importante. Il est nécessaire de prouver la culpabilité d'une personne pour engager sa responsabilité pénale et lui appliquer une sanction. Or, et pour rappel, c'est bien la dangerosité qui fonde les mesures applicables aux ennemis, et cela ne s'opère en vertu d'aucun texte

juridique, si ce n'est dans le cadre des lois de circonstances. Ensuite, l'existence de procédures exorbitantes de droit commun dans le cadre de la criminalité organisée se justifie théoriquement dans le cadre du droit pénal de l'ennemi par les nécessités de l'enquête[323]. Cette justification théorique ne se tient pas. En effet, en vertu de l'article 62-23 du Code de procédure pénale, le placement en garde à vue se justifie par l'existence de raisons plausibles de supposer qu'une personne a commis une infraction punie d'une peine d'emprisonnement. Ces éléments doivent être concrets et cette exigence s'applique tant aux citoyens qu'aux ennemis. Alors, si les éléments concrets existent réellement, la justification de la procédure particulière, attentatoire des droits fondamentaux, s'en trouve affaiblie. Si les éléments concrets sont présents et présentés devant le juge judiciaire, ce dernier sera alors tenu de condamner la personne délinquante.

155. **Le délaissement de la présomption d'innocence** – En second lieu, le droit pénal de l'ennemi rompt avec la présomption d'innocence. Au-delà du fondement des mesures, sur la notion de dangerosité, il suffit pour s'en convaincre de regarder le traitement médiatique et juridique des faits divers criminels. Par exemple, la vidéosurveillance en détention a été justifiée dans le but de surveiller particulièrement une personne. En doctrine, un auteur parle alors d'un terroriste présumé des attentats du 13 novembre 2015[324]. Or, bien que l'acte pour lequel cette personne est suspectée soit très grave, elle est suspectée, poursuivie pour une infraction de terrorisme, et présumée innocente jusqu'à la fin de la procédure. Nous ne nous attarderons pas sur le traitement médiatique des faits divers, notamment traumatiques, au cours duquel la présomption d'innocence disparaît au profit de la présomption

---

323 *Ibidem*

324 PECHILLON (E.), La vidéosurveillance en prison : une mesure exceptionnelle contrôlée par le juge, *Rec. Dalloz*, 2016, p.1808

de culpabilité. Au-delà, on ne peut que regretter le traitement de ces faits dans les journaux qui parlent quasi systématiquement d'auteurs présumés. Il ne s'agit pas d'une futile précision linguistique mais d'un droit fondamental qui doit être appliqué et respecté par tous et pour tous.

156. **Le rejet de la théorie du droit pénal de l'ennemi** – Les justifications théoriques présentées précédemment résultent de l'étude de la théorie de JAKOBS. Il se contente d'exposer une théorie qu'il estime, à raison, appliquée par les droits nationaux[325]. Nous adhérons à la vision de Madame LAZERGES. Elle explique qu'il ne faut pas se contenter d'une étude narrative lorsque l'on traite des droits de l'Homme[326]. En ce sens, elle affirme que la plus grande réussite pour les personnes que l'on qualifie d'ennemis serait justement de nous voir renoncer à nos principes et à nos droits fondamentaux. Le droit pénal de l'ennemi existe et nous le constatons, mais nous ne pouvons pas adhérer à un tel régime de droit pénal et de procédure pénale dès lors qu'il justifie des atteintes aux droits et libertés fondamentaux. Selon l'expression de ZAFFARONI : *« Dans un Etat de droit, il n'y a que des délinquants »*[327], il n'y a pas d'ennemis. Parmi les explications de la théorie du droit pénal de l'ennemi, on remarque que certaines s'accordent parfaitement avec la définition des lois de circonstances, notamment au regard de l'affaiblissement de la notion de culpabilité.

2. Un droit pénal de l'ennemi concrétisé par les lois de circonstances

157. **Les conséquences de l'absence de discernement** – Le droit pénal de l'ennemi, droit pénal d'exception, rompt

---

325 JAKOBS (G.)., Aux limites de l'orientation par le droit : le droit pénal de l'ennemi, *op. cit.*

326 LAZERGES (C.), et STOFFEL (H.), Le déclin du droit pénal : l'émergence d'une politique criminelle de l'ennemi, *op. cit.*

327 ZAFFARONI (R.), Dans un Etat de droit il n'y a que des délinquants, *op. cit.*

avec le principal fondement du droit pénal à savoir la culpabilité. Cela s'observe par l'apparition de la notion de dangerosité mais également par l'évolution de la notion d'imputabilité, particulièrement dans le cadre de la responsabilité pénale des personnes atteintes de troubles mentaux. Il est acquis, en principe, qu'une personne dont le discernement est aboli ou altéré lors de la commission de l'acte reproché voit sa responsabilité pénale supprimée ou diminuée[328]. Une telle vision est logique du point de vue juridique. Il paraît difficile de retenir la culpabilité d'une personne qui n'a pas de discernement. Pour rappel, l'élément moral de l'infraction se manifeste par l'existence d'un dol général et d'un dol spécial[329]. La personne doit avoir conscience de violer la loi. Elle doit également vouloir le résultat concret de l'infraction pour être condamnée. Le fait qu'un acte fasse l'objet d'une décision de non-lieu, de relaxe ou d'acquittement provoque pour les victimes un sentiment d'injustice et d'impunité de l'auteur. Sur ce point, l'affaire Romain DUPUY a particulièrement heurté l'opinion publique en 2004. Un nouvel ennemi est apparu, cet ennemi n'est pas la personne irresponsable pénalement pour cause de troubles mentaux. Cet ennemi est le fou dangereux qu'il faut neutraliser.

158. **Le régime juridique applicable aux personnes atteintes de troubles mentaux** – La loi de circonstances du 25 février 2008[330] a alors modifié ce régime. Désormais, les personnes irresponsables pénalement pour cause de troubles mentaux sont pénalement punissables. En effet, en vertu des articles 706-135 et 706-136 Code de procédure pénale, les personnes dont l'irresponsabilité pénale pour cause de troubles mentaux est déclarée peuvent faire l'objet de plusieurs

---

328 Art. 122-1 du C. pén.

329 DESPORTES (F.), et LE GUNEHEC (F.), *Droit pénal général, op. cit.*

330 Loi n°2008-174 du 25 février 2008 relative à la rétention de sûreté et à la déclaration d'irresponsabilité pénale pour cause de trouble mental

mesures. Parmi ces mesures, on recense l'admission en soins psychiatriques de la personne sous la forme d'une hospitalisation complète[331]. La modification de cette mesure, en réalité, n'est qu'un élargissement de compétence. Avant cette loi, c'est l'autorité administrative qui se prononçait sur l'hospitalisation d'office de la personne ayant fait l'objet d'une décision de non-lieu, de relaxe ou d'acquittement. Il ne s'agit pas d'un transfert de compétence car l'autorité administrative dispose toujours de prérogatives en la matière[332]. Ensuite, l'article 706-136 du Code de procédure pénale prévoit la possibilité de prononcer des mesures qualifiées de mesures de sûretés par le Législateur. Ces mesures ont d'abord été considérées comme des peines[333] puis comme des mesures de sûreté[334]. Au-delà de ce débat, le simple fait que ces mesures puissent être prononcées dans le cadre du sursis avec mise à l'épreuve[335] devrait en faire des peines par nature. Il n'en est rien, cette position n'est pas partagée par tous[336] et l'appellation de mesure de sûreté semble moins attentatoire de liberté que celle de peine.

159. **L'analyse du régime juridique applicable** – Le fait que les personnes déclarées irresponsables pénalement se voient condamnées à des mesures nuit également à l'entendement du principe de culpabilité. Le terme d'imputabilité matérielle des faits est préféré à celui de principe de culpabilité, inappliqué dans cette matière. Nous n'affirmons pas que les personnes atteintes de troubles psychiatriques dont l'état nécessite une prise en charge doivent faire l'objet d'une

---

331 Art. 706-135 du C. pr. pén dans sa version en vigueur au 1er août 2011 ; Anciennement hospitalisation d'office, v. art. 706-135 du C. pr. pén dans sa version en vigueur au 27 février 2008

332 Art. L.3213-1 à L.3213-11 du C. santé publ.

333 Cass. crim, 21 janvier 2009, n°08.83-492

334 Cass. crim, 16 décembre 2009, n°09.85-153

335 Art. 132-45 du C. pén.

336 DESPORTES (F.), et LE GUNEHEC (F.), *Droit pénal général, op. cit.*

absence de prise en considération. Nous affirmons seulement que ces personnes doivent être prises en charge de manière médicale, et non se voir appliquer des peines ou mesures de sûreté. Cette imputabilité matérielle des faits est logique, c'est un fait, mais il est très important de dissocier les éléments moral et matériel de l'infraction. Il s'agit d'une manifestation claire du droit pénal de l'ennemi. Les personnes se voient appliquer des sanctions parce que les faits leur sont imputables, bien que la notion de culpabilité soit inapplicable. La problématique des personnes irresponsables pénalement est délicate dans le rapport aux victimes, mais la fonction du droit pénal est d'assurer une juste sanction à une personne pour un comportement illégal qu'elle a sciemment adopté. En tout état de cause, le mouvement du droit pénal de l'ennemi permet de fonder des mesures sur les notions d'imputabilité et de dangerosité. Cette dernière notion est très utilisée par le droit actuel. Il est donc important de la définir précisément et d'expliquer son utilisation.

§2. Un droit pénal fondé sur la dangerosité

160. La notion de dangerosité est délicate à définir. Or, elle a un grand intérêt et il est clair que certains éléments, certaines caractéristiques d'une personne ou de la commission d'une infraction sont susceptibles de laisser présumer d'une dangerosité (A). En revanche, aucune technique d'évaluation de la dangerosité ne fait l'unanimité, chacune ayant des avantages et des inconvénients (B). Le problème suscité alors est celui de la place de la notion qui fonde des mesures éliminatrices et des mesures de surveillance très attentatoires des droits et libertés individuels.

A. La réalité de la notion de dangerosité

161. La définition de la dangerosité n'est pas opérée par le Législateur. C'est la doctrine qui nous permet de poser une définition claire de cette notion (1). La dangerosité est utilisée à divers égards en droit français. Elle permet en effet de

justifier le régime de la période de sûreté en matière criminelle. Elle fonde également les mesures d'élimination définitive de certaines personnes condamnées (2).

1. La définition de la dangerosité

162. **La définition doctrinale de la dangerosité** – La dangerosité n'étant pas légalement définie, nous nous référons au langage commun et aux définitions doctrinales pour appréhender ce concept. La dangerosité est déjà définie dans son rapport à l'infraction dans le langage commun. Il s'agirait alors de : *« la probabilité de passage à l'acte délictueux ou criminel »*[337]. Cette définition est claire et illustre d'ailleurs l'utilisation de la notion qui en est faite par le droit français. En effet, le droit pénal de l'ennemi supprime cette probabilité de passage à l'acte par la neutralisation de la personne. La définition juridique de l'état dangereux reprend d'ailleurs cette idée en affirmant qu'il s'agit d'une : *« situation faisant craindre qu'une personne commette une infraction avec une probabilité telle qu'elle peut justifier ante delictum, une mesure de sûreté »*[338]. Alors, on retrouve l'un des effets du droit pénal de l'ennemi qui justifie l'instauration de mesures qui ne sont pas fondées sur la culpabilité de la personne. Ensuite, la dangerosité, du point de vue des sciences criminelles, comprend trois concepts différents. Ces trois concepts déduisent de trois éléments différents l'existence de la propension de la personne à passer à l'acte. Ce sont la dangerosité criminologique, la dangerosité psychiatrique et la dangerosité pénitentiaire.

163. **La dangerosité pénitentiaire** – Bien que ce concept ne s'applique qu'au milieu fermé, il est important de le définir au regard de la partie de l'étude relative aux conditions de détention. Cette dangerosité pénitentiaire correspond à la :

---

337 *Dictionnaire Le Grand Larousse illustré 2016*, *op. cit.*

338 CORNU (G.) et Association Henri CAPITANT (dir.), *Vocabulaire juridique*, *op. cit.*

« propension à commettre des actes d'une certaine gravité, dommageables pour autrui ou pour soi, fondés sur l'usage de la violence, en milieu pénitentiaire »[339]. L'intérêt de cette définition réside exclusivement dans le fait qu'elle tienne compte des spécificités de la vie carcérale. En ce sens, il est nécessaire de rappeler que certaines personnes peuvent présenter une grande dangerosité criminologique ou psychiatrique en milieu ouvert et une faible dangerosité pénitentiaire. Inversement, d'autres personnes sont susceptibles de présenter une forte dangerosité dans le milieu carcéral et une dangerosité plus faible en milieu ouvert.

164. **Les dangerosités criminologique et psychiatrique** – La dangerosité criminologique, elle, fait l'objet de plusieurs définitions. Celle qui semble la plus adéquate s'oppose à la dangerosité psychiatrique concernant les causes du passage à l'acte. En ce sens, la dangerosité criminologique prend en compte l'ensemble des facteurs environnementaux et situationnels favorisant le passage à l'acte là où la dangerosité psychiatrique correspond à une manifestation symptomatique liée à l'expression directe de la maladie mentale[340]. L'intérêt de retenir, encore aujourd'hui, une telle définition, réside dans la prise en considération des causes du crime et de les confronter à ses conséquences. En effet, comme nous serons amenés à le voir, le médical et le pénal sont très liés et l'amalgame entre ce qui relève de l'un ou de l'autre s'observe dans les mesures créées par les lois de circonstances. Dès lors, entendre que la dangerosité diffère selon qu'elle soit causée par une maladie mentale ou non permet d'entendre le fait que l'on rejette plus tard l'existence d'une évaluation systématique par des psychiatres de la dangerosité d'une personne. En tout état de cause, toutes ces définitions respectent l'esprit de la définition

---

339 MBANZOULOU (P.), La dangerosité des détenus – Un concept flou aux conséquences bien visibles : le PSEM et la rétention de sûreté, *AJ Pénal*, 2008, p.171

340 *Audition publique sur l'expertise psychiatrique pénale*, Rapport de la commission d'audition, Haute autorité de santé, Ministère de la Santé et des Solidarités, les 25 et 26 janvier 2007

de GASSIN selon laquelle l'état dangereux serait : *« la très grande probabilité qu'un individu commette un délit »*[341]. Cette notion de dangerosité étant entendue dans son rapport à la probabilité de passage à l'acte, il faut reconnaître que l'évaluation d'une telle dangerosité, d'une telle notion n'est pas une chose aisée. Or, cette notion est de plus en plus utilisée pour fonder des mesures restrictives, voire privatives de liberté.

2. L'utilisation de la notion de dangerosité

165. **Les présomptions légales de dangerosité** – L'intérêt de la notion de dangerosité réside dans son utilisation dans la détermination de la sanction pénale et précisément de la peine. Le mouvement du droit pénal de l'ennemi induit une utilisation abusive de la notion de dangerosité. Le rejet de ce mouvement n'induit pas que la notion soit complètement abandonnée. Il existe d'ailleurs des présomptions légales de dangerosité[342]. Ces présomptions permettent d'objectiver le principe de l'individualisation de la sanction pénale. Ce principe justifie la différence de traitement entre deux personnes condamnées pour une même infraction. Il est nécessaire que cette différence de traitement s'opère selon des critères objectifs. Certains critères sont attachés à l'auteur de l'infraction, à la nature ou aux circonstances de l'acte commis. Juridiquement, les présomptions de dangerosité sont nombreuses. Ces présomptions s'illustrent par le régime de la période de sûreté. La dureté de la période de sûreté illustre la volonté claire de neutralisation des auteurs d'infractions. Le régime de la période de sûreté est défini par l'article 132-23 du Code pénal. Cet article dispose que les personnes condamnées à une peine privative de liberté non assortie du sursis ne peuvent pas bénéficier des règles relatives à l'aménagement ou au fractionnement de la peine pendant une durée allant jusqu'aux

---

341 GASSIN (R.), CINAMONTI (S.) et BONFILS (P.), *Criminologie*, *op. cit.*

342 COCHE (A.), La détermination de la dangerosité des délinquants en droit pénal, PUAM, 2005

deux tiers de la peine prononcée[343]. Ces dispositions permettent de maintenir un équilibre sur la durée de la peine. En effet, il est clair que les peines légales, prononcées et réellement effectuées sont différentes et considérablement décroissantes. Le régime de la période de sûreté permet alors de garantir qu'une personne condamnée pour un crime effectue une peine privative de liberté relativement longue, en fonction de la peine prononcée. Aussi, le régime de la période de sûreté dépendant de la peine prononcée et non de la peine encourue, la juridiction de jugement peut tenir compte des circonstances de l'infraction.

166. **Les effets de l'utilisation de la notion de dangerosité** – Ensuite, la notion de dangerosité permet de fonder des mesures de neutralisation et de surveillance créées par les lois de circonstances. En droit français, c'est cette notion qui fonde la neutralisation d'une personne en dehors du cadre de l'exécution de la peine. Toutes les lois de circonstances ne traitent pas explicitement de la dangerosité des personnes condamnées. Néanmoins, les mesures illustrant l'existence du droit pénal de l'ennemi sont fondées sur cette notion. En effet, qu'il s'agisse de la rétention de sûreté, de la surveillance de sûreté ou encore de la période de sûreté perpétuelle, elles sont soumises à la détermination de la dangerosité de la personne. Etant donné le caractère restrictif ou privatif de liberté desdites mesures, l'évaluation de la dangerosité doit reposer sur des critères objectifs. Cette évaluation de la dangerosité est problématique car il est clair que dans tous les cas, le critère, même objectif, est susceptible de conduire à une évaluation erronée de la dangerosité d'une personne et ce n'est que dans le meilleur des cas qu'une telle erreur concernerait une minorité de criminels[344]. Dès lors, il est nécessaire de regarder les

---

343 Art. 132-23 du C. pén.

344 COCHE (A.), La détermination de la dangerosité des délinquants en droit pénal, *op. cit.*

méthodes de l'évaluation de la dangerosité. On ne peut que regretter le fait que toutes les méthodes d'évaluation utilisées, en France comme à l'étranger, aient montré leurs limites.

B. L'incertitude face à l'évaluation de la dangerosité

167. Les méthodes d'évaluation de la dangerosité sont très nombreuses et différentes. Il est alors délicat d'effectuer une étude exhaustive des méthodes d'évaluation. Nous expliquerons la différence de fondement des techniques existantes, qu'elles soient nationales ou non (1). Cela nous permet de cerner les enjeux de cette évaluation. En France, l'évaluation est psychiatrique et réalisée par des entretiens. Cette méthode pose problème et ne permet pas d'évaluer avec certitude la dangerosité des ennemis potentiels (2).

1. Les méthodes d'évaluation de la dangerosité

168. **La méthode d'évaluation clinique** – Sur l'évaluation de la dangerosité des personnes, la première méthode d'évaluation retenue fut celle de l'évaluation professionnelle. Cette méthode consiste en une série d'entretiens entre la personne et un psychiatre, un psychologue ou un officier de probation. Cette méthode fait reposer l'ensemble de la situation de la personne sur l'avis d'un ou de plusieurs experts. Des études ayant montré que lesdits experts surévaluaient considérablement la dangerosité des personnes, la méthode a été, depuis longtemps, abandonnée dans les pays anglo-saxons[345].

169. **Les méthodes d'évaluation actuarielles** – Ce sont alors les statistiques qui sont devenues le modèle de référence de l'évaluation de la dangerosité. Cette évaluation actuarielle se fonde, selon les échelles retenues, sur des facteurs statiques ou dynamiques. Les facteurs statiques n'évoluent pas et s'attachent à l'histoire de l'individu. En revanche, les facteurs dynamiques prennent en compte la possible évolution de la

345 *Psychiatrie légale et criminologie clinique*, Elsevier Masson, coll. les âges de la vie, 2013

personne. Pour exemple, la séparation du couple parental avant l'âge de seize ans est un facteur statique. L'addiction est un facteur dynamique, susceptible d'évoluer dans le sens d'une amélioration comme d'une aggravation. Parmi la multitude d'échelles actuarielles, un exemple d'échelle regroupant des facteurs statiques et dynamiques est l'échelle HCR-20[346]. Ces modèles et études statistiques sont nombreux et ont été critiqués au regard de leur manque d'efficacité. Certains spécialistes commençaient alors à affirmer qu'aucune méthode ne fonctionnait (« *nothing works* »)[347], au moment où les théories cognitivo-comportementales se sont développées.

170. **Les théories cognitivo-comportementales** – La critique des modèles statistiques a conduit au développement d'une méthode moins mathématique. Le modèle Risque – Besoin – Réceptivité, et le modèle des *« good lives »* ont fait leur apparition. Ces modèles sont des modèles de réhabilitation sociale dans lesquels les thérapeutes prennent le risque de récidive en compte. Aussi, ils adaptent les besoins du patient aux facteurs jouant dans la prévention de la récidive, notamment dans le cadre des besoins sexuels déviants. Enfin, le traitement est adapté aux capacités cognitives de la personne qui est acteur et sujet de la thérapie[348]. Ces modèles semblent efficaces mais induisent toujours un lien entre le système pénitentiaire et le domaine médical. Il est très délicat de concevoir un système où la responsabilité de la situation de la personne serait entièrement transférée au domaine médical.

171. **La théorie de la désistance** – Enfin, le dernier modèle recensé est celui de la désistance. Simplement, ce modèle et ses défenseurs affirment que le parcours criminel d'une personne s'achève par des facteurs propres à la personne, avec

---

346 Voir annexe 2 : Critères d'évaluation de la dangerosité retenus par l'échelle HCR-20

347 *Psychiatrie légale et criminologie clinique*, *op. cit.*

348 *Ibidem*

l'âge. Il s'agit alors de l'insertion professionnelle, du renforcement des liens familiaux ou encore de la fin de l'addiction[349]. Ce modèle est proche des théories cognitivo-comportementales mais n'affirme pas la nécessité d'un traitement. Il serait intéressant de coupler ces deux modèles car la seule prise en compte du modèle de la désistance peut conduire à une forte répression. En effet, considérer qu'aucune action de la société ne peut conduire à un arrêt du parcours criminel pourrait conduire au développement de politiques pénales visant à neutraliser les personnes sans aucune prise en charge pénitentiaire ou médicale.

172. **L'impossible évaluation de la dangerosité** – Enfin, et après avoir exposé les méthodes d'évaluation de la dangerosité proposées et adoptées par les Etats, il est nécessaire d'entendre qu'aucune de ces méthodes ne peut amener de certitude[350]. Dans le domaine des sciences humaines, l'adoption du modèle cartésien[351] ne permet en aucun cas de déterminer des règles exactes. Tous ces modèles ont été développés et utilisés au Canada ou aux Etats-Unis. Ces pays ont une avance considérable sur la France dans le domaine et la reconnaissance de l'intérêt des sciences criminelles. La méthode d'évaluation retenue en droit français a d'ailleurs été rejetée depuis longtemps dans ces pays[352].

---

349 *Ibidem*

350 *Psycho-criminologie*, 2ème éd., Dunod, coll. psychothérapies pratiques, 2012, p.150

351 DESCARTES (R.), *Discours de la méthode : pour bien conduire sa raison et chercher la vérité dans les sciences*, 2ème éd., Fayard, coll. Corpus des œuvres de philosophie en langue française, 1987

352 *Psychiatrie légale et criminologie clinique*, *op. cit.*

2. Les problèmes suscités par l'évaluation psychiatrique en droit français

173. **L'évaluation de la dangerosité dans le cadre des mesures illustrant le droit pénal de l'ennemi** – Les mesures illustrant l'existence d'un droit pénal de l'ennemi en France sont le régime de la période de sûreté en matière de terrorisme, la rétention de sûreté et la surveillance de sûreté. Dès lors, il convient de s'intéresser à l'évaluation de la dangerosité dans le cadre de ces mesures. En premier lieu, concernant la période de sûreté que nous qualifions de perpétuelle en matière de terrorisme, l'évaluation de la dangerosité de la personne est prévue par le Code de procédure pénale. Il est alors question de subordonner la réduction de la période de sûreté à une : *« expertise d'un collège de trois experts médicaux inscrits sur la liste des experts agréés près la Cour de cassation, chargé de procéder à une évaluation de la dangerosité »*[353]. En second lieu, l'évaluation de la dangerosité est similaire en matière de rétention et de surveillance de sûreté. Cette évaluation est opérée par la commission pluridisciplinaire des mesures de sûreté. Cette commission est véritablement pluridisciplinaire au regard de sa composition. En effet, elle regroupe les institutions judiciaire, administrative, médicale et pénitentiaire. Un représentant d'une association d'aide aux victimes et un avocat sont également présents[354]. L'évaluation de la dangerosité, elle, est réalisée de façon clinique par un psychiatre et un psychologue[355].

174. **Les limites de l'évaluation clinique** – Dans ces deux cas, l'évaluation de la dangerosité des personnes est donc réalisée par des entretiens cliniques. Or, depuis plus de vingt ans, cette méthode est considérée comme désuète. Bien que les critiques de Monsieur MONAHAN aient été réalisées dans

---

353 Art. 720-5 5° du C. pr. pén.

354 Art. R.61-8 du C. pr. pén.

355 Art. R.61-11 du C. pr. pén.

l'objectif de voir appliquer les méthodes actuarielles, statistiques, il faut reconnaître que des études ont prouvé l'inefficacité d'une telle méthode d'évaluation[356]. Certes, il convient de remarquer et d'accueillir la collégialité des experts dans cette matière. Toutefois, on ne peut que regretter que l'évaluation de la dangerosité des personnes soit réalisée en vertu d'une méthode dont on sait qu'elle demeure inefficace. Il est intéressant de rappeler dès à présent que cette évaluation justifie l'élimination définitive de la société de certaines personnes. En tout état de cause, l'évaluation de la dangerosité n'est pas une chose aisée. En effet, il est clair que les méthodes cliniques et actuarielles ne peuvent pas s'appliquer isolément d'autres méthodes. Il existe des méthodes cognitivo-comportementales qui semblent efficaces. L'instauration du suivi socio-judiciaire a marqué la prise en compte de la nécessité d'adapter la sanction pénale aux besoins des personnes délinquantes. Pour autant, le développement des lois de circonstances conduit au développement d'une politique pénale de l'ennemi. Ce mouvement se manifeste dans le cadre de la délinquance sexuelle et du terrorisme. Surtout, le droit pénal, aujourd'hui, est un droit pénal d'élimination de l'ennemi et non de compréhension de la personne délinquante.

Section 2. Le domaine du droit pénal de l'ennemi

175. La multiplication et l'incohérence des lois relatives au terrorisme (§1) et à la délinquance sexuelle (§2) marquent la difficulté de trouver un équilibre entre le respect des droits de l'Homme et la garantie de la sûreté. En effet, bien que nous regrettions l'incohérence juridique de nombreuses lois, le droit à la sûreté est également constitutionnellement garanti.

---

356 *Psycho-criminologie*, *op. cit.* ; *Psychiatrie légale et criminologie clinique*, *op. cit.*

§1. L'évolution du droit du terrorisme

176. Depuis les années 2000, le terrorisme est un problème sociétal dans de nombreux Etats, dont la France. Une grande réflexion sur l'état d'urgence doit être menée, afin de déterminer les bienfaits et les méfaits de sa pérennisation. Or, la politique pénale dans cette matière est plus marquée par une multiplication des lois de circonstances (A) que par une grande réflexion. Ses effets sont malheureux au regard, notamment, de l'augmentation des pouvoirs de police administrative (B).

A. Le développement des lois de circonstances en matière de terrorisme

177. La multiplication manifeste des lois relatives au terrorisme (1) a conduit à faire évoluer les incriminations de la matière de façon incohérente (2).

1. La multiplication des lois traitant du terrorisme

178. **La multiplication des lois** – De nombreuses définitions du terrorisme et des actes de terrorisme existent. La seule définition du terrorisme fait débat. Au regard du caractère international du terrorisme, il convient de retenir la définition opérée par l'ONU de la notion. Lorsque l'ONU traite des actes de terrorisme, elle invite les Etats à incriminer : *« les actes criminels qui, à des fins politiques, sont conçus ou calculés pour provoquer la terreur dans le public, un groupe de personnes ou chez des particuliers (et qui) sont injustifiables en toutes circonstances et quels que soient les motifs de nature politique, philosophique, idéologique, raciale, ethnique, religieuse ou autre que l'on puisse invoquer pour les justifier »*[357]. Ces actes sont les actes de terrorisme. Par nature, les lois traitant du terrorisme sont des lois de circonstances. Le terrorisme, les actes de terrorisme ne relèvent pas de la délinquance ordinaire. Nous entendons clairement que les actes de

---

[357] Déclaration de l'ONU du 9 décembre 1994

terrorisme choquent l'opinion publique et soient à l'origine de réflexions sur la politique pénale à mener sur ce sujet. Toutefois, on peut clairement affirmer aujourd'hui que les lois de circonstances en la matière n'ont aucun effet sur l'existence de ces actes. En excluant les lois de ratification, nous dénombrons plus de vingt lois adoptées depuis le 26 août 2003 en matière de terrorisme, de défense et de contrôle de la prolifération des armes. Ces lois intéressent toutes la sécurité intérieure. Cette tendance est exponentielle depuis les attentats de mars 2012 commis par Mohammed MERAH. Depuis, treize lois sur le terrorisme, le renseignement et la défense ont été adoptées. Dès lors, il est délicat de procéder à une analyse globale de la législation sur le terrorisme car ce droit n'a pas été posé depuis plus de cinq ans.

179. **L'existence d'une politique pénale de circonstances** – Il est clair en ce sens que : *« l'élaboration à un rythme effréné de projets de loi ne s'accompagne pas de l'évaluation nécessaire du droit en vigueur »*[358]. Cette affirmation ne traitait pas de la législation sur le terrorisme mais elle peut clairement s'appliquer à cette dernière. En effet, depuis 2012, les lois sur le terrorisme suivent la malheureuse chronologie des attentats. Sur la loi du 22 mars 2016[359], Monsieur PERRIER introduisait son commentaire en affirmant que le projet de cette loi avait été déposé avant les attentats du 13 novembre 2015[360], comme pour affirmer que cette loi-là n'était pas une loi de circonstances. Or, cette loi faisait suite à une proposition de loi sur laquelle le Gouvernement avait engagé la procédure accélérée et non à un projet de loi[361]. Ensuite, elle est relative aux transports

---

358 *Avis sur l'élaboration des lois*, Avis de la CNCDH, 15 avril 2010

359 Loi n°2016-339 du 22 mars 2016 relative à la prévention et à la lutte contre les incivilités, contre les atteintes à la sécurité publique et contre les actes terroristes dans les transports collectifs de voyageurs

360 PERRIER (J-B.), Infractions dans les transports : des mesures éparses aux objectifs différents, *Rev. sc. crim.*, 2016, p.385

361 Dossier législatif de la loi n°2016-339 du 22 mars 2016

collectifs et fait clairement suite à la tentative d'attentat du 21 août 2016, tentative avortée par des civils. Elle y répond tant thématiquement que chronologiquement, la proposition de loi ayant été déposée moins de deux mois après ces événements. Cette affirmation illustre la prise de conscience de la multiplication des lois de circonstances en la matière. Elle démontre aussi l'importance de justifier l'élaboration de lois sur le terrorisme dans un contexte où ces lois sont très nombreuses. Bien que nous ayons précédemment expliqué que la politique pénale de circonstances atteint le principe de légalité criminelle, il est important de souligner les incohérences juridiques de cette politique pénale. Ces incohérences se trouvent tant dans la définition légale des actes de terrorisme que dans le traitement pénal des terroristes.

2. L'évolution des incriminations relatives au terrorisme

180. **La définition pénale des actes de terrorisme** – La définition légale des actes de terrorisme est tripartie. En effet, on peut distinguer trois types de comportements définis et réprimés par les articles 421-1 à 421-8 du Code pénal. Dans un premier temps, les actes de terrorisme sont des actes déjà punis par la loi. Leur rapport avec une entreprise ou un groupement terroriste constitue alors un motif d'aggravation du maximum légal encouru en vertu des articles 421-3 et 421-4 du Code pénal. De façon non exhaustive, ce sont les atteintes à la vie, à l'intégrité de la personne, le recel, le blanchiment ou encore l'extorsion[362]. Dans un deuxième temps, le législateur qualifie également d'actes de terrorisme la participation à un groupement terroriste[363], le financement du terrorisme[364] et la préparation d'un acte de terrorisme[365]. Dans un troisième temps, on dénombre cinq délits qui sont

362 Art. 421-1 et 421-2 du C. pén.

363 Art. 421-2-1 du C. pén.

364 Art. 421-2-2 du C. pén

365 Art. 421-2-6 du C. pén.

associés au terrorisme mais exclus de la caractérisation d'actes de terrorisme. Ce sont l'absence de justification des ressources, la provocation à participer à un groupe terroriste, l'apologie du terrorisme, le traitement informatique de données faisant l'apologie du terrorisme et la consultation habituelle de site internet montrant des images d'atteintes volontaires à la vie provoquées par des groupes terroristes[366].

181. **Les effets du régime juridique des actes de terrorisme** – Le problème posé par ce régime juridique est qu'il ne distingue pas les actions terroristes des actes de soutien au terrorisme[367]. En effet, littéralement, il est dommageable qu'un acte de financement du terrorisme soit considéré comme un acte de terrorisme. Il ne s'agit pas, bien entendu, de regretter l'existence d'une telle incrimination mais seulement sa qualification d'acte de terrorisme. Aussi, les délits associés marquent plus la volonté de sanctionner tous les comportements ayant un lien avec le terrorisme. L'objectif est de définir le plus grand nombre possible de comportements intégrant le régime procédural exorbitant de droit commun applicable aux infractions de terrorisme. Ce régime est très attentatoire des droits et libertés fondamentaux. Or, en vertu de l'article 706-73 du Code de procédure pénale, il s'applique à tous les actes incriminés par les articles 421-1 à 421-6 du Code pénal. En d'autres termes, la personne qui commettrait un attentat et celle qui commettrait un tag en lien avec une entreprise terroriste seraient toutes deux soumises à une durée maximale de la garde à vue de 120 heures[368]. Aujourd'hui, les dérogations au régime de droit commun sont justifiées par la peur des attentats qui se multiplient. De telles incriminations s'appliquent tant aux membres de l'Etat islamique qu'aux sympathisants de l'ETA.

---

366 Art. 421-2-3 à 421-2-5-2 du C. pén.

367 ALIX (J.), La qualification terroriste après l'arrêt du 10 janvier 2017 (affaire dite « de Tarnac »), *AJ Pénal, 2017*, p.79

368 *Ibidem*

Ces dérogations au régime de droit commun confèrent manifestement une augmentation des pouvoirs de police administrative, caractérisant l'affaiblissement de la liberté individuelle, et une diminution des droits de la défense.

B. Les effets des lois de circonstances en matière de terrorisme

182. Les lois de circonstances, très présentes en matière de terrorisme, ont des effets sur le traitement pénal des délinquants. Ces effets s'observent tant dans les phases antérieures que postérieures au jugement. L'un des effets actuels est la mise en place de l'état d'urgence, qui nuit à la protection de la liberté individuelle (1). Aussi, la tendance de la politique pénale illustre une volonté de pérennisation de cet état d'urgence (2).

1. L'augmentation des pouvoirs de police administrative dans le cadre de l'état d'urgence

183. **La liberté individuelle** – En vertu de l'article 66 de la Constitution : *« Nul ne peut être arbitrairement détenu. L'autorité judiciaire, gardienne de la liberté individuelle, assure le respect de ce principe dans les conditions prévues par la loi »*. Dès lors, la liberté individuelle semble se définir tel un synonyme de la sûreté personnelle, du droit de ne pas être arbitrairement arrêté ou détenu. Cette liberté individuelle serait le pendant français de la sûreté affirmée par l'article 5 de la CESDH. Toutefois, jusqu'en 1999[369] et la séparation des fondements juridiques de la liberté individuelle et de la liberté personnelle, le Conseil constitutionnel fondait des libertés n'ayant pas trait à la détention sur la liberté individuelle. Notamment, le droit au respect de la vie privée a, longtemps, été fondé sur la liberté individuelle[370]. Aujourd'hui, la liberté individuelle telle qu'elle est

---

369 Décision n°99-416 DC du 23 juillet 1999

370 Décision n°76-75 DC du 12 janvier 1977 ; Décision n°93-325 DC du 13 août 1993

entendue par le Conseil constitutionnel semble ne concerner que ce droit de ne pas être arbitrairement détenu. Il est question de la sûreté personnelle. En effet, depuis la décision[371] relative à la loi Perben II[372], le Conseil constitutionnel est revenu sur sa position et appréhende la liberté individuelle exclusivement comme un synonyme de la sûreté personnelle. Ensuite, la liberté individuelle, le droit de ne pas être arbitrairement détenu, relève de la compétence de l'autorité judiciaire. Pour exemple, c'est ce principe qui fonde l'intervention du JLD dans le cadre de la prolongation de la rétention administrative des étrangers en situation irrégulière. Cette intervention est prévue par les articles L.552-1 à L.552-6 du CESEDA. En d'autres termes, le juge judiciaire est compétent dès que la question de la privation de liberté se pose. Cette compétence de principe supporte des exceptions.

184. **Les effets de l'état d'urgence** – Depuis les 14 et 18 novembre 2015, l'état d'urgence est décrété[373] en France. L'application de la loi du 3 avril 1955[374] a été prorogée par six lois de circonstances depuis lors. La combinaison des articles 8 et 11 de ladite loi permet au ministre de l'Intérieur et aux préfets de département d'ordonner des perquisitions en toutes heures et en tous lieux, excepté les lieux d'activité parlementaire et les lieux où les magistrats, les avocats et les journalistes exercent leur profession. Ces mesures sont donc des mesures de police administrative, là où elles constituent des mesures de police judiciaire dans le cadre du régime de droit commun. Elles relèvent de la compétence de la juridiction administrative. Cette attribution de compétence est

---

371 Décision n°2004-492 DC du 2 mars 2004

372 Loi n°2004-204 du 9 mars 2004 portant adaptation de la justice aux évolutions de la criminalité

373 Décret n°2015-1475 du 14 novembre 2015 portant application de la loi n°55-385 du 3 avril 1955 ; Décret n°2015-1493 du 18 novembre 2015 portant application outre-mer de la loi n°55-385 du 3 avril 1955

374 Loi n°55-385 du 3 avril 1955 relative à l'état d'urgence

regrettable pour plusieurs raisons. D'abord, d'un point de vue philosophique, il est admissible que l'urgence justifie les mesures administratives évoquées. La terminologie est très importante sur ce point. L'état d'urgence doit s'appliquer à une situation d'urgence. Les attentats du 13 novembre 2015 ont conduit à la déclaration de l'application de l'état d'urgence, qui a ensuite été prolongé pour le bon déroulement de la manifestation sportive *« Euro 2016 »*. Son application aurait dû s'arrêter après cet événement sportif mais les attentats de Nice du 14 juillet 2016 ont entraîné la prorogation de ce régime exorbitant de droit commun. Dès lors, les motivations de certaines prorogations de l'état d'urgence se justifient. Pour autant, la pérennisation de ce régime, confirmée par la loi du 28 février 2017[375], conduit à accepter une grande régression en matière de libertés fondamentales. L'augmentation des pouvoirs de police administrative induit nécessairement un retrait du rôle du juge judiciaire. Surtout, l'augmentation de ces pouvoirs est susceptible de conduire à des dérives policières[376]. Alors, l'autorité judiciaire n'est plus compétente pour garantir la liberté individuelle, bien qu'il s'agisse de sa mission constitutionnelle.

2. Les dangers de la pérennisation de l'état d'urgence

185. **L'inefficacité des mesures permises par l'état d'urgence** – On ne peut que constater l'absence d'efficacité de la prorogation constante de l'état d'urgence. D'une part, il est intéressant de signaler que moins de 1% des perquisitions administratives ayant eu lieu entre le 14 novembre 2015 et le 3 février 2016 (soit plus de 3000) ont donné lieu à des enquêtes concernant des infractions de terrorisme[377]. Ces mesures sont inefficaces en matière de répression d'infractions de terrorisme. D'autre part, la diminution croissante du

---

375 Loi n°2017-258 du 28 février 2017 relative à la sécurité publique

376 *Contre un état d'urgence permanent*, Avis de la CNCDH, le 15 décembre 2016

377 *Le suivi de l'état d'urgence*, Avis de la CNCDH, le 18 février 2016

nombre de perquisitions administratives, d'assignations à résidence et d'interdictions de séjour fondées sur l'état d'urgence laisse présumer de sa faible utilité[378]. Surtout, il ne faut pas croire que la cessation de l'état d'urgence conduirait à une sorte d'impunité des personnes suspectées de terrorisme. Le régime procédural de droit commun applicable aux infractions de terrorisme est très lourd. Les droits de la défense sont alors grandement remis en cause. Ces droits sont : *« l'ensemble des prérogatives qui garantissent à la personne suspecte ou poursuivie d'assurer effectivement sa défense dans la procédure pénale et dont la violation constitue, à certaines conditions, une cause de nullité de la procédure… »*[379]. Pour exemple, l'intervention de l'avocat peut être repoussée jusque-là soixante-douzième heure[380].

186. **L'atteinte aux libertés fondamentales** – En tout état de cause, le régime procédural applicable aux personnes suspectées d'avoir un lien avec une personne susceptible de commettre une infraction de terrorisme est très lourd et très attentatoire des libertés fondamentales. La grande différence réside dans la possibilité de se plaindre effectivement des dérives et abus qui peuvent en découler. En matière d'état d'urgence, l'engagement de la responsabilité de l'Etat du fait des perquisitions administratives, comme pour la réparation des dégâts matériels, notamment, est soumis à l'existence d'une faute lourde. Cette faute lourde est très difficile à prouver. En revanche, cette exigence n'est pas présente dans le cadre du régime de procédure pénale classique. Dès lors, il faut faire un choix entre deux régimes, tous deux remettant grandement les droits de la personne suspectée en cause. L'un de ces régimes a pour garde-fou le juge judiciaire et l'autre n'en a pas. Il est alors indispensable que l'état d'urgence cesse. Le

---

378 *Ibidem*

379 CORNU (G.) et Association Henri CAPITANT (dir.), *Vocabulaire juridique*, *op. cit.*

380 Art. 706-88 du C. pr. pén.

contexte social ne doit pas guider la vision des libertés fondamentales dont la France est si fière d'être l'un des inventeurs. Ce problème de prise en compte démesurée du contexte social dans l'évolution du droit, matérialisé par les lois de circonstances relatives au terrorisme existe dans d'autres domaines. Le droit pénal de l'ennemi, avant la prise en compte du risque terroriste, s'appliquait déjà aux délinquants sexuels.

§2. L'évolution du droit de la délinquance sexuelle

187. Là où le terroriste est l'ennemi d'aujourd'hui, on peut affirmer, au regard de l'évolution de la politique pénale, que le délinquant sexuel est celui d'hier. Les faits divers, les histoires de quelques personnes, commettant des actes criminels, en état de récidive, ont conduit à un bouleversement du droit applicable en la matière. Le développement des lois de circonstances en la matière (A) a eu des effets désastreux sur le régime pénal applicable aux délinquants sexuels (B).

A. Le développement des lois de circonstances en matière de délinquance sexuelle

188. Le traitement des faits divers, notamment en matière de délinquance sexuelle, provoque un sentiment d'insécurité. L'évolution de la politique pénale dans cette matière est marquée par l'adoption de lois de circonstances entre les années 2005 et 2010 notamment (1). En effet, bien que l'intitulé de certaines lois ne traite pas de la délinquance sexuelle mais de la récidive, les effets s'observent dans le cadre des obligations applicables aux personnes condamnées pour les infractions sexuelles. Cette évolution marque le développement de la sécuritologie telle que GASSIN la définissait (2).

1. Les lois résultant d'un fait divers

189. **Les lois de circonstances relatives à la délinquance sexuelle** – Il convient de rappeler que le point de départ de la présente étude sur les lois de circonstances est marqué par les circulaires prises en 2003 relativement à la

maîtrise de l'inflation normative et la qualité de la réglementation. Depuis cette date, de nombreuses lois de circonstances ont été adoptées en réponse à des faits divers criminels. Ainsi, entre 2005 et 2010, près de six lois de circonstances ont été votées et ont eu des incidences sur les procédures applicables en matière de délinquance sexuelle. En effet, les dates des 12 décembre 2005[381], 5 mars 2007[382], 10 août 2007[383], 25 février 2008[384] et 10 mars 2010[385] sont autant de dates où le critère de l'opportunité l'a emporté sur celui de la nécessité juridique. Nous n'affirmons pas ici que le droit doit rester statique. Il est cependant clair qu'un tel rythme de législation nuit à la lisibilité du droit applicable et à sa cohérence, à l'image de l'évolution de la législation applicable au terrorisme[386]. Aussi, il est nécessaire d'expliquer que la loi Perben II du 9 mars 2004 a, elle aussi, une incidence sur les personnes condamnées pour des infractions sexuelles. Notamment, c'est cette loi qui a créé le FIJAIS, qui deviendra plus tard le FIJAISV. Pour autant, nous n'étudierons pas précisément cette loi qui échappe aux critères de définition des lois de circonstances. Surtout, l'évolution du FIJAIS, elle, sera opérée par des lois de circonstances.

190. **L'absence de réflexion globale illustrée par les lois de circonstances** – Cette évolution de la politique pénale marque l'absence de réflexion d'ensemble sur la nature des

---

381 Loi n°2005-1549 du 12 décembre 2005 relative au traitement de la récidive des infractions pénales

382 Loi n°2007-297 du 5 mars 2005 relative à la prévention de la délinquance

383 Loi n°2007-1198 du 10 août 2007 renforçant la lutte contre la récidive des majeurs et des mineurs

384 Loi n°2008-174 du 25 février 2008 relative à la rétention de sûreté et à la déclaration d'irresponsabilité pénale pour cause de trouble mental

385 Loi n°2010-242 du 10 mars 2010 tendant à amoindrir le risque de récidive criminelle et portant diverses dispositions de procédure pénale

386 LAZERGES (C.) et STOFFEL (H.), Le déclin du droit pénal : l'émergence d'une politique criminelle de l'ennemi, *op. cit.*

infractions sexuelles et la réponse pénale à adopter. D'ailleurs, elle intervient après qu'une réflexion ait été menée à juste titre sur le sujet. Cette réflexion avait conduit à l'adoption de la loi du 17 juin 1998 créant le suivi socio-judiciaire. De plus, cette évolution nuit à l'application des lois qui sont adoptées. En effet, pour exemple, l'application de la loi du 10 août 2007 est prévue par son décret d'application du 16 novembre 2007[387]. Moins de deux semaines plus tard, le 28 novembre 2007, le projet de loi sur la rétention de sûreté était déposé. Ainsi, avant même d'avoir la possibilité de regarder l'efficacité ou l'applicabilité de la loi instaurant l'automaticité des peines, le Gouvernement préparait déjà la loi permettant de détenir indéfiniment une personne en raison de sa dangerosité. Cette méthode de légifération n'est pas propre à la période étudiée, comme nous avons pu le démontrer en matière de terrorisme. Dans les deux cas, cela empêche toute cohérence légistique. Une telle évolution reflète une volonté politique de répondre au sentiment d'insécurité qui se développe avec la survenance de faits divers médiatiquement relayés.

2. La naissance de la sécuritologie

191. **Les motifs du développement des lois de circonstances en la matière** – Le développement des lois de circonstances en matière de délinquance sexuelle s'explique par le développement du sentiment d'insécurité provoqué par le traitement des faits divers en la matière. L'insécurité correspond à : *« l'état d'un lieu qui n'est pas sûr, qui est soumis à la délinquance ou à la criminalité »*[388]. Il faut reconnaître que ce terme est plus utilisé en matière de violences urbaines que de

---

387 Décret n°2007-1627 du 16 novembre 2007 modifiant le C. pr. pén. (troisième partie : Décrets) et renforçant le recours aux aménagements de peines et la lutte contre la récidive

388 *Dictionnaire Le Grand Larousse illustré 2016*, *op. cit.*

délinquance sexuelle[389]. Ensuite, bien que les sondages ne soient pas des sources juridiques d'une fiabilité absolue, on ne peut remarquer que tous les sondages effectués relativement aux préoccupations sociales démontrent que l'insécurité est une préoccupation majeure des personnes interrogées. En tout état de cause, ce sentiment d'insécurité conduit à s'intéresser à deux phénomènes. D'une part, il convient de déterminer s'il existe un droit à la sécurité et, d'autre part, de s'intéresser au rôle des médias dans la perception de la criminalité réelle.

192. **Le droit à la sécurité** – Dans un premier temps, sur la question du droit à la sécurité, la question se pose au niveau des textes à valeur supra-législative. En effet, toute loi relative à la sécurité n'en érige pas pour autant un principe à valeur constitutionnelle. Bien que la confusion puisse exister[390], le droit à la sûreté tel qu'il est affirmé par la DDHC n'est pas confondu avec le droit à la sécurité. Ce droit à la sûreté, proclamé par l'article 2 de la DDHC et l'article 5 de la CESDH est une protection contre l'arbitraire de l'Etat. Il est question de prohiber les arrestations et les détentions arbitraires. En revanche, il n'existe pas de droit fondamental subjectif permettant aux citoyens de se prévaloir d'un manquement de l'Etat car ils ont été victimes d'une infraction pénale. Or, c'est là la signification du droit à la sécurité[391].

193. **Le rôle des médias dans l'évolution de la politique pénale** – Dans un second temps, concernant le rôle des médias sur la perception de la criminalité, cette question doit être abordée de deux façons. D'une part, il est clair que la surmédiatisation de quelques faits divers est susceptible de

389 LOPEZ (G.) et TZISTZIS (S.) (dir.), *Dictionnaire de sciences criminelles,* Dalloz, 2004

390 GRANGER (M-A.), Existe-t-il un droit fondamental à la sécurité ?, *Rev. sc. crim.*, 2009, p.273

391 *Ibidem*

provoquer un sentiment d'insécurité[392]. D'autre part, il ne faut pas oublier que les médias sont soumis à la volonté de leurs auditeurs. Dès lors, les médias tentent de traiter l'information de la manière la plus rentable possible. Or, il semblerait à cet effet que les attentes des lecteurs, des auditeurs et des téléspectateurs soient morbides[393]. En tout état de cause, ces considérations sur les médias conduisent à s'interroger sur l'efficacité du droit existant. Cela conduit à un effet pervers de la politique pénale. En effet, la survenance d'un fait divers médiatisé heurte l'opinion publique et provoque le déclenchement de l'élaboration de lois sécuritaires. L'une des manifestations des lois de circonstances en ce sens est effectivement la délinquance sexuelle. Le traitement de quelques faits divers a conduit à bouleverser le traitement pénal des personnes condamnées pour une infraction sexuelle. Ainsi, la volonté de traitement illustrée par la création du suivi socio-judiciaire aura été rapidement abandonnée.

B. Les effets des lois de circonstances en matière de délinquance sexuelle

194. Les lois de circonstances sont regrettables au niveau de la forme de l'élaboration des lois. Elles le sont également sur le fond. Au-delà de l'évolution du droit dans un sens répressif, rompant avec la volonté pourtant affirmée de resocialisation des personnes condamnées, ces lois, en matière de délinquance sexuelle, ont conduit à la dénaturation du suivi socio-judiciaire (1) et tenté de systématiser les traitements inhibiteurs de libido (2).

---

392 CARIO (R.), Médias et insécurité : entre droit d'informer et illusions sécuritaires, *Rec. Dalloz*, 2004, p.75

393 *Ibidem*

1. La dénaturation progressive du suivi socio-judiciaire

195. **La définition du suivi socio-judiciaire** – Le suivi socio-judiciaire est un : *« contrôle exercé sur un condamné par le JAP, afin de favoriser sa réinsertion sociale et de prévenir une récidive, qui est ordonné par la juridiction de jugement dans les cas prévus par la loi »*[394]. Cette peine, susceptible d'être prononcée à titre principal en matière délictuelle et complémentaire en matière criminelle, a été créée par la loi du 17 juin 1998[395]. Cette loi n'est pas une loi de circonstances, elle est le fruit d'une double réflexion juridique et thérapeutique concernant la prise en charge des AAS[396]. Le suivi socio-judiciaire n'a pas fait l'objet d'un accueil unanime en doctrine. Certains y voyaient une forme d'individualisation de la peine marquée par la sécurité plus que par la réinsertion[397]. Toutefois, la plupart des auteurs considèrent que cette loi instaurant le suivi socio-judiciaire marque le point de départ d'une politique pénale spécialisée en matière de délinquance sexuelle[398]. L'objectif de la mesure était de permettre une prise en compte médicale et judiciaire des auteurs d'infractions sexuelles, notamment à leur sortie de prison. En ce sens, un nouvel acteur est apparu : le médecin coordinateur. Ce dernier doit être un relais entre le médecin

---

394 CORNU (G.) et Association Henri CAPITANT (dir.), *Vocabulaire juridique*, *op. cit.*

395 Loi n°98-468 du 17 juin 1998 relative à la prévention et à la répression des infractions sexuelles ainsi qu'à la protection des mineurs

396 ALVAREZ (J.) et GOURMELON (N.), *La prise en charge pénitentiaire des auteurs d'agressions sexuelles : Un objet révélateur d'évolutions institutionnelles et professionnelles*, Rapport de recherche réalisée avec le soutien de la Mission de recherche Droit et justice, ENAP, novembre 2009

397 COUVRAT (P.), Le suivi socio-judiciaire, une peine pas comme les autres, *Rev. sc. crim.*, 1999, p.376

398 ALVAREZ (J.) et GOURMELON (N.), *La prise en charge pénitentiaire des auteurs d'agressions sexuelles : Un objet révélateur d'évolutions institutionnelles et professionnelles*, *op. cit.*

traitant, le JAP et le conseiller pénitentiaire d'insertion et probation.

196. **La dénaturation de la mesure** – Ensuite, avant même qu'un bilan puisse être dressé sur l'application et l'efficacité de la mesure, son champ d'application a été étendu à partir de 2005[399]. Désormais, les auteurs de crimes violents et de violences conjugales peuvent se voir condamnés au suivi socio-judiciaire. Cette extension du domaine d'application de la mesure a totalement dénaturé cette dernière. En effet, l'objectif de la mesure n'est alors plus la prise en charge pluridisciplinaire des AAS mais bien la longue surveillance (jusqu'à trente ans) des auteurs d'infractions graves considérés comme dangereux. Cette dénaturation du SSJ est concomitante à celle du fichier des auteurs d'infractions sexuelles (FIJAIS), applicable également aux infractions violentes (FIJAISV)[400]. La déspécialisation de la prise en compte des AAS est regrettable. En effet, les mesures créées l'ont été à la suite d'une réflexion juridique et thérapeutique. Or, la réflexion thérapeutique menée concernant les auteurs d'infractions sexuelles n'est pas transposable aux auteurs d'infractions violentes, ou du moins pas en totalité. Le suivi socio-judiciaire devient alors un mécanisme de surveillance post-carcérale. D'autres mécanismes viendront par la suite élargir cette surveillance.

197. **La relativité de la dénaturation de la mesure** – Aussi, le régime du SSJ a été modifié. Pour exemple, l'injonction de soins pouvait être comprise dans le cadre du SSJ en 1998, là où elle est devenue automatique par la loi du 10 août

---

399 Loi n°2005-1549 du 12 décembre 2005 relative au traitement de la récidive des infractions pénales ; Loi n°2007-297 du 5 mars 2007 relative à la prévention de la délinquance

400 Art. 28 de la loi n°2005-1549 du 12 décembre 2005

2007[401]. Cette évolution n'a rien de surprenant car la loi du 10 août 2007 avait pour objectif la mise en place de peines automatiques dans le but d'éviter la récidive. Enfin, la dénaturation juridique de la mesure doit être nuancée dans le sens où les mesures de suivi socio-judiciaire, dans la grande majorité, sont prononcées pour des infractions sexuelles. Dès lors, le fait que la mesure puisse n'avoir aucun caractère médical[402], regrettable en soi, est relativisé. Toutefois, il est important de constater que l'efficacité de la mesure est remise en cause par l'absence de formation des médecins traitants à la spécificité des AAS, et par la pénurie de médecins psychiatres en France[403]. Enfin, dans le cadre de l'injonction de soins qui est prononcée, la question de la castration chimique s'est posée, à la suite de faits divers. Dès lors, l'instauration de la possibilité de suivre un traitement susceptible d'entraîner une baisse de la libido a été opérée. Cette mesure a évolué, encore, par les lois de circonstances, et cette évolution a conduit à faire de cette mesure une condition de réinsertion.

2. Le traitement inhibiteur de la libido

198. **Le régime juridique du traitement inhibiteur de la libido** – Tout d'abord, la castration est : *« l'ablation ou la destruction d'un organe nécessaire à la reproduction »*[404]. La castration est une action physique, et nous n'emploierons pas le terme de castration chimique, pourtant évoqué dans les débats conduisant aux lois encadrant le régime du traitement inhibiteur de la libido. Il est clair qu'une prise en charge psycho-sociale des AAS est nécessaire à leur réinsertion. Néanmoins, la pulsion physique, biologique, fait également partie des facteurs, des

---

401 Art. 131-36-4 du C. pén. dans ses versions applicables au 18 juin 1998 et au 1er mars 2008

402 DESPORTES (F.), et LE GUNEHEC (F.), *Droit pénal général,* 16ème éd, Economica, collection Corpus, 2009

403 *Ibidem*

404 *Dictionnaire Le Grand Larousse illustré 2016*, *op. cit.*

causes de l'infraction sexuelle[405]. C'est à ce niveau que les médicaments qui diminuent ou inhibent la libido peuvent avoir une utilité. Pour autant, aujourd'hui, la CNCDH est hostile à ce type de traitement[406]. Depuis la loi du 12 décembre 2005 et en vertu de l'article L.3711-3 du Code de la santé publique, le médecin était autorisé à prescrire un médicament entraînant une diminution de la libido à une personne condamnée, même si ce médicament ne faisait pas l'objet d'une autorisation de mise sur le marché[407]. Cette dernière affirmation est surprenante et sera d'ailleurs supprimée par la loi du 25 février 2008[408].

199. **L'évolution de la prise en compte du consentement** – Sans se borner à évaluer la nécessité ni l'efficacité d'un tel traitement, c'est l'évolution de la prise en compte du consentement de la personne condamnée qui est intéressante. En effet, pour rappel, en vertu de l'alinéa 4 de l'article L.1111-4 du Code la santé publique : *« Aucun acte médical ni aucun traitement ne peut être pratiqué sans le consentement libre et éclairé de la personne et ce consentement peut être retiré à tout moment »*. Cette exigence du consentement, concernant l'injonction de soins prononcée dans le cadre du suivi socio-judiciaire, était respectée. En effet, dans l'ancienne version dudit article, la personne condamnée devait affirmer, par écrit, et au moins une fois par an qu'elle consentait à un tel traitement[409]. Depuis la loi du 10 mars 2010, marquant la continuité de la politique pénale de circonstances en matière de délinquance sexuelle, cette exigence a été retirée. En d'autres termes, aujourd'hui, le médecin

---

405 HERZOG-EVANS (M.), L'utilisation de médicaments pour traiter de la délinquance sexuelle, *AJ Pénal*, 2012, p.622

406 *Les violences faites aux femmes et les féminicides*, Avis de la CNCDH du 26 mai 2016

407 Version en vigueur au 13 décembre 2005

408 Version en vigueur au 27 février 2008

409 *Ibidem*

traitant peut, dans le cadre du suivi socio-judiciaire, imposer à une personne de suivre un traitement inhibiteur de libido. Il faut ici bien comprendre que, depuis la loi du 10 mars 2010, le médecin traitant a l'obligation d'informer le médecin coordinateur de l'interruption du traitement par la personne condamnée, si cette interruption intervient contre l'avis du médecin traitant. Le médecin coordinateur, lui, a l'obligation de transmettre cette information immédiatement au JAP. D'ailleurs, on ne peut que s'indigner de l'affirmation de cet alinéa 2 de l'article L.3711-3 du CSP qui affirme, en plus, que ces transmissions d'informations s'effectuent : *« dans le respect des dispositions relatives au secret médical »*. Comment le secret médical pourrait-il être respecté si le médecin traitant est obligé de le rompre ?

200. **Les conséquences de l'absence de traitement** – Enfin, l'absence de respect des obligations imposées par le suivi socio-judiciaire[410] peut conduire à l'application d'une peine d'emprisonnement allant jusque trois ans en matière délictuelle et sept ans en matière criminelle. Cela revient donc à obliger la personne condamnée à suivre ledit traitement. Nous ne remettons pas en question la possibilité d'utiliser un tel traitement. Toutefois, l'efficacité du traitement est subordonnée au consentement libre et éclairé de la personne condamnée[411]. Dès lors, la personne doit véritablement comprendre les effets du traitement et le suivre dans un objectif d'avancement, et non pour éviter une aggravation des sanctions pénales. Ce traitement doit nécessairement s'accompagner d'une prise en charge psycho-sociale efficace. En tout état de cause, ce n'est pas l'existence d'un traitement médical qui illustre la création du droit pénal de l'ennemi, mais la baisse d'importance accordée au consentement de la personne condamnée. Or, les

---

410 Art. 131-36-1 du C. pén.

411 HERZOG-EVANS (M.), L'utilisation de médicaments pour traiter de la délinquance sexuelle, *op. cit.*

mesures prononcées dans le cadre post-carcéral doivent faire l'objet d'une acceptation et d'une compréhension claire par la personne condamnée. L'évolution de la politique pénale ne va pas dans ce sens. Cette politique illustrée par les lois de circonstances marque la volonté de surveillance et d'élimination. Ce droit pénal de l'ennemi est fondé sur la notion de dangerosité, une notion bien trop incertaine pour en fonder l'ensemble des mesures de sûretés applicables à l'ennemi.

Conclusion du chapitre premier :

201. Le droit pénal de l'ennemi est un mouvement théorique. Ce mouvement justifie théoriquement la différence de régime pénal applicable aux citoyens délinquants et aux ennemis. Ce droit pénal applicable à l'ennemi ne prend alors plus en compte la notion de culpabilité, en passant par la dépersonnalisation voire la déshumanisation desdits ennemis. L'acceptation de cette dualité de régimes pénaux applicables permet de justifier des atteintes aux droits fondamentaux. Ces atteintes demeurent théoriques et procédurales. Néanmoins, on observe qu'en France, pays auto-proclamé des droits de l'Homme, on accepte de remettre en cause les droits et libertés fondamentaux dans certains cas. Les ennemis, en France, sont les personnes condamnées pour des infractions sexuelles et les personnes soupçonnées de participer à une entreprise terroriste. La théorie du droit pénal de l'ennemi justifie donc théoriquement l'existence de systèmes de droit pénal qui font varier l'application des droits de l'Homme à la circonstance que les personnes ayant commis des infractions pénales soient des ennemis ou non. Ces atteintes théoriques aux droits fondamentaux doivent être contestées. Au-delà de ces atteintes théoriques, des atteintes concrètes s'observent. En effet, le problème de l'acceptation d'un tel mouvement est qu'il conduit à adopter des mesures de surveillance voire d'élimination définitives. Alors, il est nécessaire de remettre en cause l'existence d'un tel droit pénal de l'ennemi.

Chapitre 2. Le traitement pénal de l'ennemi atteignant les droits et libertés fondamentaux

202. Le terme de traitement du délinquant illustre cette idée résultant du droit pénal de l'ennemi que la délinquance serait une maladie incurable. Les effets de cette vision conduisent ainsi à appliquer des régimes juridiques différents aux citoyens ordinaires et aux ennemis[412]. Cette vision différente a des incidences sur le traitement pénal de la personne condamnée, même après l'exécution de sa peine privative de liberté. Dès lors, la volonté d'éliminer définitivement l'ennemi est observable (Section 1) et la perpétuité réelle devient possible. L'instauration de mécanismes d'élimination définitive n'étant pas suffisante, les lois de circonstances permettent également une surveillance extrême des délinquants, des ennemis (Section 2). Ces mécanismes de surveillance vont à l'encontre des droits fondamentaux mais permettent, semble-t-il, de traiter la dangerosité des ennemis.

Section 1. L'élimination définitive de l'ennemi

203. Le traitement pénal du délinquant par les lois de circonstances est marqué par une répression croissante. L'apothéose d'un tel mouvement réside donc dans l'élimination définitive des délinquants. Cette élimination est prévue pour certains crimes. Le régime de l'application des peines prévoit que les personnes condamnées aient vocation à se réinsérer, tôt ou tard. Afin d'éviter cette réintégration de la société, plusieurs mécanismes existent. Durant la phase du procès pénal, la décision sur la période de sûreté et,

---

412 *Le renouveau de la sanction pénale – Evolution ou révolution*, JACOPIN (S.) (dir.) ; *op. cit.*

précisément, la possibilité de décider d'une période de sûreté perpétuelle (§1) permettent de rejeter l'hypothèse de la réinsertion. Après l'exécution de la peine, un dispositif de rétention de sûreté a été mis en place (§2). Ce dispositif permet de détenir une personne indéfiniment sur le fondement de sa dangerosité.

§1. La période de sûreté perpétuelle

204. Tout Etat signataire de la CESDH est tenu de permettre aux personnes condamnées à une peine de réclusion criminelle à perpétuité de pouvoir faire une demande de réintégration de la société (A). La politique pénale doit mettre en œuvre des mécanismes de réinsertion afin que ces condamnations pénales pour crime ne deviennent pas des premiers termes de récidive légale. Pour autant, le droit français a opté pour une autre possibilité en rendant effective la période de sûreté perpétuelle (B).

A. Les peines perpétuelles

205. Les peines encourues peuvent être perpétuelles et tel est le cas en droit français (1). Cependant, au niveau de l'exécution des peines, le caractère réel, incompressible d'une telle peine est prohibé par la CESDH (2). Chaque personne condamnée doit disposer, à un moment, du droit de demander le bénéfice d'une mesure d'aménagement de peine.

1. L'existence des peines perpétuelles en droit

206. **La légalité des peines perpétuelles** – Les peines perpétuelles existent. En France, la peine de réclusion criminelle à perpétuité existe. Pour exemple, en vertu de l'article 221-4 du Code pénal : *« Le meurtre est puni de la réclusion criminelle à perpétuité lorsqu'il est commis : 1° Sur un mineur de quinze ans... »*. Aussi, en vertu de l'article 421-3 du même code, la plupart des

actes de terrorisme[413], qui sont punis de trente ans de réclusion criminelle lorsqu'ils sont commis hors de ce cadre, sont punis de la réclusion criminelle à perpétuité lorsque le caractère terroriste de l'infraction est retenu.

207. **La réalité des peines perpétuelles** – Toutefois, le droit français connaît, concomitamment, de nombreux aménagements de peine. Concernant la peine de réclusion criminelle à perpétuité, l'article 729 du Code de procédure pénale dispose que : *« Pour les condamnés à la réclusion à perpétuité, le temps d'épreuve est de dix-huit années ; il est de vingt-deux années si le condamné est en état de récidive légale »*. Ainsi, la personne condamnée à perpétuité dispose de la possibilité de demander le bénéfice de la libération conditionnelle après 18 ou 22 ans de réclusion criminelle. Cet exemple de la libération conditionnelle illustre la possibilité pour toutes les personnes condamnées, même à une peine de perpétuité, de demander à réintégrer la société.

208. **La période de sûreté** – La période de sûreté a été créée par la loi du 22 novembre 1978[414], en réponse à un fait divers criminel[415]. Elle permet d'empêcher les personnes condamnées de bénéficier d'un aménagement, d'un fractionnement de peine ou de l'application d'un régime de semi-liberté durant un temps donné. Au-delà, la personne condamnée peut demander le bénéfice de ces mesures, et notamment de la liberté conditionnelle.

En tout état de cause, les peines perpétuelles ont une existence légale mais sont censées être remises en cause, notamment lorsque les personnes condamnées manifestent des gages de

---

413 Par opposition aux actes de soutien au terrorisme tels que définis dans le chapitre 1, et tenant compte de l'inapplication à l'article 421-2 relatif à l'introduction de substances toxiques dans l'atmosphère dans un but terroriste

414 Loi n°78-1097 du 22 novembre 1978 modifiant certaines dispositions du C. pr. pén.

415 PONCELA (P.), Peines et prisons : la régression, *Rev. sc. crim.*, 2016, p.565

réinsertion ou manifestent un intérêt pour l'indemnisation de la victime[416]. Le régime de l'application des peines perpétuelles est contrôlé par la CEDH qui exige que les personnes condamnées voient leur situation examinée en vue d'une possible réinsertion.

2. L'exigence conventionnelle en matière de perpétuité

209. **La vision de la CEDH sur les peines perpétuelles** – La jurisprudence de la Cour est très claire dans le domaine de la perpétuité des peines. Il est question de la possibilité offerte au condamné de voir sa situation examinée en vue de sa réinsertion dans la société. Dans un premier temps, en 2008, elle affirmait l'autonomie des régimes et des choix des politiques pénales nationales par la formule : *« Le choix que fait l'Etat d'un régime de justice pénale, y compris le réexamen de la peine et les modalités de libération, échappe en principe au contrôle européen exercé par elle [La Cour] »*[417]. Pour autant, la CEDH affirme également que : *« Pour demeurer compatible avec l'article 3, une peine perpétuelle doit offrir à la fois une chance d'élargissement et une possibilité de réexamen »*[418]. L'exigence est posée. La Cour reconnaît la compétence nationale des Etats de déterminer leur régime de politique pénale et d'application des peines. Toutefois, elle exige que toutes les personnes condamnées puissent demander l'application d'un aménagement de peine. L'absence de respect de cette obligation est contraire à l'article 3 de la Convention. Pour rappel, cet article prohibe les actes de tortures et les traitements inhumains et dégradants. Par cet arrêt, sur le fondement de l'article 3, la juridiction européenne des droits de l'Homme prohibe les peines perpétuelles incompressibles. Ce caractère compressible, selon la Cour, s'observe par un possible réexamen du caractère perpétuel de la sanction dans

---

416 Art. 729 du C. pr. pén.

417 CEDH Kafkaris c/ Chypre du 12 février 2008, requête n°21906/04

418 CEDH Vinter c/ Royaume-Uni du 9 juillet 2013, requête n°66069/09

un délai de vingt-cinq ans à compter du prononcé de la peine[419]. La question est alors de savoir si le droit français respecte cette dernière exigence.

210. **Le contrôle de l'application du régime français** – En vertu de l'article 720-4 du Code de procédure pénale, ce réexamen peut avoir lieu après une durée de trente ans lorsque la condamnation à la réclusion criminelle à perpétuité est accompagnée d'une période de sûreté perpétuelle. Ce régime est donc contraire à l'exigence posée par l'arrêt VINTER[420]. Pour autant, dans un arrêt traitant du régime français, la CEDH utilise le temps de la détention provisoire, soit quatre ans dans le cas d'espèce, pour affirmer que la personne condamnée aura la possibilité de demander le réexamen de sa situation vingt-six ans après le prononcé de la peine[421]. Ainsi, cela lui permet de ne pas sanctionner le régime français sur ce point. Certes, la CEDH sanctionne l'utilisation des peines perpétuelles incompressibles. Toutefois, de son propre aveu, elle explique qu'elle ne peut pas juger la mesure par la formule : *« La Cour ne peut spéculer sur les résultats d'un tel mécanisme, faute d'applications concrètes à ce jour de celui-ci »*[422]. La logique est que la Cour se prononce sur l'application de la mesure et non sur son existence et son régime légal. En effet, la Cour aborde cette question du caractère compressible des peines de perpétuité de façon très concrète. Au moment de la condamnation pénale, l'effectivité de la possibilité de bénéficier d'un aménagement de peine ne peut pas être observée. Le contrôle de la CEDH s'opère donc concrètement au moment où la personne demande le bénéfice de ces dispositifs. En ce sens, la Cour exige que les critères soient objectifs et préalablement définis. Aussi, elle refuse d'admettre un système qui constate

---

419 *Ibidem*

420 *Ibidem*

421 CEDH Bodein c/ France du 14 novembre 2014, requête n°40014/10

422 *Ibidem*

la dangerosité perpétuelle d'une personne et lui refuse tout aménagement de peine pour cette raison dès lors qu'aucune possibilité de traitement médical n'a été envisagée[423]. En d'autres termes, si la dangerosité psychiatrique d'un détenu peut justifier l'absence d'aménagement de peine, c'est à la condition que celui-ci ait pu bénéficier de traitements psychologiques ou psychiatriques durant le temps de son incarcération. Or, concrètement, l'évolution de la procédure de la période de sûreté perpétuelle française permet d'affirmer qu'elle est une garantie d'élimination définitive de la société.

B. La réalité de la perpétuité en matière de terrorisme

211. La personne condamnée à une peine de réclusion criminelle à perpétuité assortie d'une période de sûreté perpétuelle a la possibilité de demander le réexamen de sa situation après trente ans d'incarcération (1). En matière de terrorisme, une procédure exorbitante de droit commun permet de garantir l'élimination définitive de la personne condamnée (2).

1. L'existence d'une procédure de réexamen de la situation

212. **La nature de la période de sûreté** – La période de sûreté est, précisément, une modalité d'exécution de la peine privative de liberté[424]. Cette modalité correspond à la partie de la peine que la personne condamnée doit effectivement subir avant de pouvoir bénéficier d'un aménagement de peine. La durée de la période de sûreté est encadrée par l'article 132-23 du Code pénal. La lecture de cet article amène à affirmer que la durée maximale de la période de sûreté est de vingt-deux ans. Dans de rares cas[425], cette durée peut être portée à trente

---

423 CEDH Murray c/ Pays-Bas du 26 avril 2016, requête n°10511/10

424 Cass. crim, 10 décembre 1980, n°80.92-358

425 Art. 221-3 et 221-4 du C. pén. notamment

ans. Aussi, le Législateur explique que la cour d'assises peut : *« décider qu'aucune des mesures énumérées à l'article 132-23 ne pourra être accordée au condamné ; en cas de commutation de la peine, et sauf si le décret de grâce en dispose autrement, la période de sûreté est alors égale à la durée de la peine résultant de la mesure de grâce »*. Cette formule concrétise la possibilité de condamner le criminel à une peine de réclusion criminelle à perpétuité assortie d'une période de sûreté perpétuelle.

213. **L'apport de la loi du 3 juin 2016** – La loi du 3 juin 2016[426], sur la forme, a été promulguée quatre mois après le dépôt de son projet sur lequel le Gouvernement avait engagé la procédure accélérée. L'article 11 de cette loi de circonstances a créé l'article 421-7 du Code pénal. Cet article permet à la cour d'assises de prononcer une peine de réclusion criminelle à perpétuité assortie d'une période de sûreté perpétuelle. Le Législateur a donc opté pour une extension du domaine de la période de sûreté perpétuelle aux crimes de terrorisme. Il convient de rappeler que la fin de la période de sûreté ne signifie pas que la personne condamnée va pouvoir sortir de prison. Cela signifie simplement qu'elle pourra en faire la demande. À cet effet, le Législateur va encore plus loin en créant une procédure exorbitante de droit commun concernant la demande de relèvement de la période de sûreté perpétuelle. Cette procédure est décrite à l'article 720-5 du Code de procédure pénale. Le tribunal de l'application des peines peut réduire la période de sûreté perpétuelle après avoir reçu l'avis d'une commission composée de cinq membres de la Cour de cassation à cinq conditions. L'avis de ladite commission est un moyen de ralentir la procédure. Il est également clair que

---

426 Loi n°2016-731 du 3 juin 2016 renforçant la lutte contre le crime organisé, le terrorisme et leur financement, et améliorant l'efficacité et les garanties de la procédure pénale

ces cinq conditions, tenant ou non à la personne du condamné, ne peuvent pas être remplies[427].

2. La procédure exorbitante en matière de terrorisme

214. **Les conditions de la procédure** – Les conditions relatives à la personne condamnée sont qu'elle ait subi une incarcération d'au moins trente ans, qu'elle manifeste des gages sérieux de réadaptation sociale et que la réduction de la période de sûreté ne soit pas susceptible de causer un trouble grave à l'ordre public. Les conditions extérieures à la personne condamnée sont le recueil de l'avis des victimes et de celui d'un collège de trois experts chargés d'évaluer la dangerosité de la personne. On entend par victimes les parties civiles au procès[428]. Concernant les conditions tenant à la personne condamnée, il est évident qu'une personne incarcérée pendant plus de trente ans ne peut pas manifester des gages sérieux de réadaptation sociale. De même, il est clair que l'absence de risque de trouble à l'ordre public ne peut pas être garantie[429]. Ensuite, l'exigence du recueil de l'avis de la victime ou de ses représentants est surprenante. Ce type d'avis est demandé dans le cadre des mesures d'exécution des peines conduisant à la sortie de l'établissement pénitentiaire[430]. En d'autres termes, l'avis de la victime sera recueilli pour savoir si la personne condamnée a le droit de faire une demande de libération conditionnelle, demande au cours de laquelle l'avis de la victime sera également recueilli. Enfin, l'évaluation de la dangerosité est entendue. Pour rappel, cette évaluation est problématique en soi. Sans préjuger de l'impartialité des experts, il est difficile d'envisager qu'ils déclarent une personne condamnée pour terrorisme non dangereuse en engageant

427 PONCELA (P.), Peines et prisons : la régression, *op. cit.*

428 Art. 720 du C. pr. pén.

429 PONCELA (P.), Peines et prisons : la régression, *op. cit.*

430 *Ibidem*

leur responsabilité. L'ensemble de ces conditions permet de garantir l'effectivité de la période de sûreté perpétuelle.

215. **L'analyse des conditions** – Cet ensemble de conditions, dont on peut supposer qu'il ne sera jamais rempli, est surprenant au regard de la procédure déjà existante. En effet, la procédure précédemment exposée s'applique par dérogation à l'article 720-4 du Code de procédure pénale. La combinaison des alinéas 3 et 4 dudit article permet déjà d'affirmer qu'une personne condamnée à une peine de réclusion criminelle à perpétuité, assortie d'une période de sûreté perpétuelle ne peut demander le relèvement de cette mesure qu'à deux conditions. Ces deux conditions sont le fait d'avoir subi au moins trente ans d'incarcération et qu'un collège de trois experts se prononce sur l'état de dangerosité de la personne condamnée. La dérogation à cette procédure, spécifique aux infractions terroristes, illustre parfaitement les effets du droit pénal de l'ennemi. Ainsi, toute personne qui a commis un crime pour lequel elle a été condamnée à une peine de réclusion criminelle à perpétuité assortie d'une période de sûreté perpétuelle a une possibilité d'en demander le relèvement. Ce relèvement est déjà très difficile à obtenir. La personne condamnée pour une infraction de terrorisme, l'ennemi, devra suivre une procédure dont l'aboutissement est impossible.

216. **La réalité de la procédure** – L'existence de cette procédure permet de respecter la jurisprudence de la CEDH précédemment expliquée relativement aux peines perpétuelles en offrant textuellement une possibilité de voir la situation de la personne condamnée étudiée. Cette procédure rompt clairement avec la fonction de réinsertion, de réadaptation de la peine. Elle permet également d'appliquer une peine perpétuelle fondée sur la dangerosité alors que les infractions de terrorisme sont écartées du champ d'application de la rétention de sûreté. À cet effet, le même paradoxe peut être observé. Si après trente années de détention, il est manifestement impossible de réinsérer une personne, c'est aussi parce

que la politique carcérale n'a pas été efficace. Dès lors, prolonger la durée de l'incarcération devient inutile. Il ne s'agit pas d'envisager une sortie sèche fondée sur l'absence d'efficacité de la politique carcérale, mais d'envisager l'opportunité de changer de méthode. La perpétuité réelle ne doit pas être la solution, ni en matière de terrorisme, ni pour les autres crimes.

§2. La rétention de sûreté

217. La rétention de sûreté est également un dispositif illustrant parfaitement la consécration du droit pénal de l'ennemi par les lois de circonstances. Durant l'été 2007, l'affaire Francis EVRARD heurte l'opinion publique et le Gouvernement[431]. Dans un contexte où la loi de circonstances créant un dispositif d'automaticité des peines n'est toujours pas applicable, un nouveau projet de loi est élaboré et déposé le 28 novembre devant l'Assemblée nationale. Le 3 janvier 2008, le Gouvernement déclare l'urgence[432] sur ce projet de loi. Le 25 février 2008, soit 51 jours plus tard, la loi instaurant la rétention de sûreté est votée[433]. Cette loi crée un dispositif qui permet de maintenir une personne en détention indéfiniment si sa dangerosité n'a pas été soignée après l'exécution de sa peine (A). Ainsi, si durant vingt ans une personne condamnée subit un échec de traitement, elle peut être condamnée à demeurer indéfiniment détenue (B), par prévention.

A. La création du dispositif

218. Bien qu'elle ait initialement été conçue pour bénéficier du régime des mesures de sûreté, la rétention de sûreté est une mesure de sûreté qui doit respecter le régime des peines (1). Théoriquement, cette peine peut demeurer perpétuelle (2).

---

431 LAZERGES (C.), La rétention de sûreté : le malaise du Conseil constitutionnel, *Rev. sc. crim.*, 2008, p.731

432 Ancêtre de la procédure accélérée

433 Loi n°2008-174 du 25 février 2008 relative à la rétention de sûreté et à la déclaration d'irresponsabilité pénale pour cause de trouble mental

1. La nature de la rétention de sûreté

219. **Le cadre légal de la mesure** – La mesure de rétention de sûreté est régie par les articles 706-53-13 à 706-53-22 du Code de procédure pénale. Concrètement, ce dispositif prévoit que si une personne est condamnée à une peine de plus de quinze ans de réclusion criminelle[434] et que l'évaluation de sa dangerosité après l'exécution de sa peine conclut à une probabilité très élevée de récidive, elle soit placée dans un centre socio-médico-judiciaire de sûreté. Cette possibilité doit avoir été prévue par la cour d'assises prononçant la condamnation. C'est la juridiction régionale de la rétention de sûreté qui, sur avis d'une commission pluridisciplinaire des mesures de sûreté, décide de placer la personne dans un centre socio-médico-judiciaire de sûreté. Cette décision de la JRRS peut faire l'objet d'un recours devant la juridiction nationale des mesures de sûreté.

220. **La non-rétroactivité de la mesure** – Les motifs de la décision de placement doivent se trouver dans l'évaluation de la dangerosité, entreprise un an avant la date de sortie prévue de la personne condamnée. Aussi, la juridiction doit vérifier que la personne condamnée ait pu bénéficier d'un traitement tout au long de son incarcération. L'objectif de cette mesure serait le traitement du délinquant. En ce sens, la rétention de sûreté aurait pu être qualifiée de mesure de sûreté. D'ailleurs, ladite mesure avait vocation à s'appliquer rétroactivement. C'est le Conseil constitutionnel qui, se fondant justement sur le caractère privatif de liberté de la mesure, a décidé de rejeter toute forme de rétroactivité dans ce cadre[435]. Le Conseil constitutionnel a alors rempli son rôle de garant des principes constitutionnels, sans se laisser convaincre par

---

434 Le domaine d'application est précisé par les art. 706-53-13 et 706-53-14 du C. pr. pén.

435 Décision n°2008-562 DC du 21 février 2008

l'émotion encadrant la création du dispositif évoqué. Dans un contexte où les lois de circonstances ne font pas toutes l'objet d'un contrôle constitutionnel, il faut reconnaître que là, les sages ont honoré leur nom. Sans requalifier la mesure de mesure de sûreté en peine, ils appliquent justement le régime des peines à la rétention de sûreté[436]. D'ailleurs, et pour rappel, ce dispositif est une peine au sens des critères dégagés par la CEDH et au regard de sa position sur le régime de la détention de sûreté allemande[437]. En effet, la mesure permettant l'application d'une privation de liberté indéfiniment renouvelable, il est important que cette dernière subisse l'application du principe de non-rétroactivité de la loi pénale plus sévère. Donc, la rétention de sûreté est une mesure mixte, qualifiée de mesure de sûreté et respectant le régime des peines.

2. Le possible caractère perpétuel de la mesure

221. **La réalité de la mesure de rétention de sûreté** – La prise en compte pluridisciplinaire des détenus cache une réalité acquise. L'objectif de la rétention de sûreté est en réalité de fonder une mesure perpétuelle sur la dangerosité, encore. Pour rappel, l'évaluation de la dangerosité est très controversée et les experts peuvent se contredire. Encore, cette mesure illustre les effets du droit pénal de l'ennemi. La position envisagée par le Législateur est de trouver un moyen juridique de permettre l'élimination définitive des criminels, et en particulier des criminels récidivistes. Et, en vertu de l'article 706-53-16 alinéa 2 du Code de procédure pénale : *« La rétention de sûreté peut être renouvelée, après avis favorable de la CPMS, selon les modalités prévues par l'article 706-53-15 et pour la même durée, dès lors que les conditions prévues par l'article 706-53-14 sont toujours remplies »*. Le caractère perpétuel de la mesure s'illustre à cet égard par la possibilité de renouveler la mesure indéfiniment. Il ne s'agit

---

436 LAZERGES (C.), La rétention de sûreté : le malaise du Conseil constitutionnel, *op. cit.*

437 CEDH Mc/ Allemagne du 17 décembre2009, requête n°19395/04

pas d'une peine perpétuelle au sens de la CESDH car, ici, la dangerosité est évaluée tous les ans. Or, l'exigence posée par la Cour est que, dans le cadre des peines perpétuelles, la situation de la personne soit réexaminée. Néanmoins, on ne peut que constater que la volonté première de la mesure n'est pas le traitement médical de la personne condamnée.

222. **L'exigence de la prise en charge médicale** – En ce sens, il est essentiel de revenir sur l'une des conditions relatives à l'application de cette mesure susceptible d'être indéfiniment prolongée. En vertu de l'article 706-53-15 alinéa 3 du Code de procédure pénale : *« La juridiction régionale de la rétention de sûreté ne peut prononcer une rétention de sûreté qu'après avoir vérifié que la personne condamnée a effectivement été mise en mesure de bénéficier, pendant l'exécution de sa peine, d'une prise en charge médicale, sociale et psychologique adaptée au trouble de la personnalité dont elle souffre »*. Or, si la personne condamnée a effectivement bénéficié d'une prise en charge médicale, le constat de sa dangerosité marque manifestement l'inefficacité de cette prise en charge. Et, c'est vers une prise en charge du même ordre que la rétention de sûreté orienterait cette personne.

B. L'aveu d'impuissance concrétisé par la mesure

223. Ce que nous nommons *« effet pervers »* peut s'entendre au niveau carcéral comme au niveau médical. Il s'agit de comprendre que pour remédier à l'inefficacité d'une mesure, cette mesure est indéfiniment prolongée et appliquée. Cela s'observe dans le cadre de la rétention de sûreté (1) et dans le cadre de la politique carcérale. On ne peut que constater que le fait divers ayant conduit à l'adoption de la mesure laisse plus supposer qu'il existe une carence en soins psychiatriques en détention que de la nécessité d'une rétention perpétuelle (2).

1. L'effet pervers de la rétention de sûreté

224. **Le caractère conditionnel de l'étude de la mesure** – L'étude des conséquences de la rétention de sûreté ne peut

se faire qu'au conditionnel. En effet, le caractère non rétroactif de la mesure décale longuement son effectivité. Ensuite, il faut remarquer que cette mesure a un objectif légal curatif. Le but est de réduire et de tenter de supprimer la dangerosité de la personne. Parallèlement, c'est un moyen d'éliminer définitivement de la société les personnes qui risquent de la troubler.

225. **L'absence de justification de la mesure** – À la lecture de la procédure de décision de placement de la personne en rétention de sûreté, on ne peut s'empêcher de remarquer qu'il est nécessaire que la personne ait pu bénéficier de soins en prison. Or, outre les problématiques de budgets et de carences de soins psychiatriques en détention, cette procédure revient à affirmer que pour remédier à l'inefficacité du traitement proposé en détention, une procédure similaire de soins sera mise en place. En effet, d'un côté, on peut considérer que la mesure de rétention de sûreté permet d'assurer un traitement médical mieux adapté à la personne condamnée. Dans ce cas, la question est de savoir pourquoi ne pas le faire plus tôt. Si nous sommes conscients de ce problème, cela revient à considérer que la personne condamnée n'a pas eu la possibilité effective de se soigner et, partant, que la mesure de rétention de sûreté ne doit pas être prononcée. D'un autre côté, on peut considérer que la mesure de rétention de sûreté s'inscrit dans la continuité des soins dont la personne bénéficiait durant son incarcération. Là, on peut se demander pourquoi un traitement inefficace durant plus de quinze ans le serait parce qu'il a changé de nom. Dans tous les cas, le principe même de la rétention de sûreté constitue un aveu d'impuissance relativement au traitement médical en prison et particulièrement concernant les soins psychiatriques. Cet aveu d'impuissance s'observe à cet égard au regard de la situation pénale et médicale de l'homme ayant scandalisé l'opinion publique en 2007. Il n'est évidemment pas question d'affirmer que cet homme ne présentait aucune dangerosité. Pour autant,

le nombre d'années passées en détention par cet homme manifeste bien que ce n'est pas par la privation de liberté que la dangerosité peut se traiter. La privation de liberté permet de neutraliser les personnes mais elle ne leur permet que dans de rares cas de se réinsérer.

2. La rétention de sûreté face au fait divers le justifiant

226. **Le fait divers ayant justifié la mesure** – Le cas de Monsieur Francis EVRARD est intéressant pour deux raisons. D'une part, c'est ce cas qui a conduit à l'élaboration de la mesure de rétention de sûreté, afin de paralyser toute possibilité de sortie pour une personne condamnée à plusieurs reprises pour des crimes sexuels. La carrière criminelle de Monsieur EVRARD, en 2007, était marquée par plus de trente ans de détention, et des cas de récidives quasi instantanées après chacune de ses sorties de prison. Or, au cours de ses longues peines, il n'a pas eu la possibilité de bénéficier de traitements, qu'ils soient psychiatriques ou non[438]. La raison ne se trouve pas dans l'absence de dispositif applicable mais dans le manque de moyens des services pénitentiaire et judiciaire. Ainsi, sa sortie de prison n'a pas été décemment accompagnée[439]. Dès lors, le fait que le Législateur introduise une nouvelle mesure qui aurait pour but de permettre un traitement médical des personnes condamnées pour des crimes graves après l'exécution de leur peine est un non-sens. Déjà, il serait opportun de permettre que les services compétents accompagnent l'exécution de la peine, par des traitements si ceux-ci s'avèrent nécessaires, et par un accompagnement de la sortie de prison. Les sorties sèches doivent être évitées.

227. **L'objectif inavoué d'élimination de l'ennemi** – C'est en ce sens et pour toutes les raisons évoquées que nous affirmons que la mesure de rétention de sûreté n'est pas une

---

438 LAZERGES (C.), La rétention de sûreté : le malaise du Conseil constitutionnel, *op. cit.*

439 *Ibidem*

mesure de sûreté destinée à permettre un traitement médical des personnes condamnées si leur dangerosité est constatée. Cette mesure, en réalité, vise à éliminer définitivement de la société les personnes ayant commis des crimes graves. Bien entendu, nous ne préconisons pas une sortie sèche des personnes dont la dangerosité semble caractérisée. Néanmoins, le problème semble résider dans les conditions de prise en compte de ces personnes. On ne comprend pas l'ennemi donc on l'élimine de la société. Nous pensons que c'est tout le régime de la peine privative de liberté qui doit être réfléchi. La prison est nécessaire dans certains cas, mais elle ne doit pas impliquer une déshumanisation des personnes qui s'y trouvent[440]. L'élimination définitive peut être remise en cause par des mécanismes de liberté surveillée, effectivement surveillée. Pour autant, les évolutions récentes de la politique pénale, par les lois de circonstances, conduisent plus à un abus de surveillance qu'à une surveillance effective et utile. Ainsi, lorsque les mécanismes d'élimination définitive ne sont pas applicables, le droit français permet une surveillance abusive et perpétuelle des ennemis.

Section 2. La surveillance abusive de l'ennemi

228. Lorsque l'élimination de l'ennemi s'avère délicate, c'est-à-dire juridiquement impossible, la question du traitement de la personne dangereuse se pose. La réponse apportée par le droit pénal de l'ennemi, et observable en droit français, est marquée par la création de mesures de surveillances, fondées sur la dangerosité. La surveillance correspond à l'action de surveiller, qui est le fait d'*« observer attentivement quelqu'un, quelque chose pour les contrôler »*[441]. Dans le cadre pénal, la surveillance peut être préventive, afin de contrôler la légalité des actes de certaines personnes. Aussi, elle peut consister en une

---

440 DELMAS-MARTY (M.), Sécurité et dangerosité, *RFDA*, 2001, p.1096

441 *Dictionnaire Le Grand Larousse illustré, op. cit.*

recherche de preuves, relevant alors du travail d'enquête. Ce que l'on nomme milieu fermé correspond à l'univers carcéral. Les personnes détenues se trouvent en milieu fermé. Le milieu ouvert correspond à la société. Les personnes ne faisant pas l'objet d'une mesure de privation de liberté sont en milieu ouvert. La surveillance, elle, s'opère autant dans ces deux cadres. Concernant le milieu ouvert, nous nous intéressons prioritairement à la surveillance des personnes après l'exécution de leurs peines (§1), plutôt qu'au travail d'enquête. En milieu fermé, la surveillance prend plusieurs formes et dégrade les conditions de détention (§2).

§1. La surveillance en milieu ouvert

229. Lorsque l'élimination définitive n'est pas juridiquement concevable, un mécanisme de surveillance perpétuelle lui est substitué (A). De nombreux dispositifs de surveillance existent. Ces dispositifs, créés par des lois de circonstances, sont délicats à articuler d'autant que leurs effets sont similaires (B). L'objectif est alors de permettre la surveillance de tous les ennemis qui arrivent à l'expiration de leur peine privative de liberté.

A. La surveillance perpétuelle des délinquants sexuels

230. A l'image de la rétention de sûreté, une mesure de surveillance a été créée. Là, bien qu'il ne soit pas question d'élimination, le caractère perpétuel de la mesure est susceptible d'être appliqué (1). De plus, il est important de rappeler que la tendance actuelle à créer des fichiers d'identification et de classification des délinquants s'applique également aux auteurs d'infractions sexuelles (2).

1. La surveillance perpétuelle de l'ennemi

231. **La justification de la mesure** – À la différence du régime applicable en matière de terrorisme, l'élimination définitive des personnes condamnées pour une infraction sexuelle

est délicate à assumer. Le problème réside dans l'association de considérations médicales et pénales. Dès lors, juridiquement, la mesure de rétention de sûreté est susceptible de prendre fin. Aussi, sur le même fondement, la mesure de surveillance de sûreté a été créée concomitamment à la rétention de sûreté. Les obligations qui découlent du prononcé de ladite mesure sont les mêmes que celles applicables dans le cadre de la surveillance judiciaire. La création de la rétention de sûreté s'est donc accompagnée d'une mesure de surveillance de sûreté. L'article 706-53-19 du Code de procédure pénale prévoit en ce sens qu'en cas d'absence de prolongation ou de fin d'application de la mesure de rétention de sûreté, une mesure de surveillance de sûreté puisse être décidée. La procédure de décision de placement sous surveillance de sûreté est similaire à celle de rétention de sûreté. Ainsi, c'est également la JRRS qui peut décider du placement sous surveillance de sûreté. L'une des différences entre les deux mesures réside dans la durée de placement. Là où la rétention de sûreté est décidée pour un an[442], la surveillance de sûreté peut être décidée pour deux ans[443]. Cette différence, légère, s'explique par le fait que la rétention de sûreté soit privative de liberté, là où la surveillance de sûreté n'est que restrictive de liberté.

232. **Le régime juridique de la mesure** –Le caractère perpétuel de la mesure est assimilable à celui de la rétention de sûreté. En effet, là encore, la mesure est renouvelable sans limitation de durée. Ainsi, lorsqu'une personne est condamnée pour une infraction entrant dans le champ d'application de ces mesures, elle est susceptible d'être indéfiniment contrôlée. Cette mesure va également dans le sens du droit pénal de l'ennemi car on considère ici qu'il est nécessaire de pouvoir surveiller indéfiniment les délinquants sexuels. Cette affirmation paraît inconcevable pour les citoyens délinquants. De

---

[442] Art. 706-53-16 du C. pr. pén

[443] Art. 706-53-19 du C. pr. pén.

plus, le régime de la surveillance de sûreté prévoit qu'en cas de manquement aux obligations prononcées, la personne soit placée de nouveau en rétention de sûreté. Dès lors, le régime de la surveillance de sûreté est similaire à celui de l'exécution des peines. Le non-respect des obligations prononcées dans le cadre de la surveillance judiciaire ou du sursis avec mise à l'épreuve est susceptible de conduire à l'emprisonnement. Dans le cadre de la surveillance de sûreté, la sanction est le placement en rétention de sûreté. Pour rappel, nous étudions le cas de personnes qui ont déjà effectivement exécuté l'intégralité de la peine prononcée par la juridiction de jugement. Cette mesure s'inscrit alors dans la continuité de la politique pénale de l'ennemi et permet de s'assurer qu'une personne qui a été condamnée pour une infraction sexuelle grave fasse indéfiniment l'objet d'une injonction de soins. Or, il est utile de rappeler l'intérêt des théories cognitivo-comportementales d'évaluation de la dangerosité. En effet, dans ces théories, l'adhésion de la personne au traitement est primordiale. Concernant le régime français, il est question de la privation puis de la restriction de liberté définitive. L'adhésion de la personne n'est pas une condition nécessaire à l'application de ces mesures. Cette évolution de la politique pénale de l'ennemi s'illustre également au travers de la multiplication des fichiers et des obligations qui en découlent.

2. Le fichage des ennemis

233. **Les fichiers** – Le FIJAIS a été créé par la loi du 9 mars 2004[444]. Ce fichier tendait à poursuivre le mouvement de spécialisation de la prise en compte des personnes condamnées pour une infraction sexuelle, initié par la création du suivi socio-judiciaire. Parallèlement à la dénaturation dudit suivi socio-judiciaire, le FIJAIS est devenu le FIJAISV, et intègre depuis les infractions violentes. Bien que ce fichier n'ait pas

---

[444] Loi n°2004-204 du 9 mars 2004 portant adaptation de la justice aux évolutions de la criminalité

été créé par une loi entrant dans le cadre de notre étude, les modifications du régime applicable à l'inscription au FIJAISV l'ont été dans ce cadre. La tendance au fichage peut s'illustrer de deux façons. D'une part, deux fichiers ont été créés afin de développer les techniques de police scientifique. Ce sont le FAED et le FNAEG, qui répertorient les empreintes digitales et génétiques. Ces données permettent aux techniciens d'identification criminelle de la Gendarmerie nationale et aux techniciens de la police technique et scientifique de la Police nationale de faire correspondre les empreintes qu'ils collectent sur les scènes de crimes aux données répertoriées. L'utilité de ces fichiers ne fait pas débat. D'autre part, les fichiers regroupant des informations relatives à certains types de personnes existent. Là, on ne peut qu'observer que de tels fichiers n'existent que dans le cadre du terrorisme[445] et de la délinquance sexuelle[446]. Avant de regarder la justification de l'existence de tels fichiers, on peut remarquer que ces personnes font l'objet d'un traitement pénal spécial. Cela manifeste, encore, l'effectivité du droit pénal de l'ennemi.

234. **Les obligations découlant de l'inscription au FIJAIS** – Concernant les obligations qui découlent de l'inscription au FIJAISV, il faut reconnaître qu'elles ne sont pas attentatoires des droits et libertés fondamentaux. En effet, la personne condamnée est tenue de justifier son adresse et d'informer les autorités de ses changements d'adresse[447]. Nous remarquons que pour les personnes condamnées pour les infractions les plus graves, la justification de l'adresse doit s'effectuer par la présentation au commissariat ou au poste de gendarmerie de son domicile[448]. En revanche, il est également prévu que si la dangerosité de la personne le justifie, ou en cas

---

445 Art. 706-25-3 à 706-25-14 du C. pr. pén.

446 Art. 706-53-1 à 706-53-12 du C. pr. pén.

447 Art. 705-53-5 al. 1 et 2 du C. pr. pén.

448 Art. 706-53-5 al.3 du C. pr. pén.

de récidive légale, la juridiction de jugement ou le JAP exige que cette justification soit mensuelle[449]. Cette exigence n'est pas soumise à l'évaluation de la dangerosité de la personne. Il semble que si cette dangerosité existe, ce n'est en aucun cas la présentation mensuelle devant les autorités qui serait susceptible de réduire le risque de récidive. En tout état de cause, le régime du FIJAISV n'est pas parfait, notamment au regard de l'absence d'effacement des données en cas de réhabilitation[450]. Toutefois, il faut reconnaître qu'au-delà de la présentation mensuelle de la personne, la restriction de liberté opérée est proportionnée à l'objectif poursuivi. Dès lors, on peut remarquer que les mesures caractérisant le droit pénal de l'ennemi n'atteignent pas toutes de façon démesurée les droits et libertés fondamentaux de la personne condamnée. Elles permettent à tout le moins de manifester la volonté de surveillance de ces ennemis potentiels qu'il serait délicat d'éliminer de façon définitive.

B. L'articulation des mesures de surveillance des ennemis potentiels

235. Nous traitons des ennemis potentiels car il est question de personnes qui ont exécuté leur peine en partie ou en totalité. La surveillance s'opère à plusieurs niveaux, que ce soit dans le cadre de l'exécution de la peine ou de la surveillance post-carcérale. À l'image de l'augmentation constante du *quantum* des peines légales, la surveillance judiciaire (A) est une mesure qui va dans le sens de la restriction constante des libertés de la personne. Aussi, la similarité des régimes de la surveillance judiciaire et du suivi socio-judiciaire permet de remettre en cause l'intérêt de la coexistence des deux mesures (B).

---

449 *Ibidem*

450 Art. 705-53-4 du C. pr. pén.

1. La surveillance judiciaire

236. **La création de la mesure** – Le 12 décembre 2005, par une loi de circonstances, le Législateur créait la surveillance judiciaire. Cette mesure de sûreté a pour objet exclusif de prévenir la récidive et s'applique aux personnes condamnées à une peine privative de liberté de dix ans ou plus. Cette mesure s'applique également aux personnes ayant été condamnées pour un crime ou un délit pour lequel le suivi socio-judiciaire est encouru[451]. Le fondement du placement sous surveillance judiciaire se trouve dans le risque de récidive de la personne qui est constaté par une expertise médicale. Les modalités de cette expertise ne sont pas légalement définies. Concernant la durée du placement sous surveillance judiciaire, il faut remarquer la prise en considération de la peine prononcée. En effet, cette durée ne peut excéder celle des aménagements et réductions de peine dont la personne aura bénéficié. Alors, il faut reconnaître sur ce point que la peine prononcée retrouve tout son sens. Contrairement aux mécanismes précédemment définis, la personne placée sous surveillance judiciaire retrouvera sa liberté pleine et entière à l'issue de la durée prononcée par la juridiction de jugement. D'ailleurs, cette surveillance judiciaire pourrait être un moyen de permettre la réinsertion progressive de la personne.

237. **Le régime de la surveillance judiciaire** – La particularité de la surveillance judiciaire se trouve dans les obligations qu'elle est susceptible d'entraîner. En effet, les obligations susceptibles d'être prononcées sont définies par renvoi[452]. Ces renvois s'opèrent alors vers les régimes du sursis avec mise à l'épreuve, du suivi socio-judiciaire et du placement sous surveillance électronique mobile. Le JAP peut également décider d'un placement sous surveillance électronique fixe. Ce régime de la surveillance judiciaire correspond au régime

---

451 Art. 723-20 du C. pr. pén.

452 Art. 723-30 du C. pr. pén.

général de l'application des peines. Il est intéressant de remarquer que cette mesure s'applique aux personnes condamnées pour une infraction pour laquelle le suivi socio-judiciaire est encouru. Dès lors, cette mesure de sûreté, attachée à la durée de la peine prononcée, s'applique également au regard de la peine encourue. Cette mention permet au juge de l'application des peines de décider de cette mesure dans un maximum de cas[453]. Le problème posé par cette mesure tient justement dans le fait qu'elle s'applique à de nombreuses infractions et puisse justifier de nombreuses mesures. En effet, la surveillance judiciaire marque un élargissement important du champ du contrôle pénal sur les personnes condamnées pour une infraction. Le fondement de la mesure sur la dangerosité pose, encore, le problème de son évaluation. En effet, il est clairement délicat pour un médecin psychiatre d'affirmer qu'une personne ne présente aucun risque de récidive. Dès lors, la création d'une mesure visant à favoriser la réinsertion de la personne condamnée aurait été la bienvenue. Pour autant, la surveillance judiciaire permet simplement de créer un régime général de mesures de sûretés applicable à de nombreuses personnes condamnées. L'articulation des mesures applicables tend à prouver qu'une simplification du régime de l'application des peines serait possible.

2. L'articulation de la surveillance judiciaire avec les autres mesures

238. **La similarité des mesures** – Le domaine d'application de la surveillance judiciaire est lié au domaine du suivi socio-judiciaire. Ces deux mesures ont donc vocation à s'appliquer aux mêmes personnes. Ce domaine ne diffère que très légèrement. Sur ce point, la question de savoir si la création de la surveillance judiciaire n'avait pas pour but de permettre l'application du suivi socio-judiciaire de façon rétroactive s'est

---

453 *Le renouveau de la sanction pénale – Evolution ou révolution*, JACOPIN (S.) (dir.), *op. cit.*

posée. Il s'agit, à tout le moins et à l'image des autres dispositions de la loi du 12 décembre 2005, d'une extension du contrôle pénal des personnes condamnées pour des infractions sexuelles. L'extension du domaine de la mesure à des infractions qui ne sont pas de nature sexuelle marque également la déspécialisation de la réponse pénale en la matière[454]. En tout état de cause, le régime de la surveillance judiciaire n'apporte pas de nouveauté. Il permet d'appliquer les obligations édictées par les autres mesures à des personnes qui ne seraient pas entrées dans le cadre de ces mesures. La coexistence du suivi socio-judiciaire et de la surveillance judiciaire est à cet égard surprenante. Dans le cadre des deux mesures, le placement sous surveillance électronique mobile est possible. Aussi, l'injonction de soins est évoquée dans le cadre des deux mesures. La seule différence remarquable se trouve dans la nature des mesures ; l'une étant une mesure de sûreté et l'autre une peine. Enfin, la sanction du manquement aux obligations prononcées est, dans les deux cas, l'incarcération[455].

239. **L'inutilité de la combinaison des deux mesures** – Dès lors, le droit de la peine prévoit deux mesures qui s'appliquent sensiblement aux mêmes personnes, dont les obligations sont les mêmes et dont le non-respect entraîne les mêmes conséquences. L'intérêt de l'existence des deux mesures semble léger. Au-delà de ces mesures, c'est l'articulation de la multitude des mesures de surveillance qui est délicate. En effet, la lecture des régimes des mesures créées par les lois de circonstances en matière de délinquance sexuelle laisse supposer que la volonté de prise en compte des besoins médicaux des personnes condamnées soit réelle. On dénombre quatre mesures en ce sens que sont la rétention de sûreté, la surveillance de sûreté, le suivi socio-judiciaire et la surveillance

454 *Ibidem*

455 Art. 723-35 du C. pr. pén. et 131-36-1 du C. pén.

judiciaire. Ces quatre mesures semblent avoir pour objectif de diminuer la dangerosité des personnes condamnées par la prise en compte du médical dans la phase post-carcérale. Cette multiplicité des mesures peut s'interpréter de plusieurs façons. En effet, il peut tant s'agir d'une manifestation du droit pénal de l'ennemi visant à étendre au maximum le contrôle pénal des délinquants sexuels que de permettre au maximum de personnes condamnées de se réinsérer avec un soutien institutionnel. Au demeurant, la surveillance ne s'observe pas que dans la phase post-carcérale. En effet, la surveillance carcérale est également présente. Il est alors nécessaire de concilier les droits et libertés fondamentaux des détenus avec les contraintes inhérentes à la détention.

§2. La surveillance des personnes détenues

240. Comme nous l'avons précédemment exposé, nous pensons que l'exécution des peines privatives de liberté doit être repensée dès lors que nous admettons que les personnes condamnées aient vocation à réintégrer la société après l'exécution d'une telle peine. Cela passe certainement par la prise en compte des conditions de détention. Il est nécessaire de distinguer les conditions juridiques et pratiques de détention. Nous ne disposons pas d'éléments suffisants pour évaluer les conditions concrètes de détention. Toutefois, juridiquement, on ne peut que constater que l'évolution de ces conditions va dans le sens d'une surveillance toujours plus accrue. Cela s'explique notamment par la peur de l'ennemi et s'illustre au regard des régimes de la fouille (A) et de la vidéosurveillance des détenus (B).

A. Le régime de la fouille en détention

241. La fouille en détention se justifie par la volonté d'éviter l'introduction dans les établissements pénitentiaires de produits interdits. Ces fouilles sont nécessaires. Pour autant, les abus en la matière ont conduit à la suppression du caractère systématique des fouilles (1). L'évolution des conditions

tendait en effet vers leur amélioration. Cependant, la loi du 3 juin 2016, allant contre cette évolution, a réintroduit les fouilles systématiques en détention (2).

1. L'interdiction tardive des fouilles systématiques

242. **La nécessité des fouilles contrôlée par la CEDH** – En détention, un objectif de sécurité est recherché, notamment pour éviter l'introduction de produits interdits en détention. A cet effet, les détenus sont soumis à des fouilles. Dans ce cadre, ils bénéficient de la protection des droits de l'Homme qui prohibent les traitements inhumains et dégradants[456]. Les fouilles intégrales, à nu, permettent de contrôler les détenus avant et après les parloirs. Ces fouilles intégrales sont moralement dégradantes[457]. En 2000, le rapport d'enquête sur la situation des prisons en France regrettait déjà la dispersion des règles applicables en matière de conditions de détention et notamment concernant les fouilles[458]. Ces pratiques étaient alors régies par l'article D.275 du Code de procédure pénale et soumises à la discrétion du chef de l'établissement pénitentiaire. En 2007, l'absence de règles applicables à toutes les prisons a été regrettée par la CEDH qui a sanctionné le caractère systématique des inspections corporelles internes infligées à un détenu[459]. La Cour conserve cette position même si les fouilles ont lieu sur une courte période[460]. La jurisprudence nationale suivra cette position, dans le respect de la loi pénitentiaire de 2009. D'ailleurs, les notes de services des directeurs d'établissements prises sur le

---

456 Art. 3 de la CESDH

457 *Les conditions de détention dans les établissements pénitentiaires*, Commission d'enquête du Sénat, La documentation française, 2000

458 *Ibidem*

459 CEDH Frérot c/ France du 12 juin 2007, requête n°70204/01

460 CEDH El Shennawy c/ France du 20 janvier 2011, requête n°51246/08

fondement d'une circulaire de 2011[461] et autorisant les fouilles systématiques ont été annulées[462].

243. **L'harmonisation des règles applicables** – La loi pénitentiaire de 2009[463] est venue harmoniser ces règles. Dans ce cadre, un décret d'application de la loi a abrogé l'article D.275 du Code de procédure pénale[464]. Aussi, l'article 57 de la loi pénitentiaire encadre le régime des fouilles et prohibe leur caractère systématique. Cet article exige également que les inspections corporelles internes soient réalisées par des médecins et spécialement motivées. De l'aveu du SNDP, cette interdiction des fouilles systématiques a eu pour conséquence une augmentation massive de l'introduction de produits interdits en détention et notamment des téléphones portables et produits stupéfiants[465]. En ce sens, on peut noter que le taux de saisies pour dix mille détenus est passé de près de quatre mille en 2010 à près de six mille en 2012. On peut également noter que des mesures ont été préconisées afin de lutter contre l'introduction de produits stupéfiants et de téléphones portables en détention. Ces mesures proposées par le SNDP telles que les contrôles cynophiles et l'installation de téléphones muraux dans les cellules permettaient ainsi de ne pas dégrader les conditions de détention[466]. Elles n'ont pas été mises en place[467], et le retour surprenant à la systématisation des fouilles intégrales a été préféré.

---

461 Circulaire du 14 avril 2011 relative aux moyens de contrôle des personnes détenues

462 Cons. d'Et., 26 septembre 2012, n°39.8234 et n°39.91135

463 Loi n°2009-1436 du 24 novembre 2009 pénitentiaire

464 Décret n°98-1099 du 8 décembre 1998 modifiant le C. pr. pén. (troisième partie : Décrets) et relatif à l'organisation et au fonctionnement des établissements pénitentiaires

465 Avis du SNDP du 19 mars 2016

466 *Ibidem*

467 *Ibidem*

2. Le retour à la systématisation des fouilles intégrales

244. **La réintroduction des fouilles systématiques** – La loi de circonstances du 3 juin 2016 est venue autoriser la remise en place des fouilles systématiques[468]. Le nouvel alinéa 2 de l'article 57 LP dispose que : *« Lorsqu'il existe des raisons sérieuses de soupçonner l'introduction au sein de l'établissement pénitentiaire d'objets ou de substances interdits… le chef de l'établissement peut également ordonner des fouilles dans les lieux et pour une période de temps déterminés, indépendamment de la personnalité des personnes détenues. Ces fouilles doivent être nécessaires et proportionnées… »*[469]. Clairement, ces raisons existent à l'occasion de chaque parloir. Le semblant de garde-fou des exigences de nécessité et de proportionnalité peut, bien entendu, être contourné par l'existence de ces raisons sérieuses.

245. **Les mauvaises raisons de la réintroduction des fouilles systématiques** – Ce retour aux fouilles systématiques pose problème pour plusieurs raisons. D'abord, juridiquement, l'interdiction de ces fouilles et, surtout, de leur caractère systématique a été justifiée par la nécessité de respecter les droits de l'Homme. Ces droits existent toujours et la CEDH ne semble pas désireuse de changer de position sur ce sujet. Ensuite, il est entendu que l'introduction de produits interdits en détention et, notamment de produits stupéfiants est illégale. Pour autant, la réintroduction des fouilles systématiques ne peut pas suffire à endiguer ce phénomène[470]. Enfin, l'assouplissement des règles encadrant les fouilles peut conduire à des dérives[471]. En ce sens, Monsieur MAITRE affirmait en 2000 : *« Je ne suis pas sûr – disant cela, vous me comprendrez*

---

[468] Art. 111 de la loi n°2016-731 du 3 juin 2016 renforçant la lutte contre le crime organisé, le terrorisme et leur financement et améliorant l'efficacité des garanties de la procédure pénale

[469] Art. 57 de la LP

[470] PONCELA (P.), Peines et prisons : la régression, *op. cit.*

[471] *Ibidem*

à demi-mot – que ces fouilles soient systématiquement réalisées comme elles le devraient »[472]. Bien qu'il soit juste et nécessaire de faire confiance aux personnels de l'AP, on ne peut que constater que des dérives existent et que d'autres techniques de surveillance et de contrôle existent. À cet égard, le développement des technologies peut s'avérer utile notamment concernant les portiques de sécurité. Le problème actuel réside dans leur coût exorbitant et leur inefficience. Ces portiques sont en effet trop lents et ne détectent que les objets métalliques[473]. Un développement en ce sens serait bien plus respectueux et ne participerait pas du piège de la déshumanisation[474] des personnes détenues. Parmi ces techniques de surveillance, la vidéo en est une mais elle peut également conduire à des dérives.

B. Le régime de la vidéosurveillance en détention

246. La problématique de la vidéosurveillance en détention est particulière. Le régime commun de la surveillance des détenus ne doit pas conduire à la caractérisation de traitements inhumains et dégradants. Il doit toutefois permettre à l'AP de remplir son rôle de surveillance et son obligation de prévention du suicide (1). Cette question de la vidéosurveillance excessive s'est posée spécifiquement pour le cas d'une personne. Dans ce cadre, la forme de la justification de la vidéosurveillance est regrettable (2).

1. Le régime commun de la surveillance

247. **Les obligations à la charge de l'Etat en matière de prévention du suicide** – Le développement des nouvelles technologies participe d'un double mouvement de protection et de surveillance. En effet, d'un côté, l'obligation

---

472 *Les conditions de détention dans les établissements pénitentiaires,* Commission d'enquête du Sénat, *op. cit.*

473 Avis du SNDP du 19 mars 2016

474 DELMAS-MARTY (M.), Sécurité et dangerosité, *op. cit.*

d'enregistrement audiovisuel des auditions des personnes placées en garde à vue en matière criminelle[475] permet ainsi de protéger les personnes contre les abus susceptibles d'être causés. Elle permet également de les confronter à leurs déclarations. En matière de détention, il est nécessaire de rappeler les obligations incombant aux Etats. Concernant la prévention du suicide, ces obligations sont fondées sur l'article 2 de la CESDH qui consacre le droit à la vie[476]. Une obligation positive est à la charge de l'administration pénitentiaire en cas de connaissance des risques de suicide d'une personne détenue. En effet, la CEDH sanctionne les Etats lorsque le risque de suicide est connu, certain et immédiat et que les mesures nécessaires n'ont pas été prises[477]. À l'inverse, elle ne sanctionne pas les Etats si le risque n'est pas certain et immédiat[478]. Au regard de cette obligation positive, l'installation de systèmes de vidéosurveillance dans les cellules s'entend. Etant donné que l'Etat se voit sanctionné s'il ne prend pas toutes les mesures de surveillance nécessaires, il semble adéquat que la connaissance d'un risque certain et immédiat de suicide justifie la mise en place d'un tel système de surveillance.

248. **La fonction de surveillance de l'administration pénitentiaire** – En matière de renseignement, l'administration pénitentiaire, depuis la loi pénitentiaire de 2009, a une fonction de surveillance des établissements pénitentiaires[479]. Ladite loi prévoyait également la possibilité d'installer des caméras de vidéosurveillance dans les espaces collectifs[480]. La loi du 21 juillet 2016 permet l'installation de caméras de

---

475 Art. 116-1 du C. pr. pén.

476 Art. 2 de la CESDH

477 CEDH Isenc c/ France du 4 février 2016, requête n°58828/13

478 CEDH Sellal c/ France du 8 octobre 2015, requête n°32432-13

479 Art. 3 de la loi n°2009-1436 du 24 novembre 2009 pénitentiaire

480 Art. 58 de la loi n°2009-1436 du 24 novembre 2009 pénitentiaire

vidéosurveillance dans les cellules afin de prévenir le risque d'évasion ou de suicide[481]. La problématique posée par cette disposition législative était, en réalité, de savoir si la nécessité de voir se tenir un procès dans une affaire de terrorisme justifiait une atteinte à la vie privée de la personne. En tout état de cause, l'objectif de sécurité conduit à créer des dispositifs de surveillance de plus en plus intrusifs. Bien qu'il soit nécessaire de surveiller les personnes suspectées ou condamnées pour une infraction grave, il est tout autant nécessaire de permettre l'application des droits fondamentaux à toutes les situations. Dès lors, les abus, sur le fond comme sur la forme, doivent être dénoncés. Ce traitement pénal de l'ennemi par les lois de circonstances s'effectue d'ailleurs au détriment du traitement médical dont certaines personnes suspectées, détenues ou condamnées devraient bénéficier.

2. L'utilisation de l'émotion pour justifier la surveillance continue d'une personne

249. **La circonstance** – Le 14 juillet 2016, des attentats ont eu lieu à Nice. Dès lors, la décision de proroger l'état d'urgence a été prise par le Gouvernement. Il a ensuite engagé la procédure accélérée sur un projet de loi déposé le 19 juillet devant l'Assemblée nationale, cette loi de prorogation fut votée le 21 juillet 2016[482]. Etonnamment, cette loi comporte des dispositions de fond concernant la lutte contre la menace terroriste. Dès lors, le Gouvernement a utilisé la procédure rapide associée à la loi de prorogation de l'état d'urgence pour adopter des dispositions attentatoires aux droits fondamentaux. Il est très important de différencier la seule prorogation de l'état d'urgence de l'adoption des dispositions de fond. La

481 Art. 9 de la loi n°2016-987 du 21 juillet 2016 prorogeant l'application de la loi n°55-385 du 3 avril 1955 relative à l'état d'urgence et portant mesures de renforcement de la lutte antiterroriste

482 Loi n°2016-987 du 21 juillet 2016 prorogeant l'application de la loi n°55-385 du 3 avril 1955 relative à l'état d'urgence et portant mesures de renforcement de la lutte antiterroriste

rapidité de l'adoption d'une loi de prorogation de l'état d'urgence s'entend au regard de sa nature et de sa forme. Une telle loi ne peut et ne devrait disposer qu'un minimum d'articles relatifs à la prorogation. Ce fut d'ailleurs le cas concernant les trois lois précédentes prorogeant l'état d'urgence. Initialement, l'état d'urgence devait prendre fin le 26 juillet, l'existence d'une procédure rapide s'entend alors clairement.

250. **Les raisons de la disposition relative à la vidéosurveillance** – Cette loi de prorogation de l'état d'urgence légalise donc également la vidéosurveillance d'une cellule de façon continue. En réalité, cette disposition a été prise pour permettre la surveillance d'un détenu particulièrement surveillé. En effet, une personne poursuivie pénalement pour des infractions de terrorisme faisait l'objet d'une surveillance et avait formé un recours devant le juge administratif, estimant les arrêtés à ce sujet illégaux[483]. Cette loi a permis de légaliser ce contrôle et la décision du Conseil d'Etat, rendue moins d'une semaine après l'adoption de la loi[484], n'a dès lors pas fait droit au recours. Désormais, la mesure était légalement justifiée. Dans ce cas précis, l'objectif de cette surveillance est qu'un procès se tienne, ce qui n'est pas une chose courante en matière de terrorisme. La volonté de surveillance s'entend clairement. Néanmoins, le mécanisme d'élaboration de cette justification légale est malheureux. Au surplus, il est clair, contrairement à ce qu'affirme le Conseil d'Etat dans sa décision, que cette mesure constitue une atteinte excessive à la vie privée de la personne. Le problème réside dans la possibilité offerte au Gouvernement de faire adopter des dispositions attentatoires aux droits fondamentaux par une telle forme. La surveillance est alors abusive non pas dans le fond mais dans la forme de sa justification. Cette disposition permet

---

483 PECHILLON (E.), La vidéosurveillance en prison : une mesure exceptionnelle contrôlée par le juge, *op. cit.*

484 Cons. d'Et., ordonnance du 28 juillet 2016 n°404800

également de généraliser l'installation de ce type de surveillance et peut conduire à des dérives. Les dispositions de fond doivent être débattues. Surtout, cette loi de prorogation de l'état d'urgence intervient moins de deux mois après la promulgation d'une loi relative au crime organisé et au terrorisme. Ce rythme effréné nuit clairement à l'analyse du droit en vigueur et de son efficience.

Conclusion du chapitre second

251. Le mouvement du droit pénal de l'ennemi s'illustre concrètement dans le cadre du traitement pénal infligé aux auteurs d'infractions sexuelles et aux auteurs d'infractions terroristes. Pour rappel, les auteurs d'infractions terroristes ne sont pas obligatoirement des personnes ayant commis des attentats. Juridiquement, tous les actes qui ont un rapport avec une entreprise terroriste sont qualifiés comme tels. Or, la commission de telles infractions fonde, en droit français, des atteintes aux droits et libertés fondamentaux. Elle fonde surtout un régime qui vide de sa substance le droit à la sûreté. À tout le moins, elle concrétise l'abandon de la fonction de réinsertion de la peine pour les ennemis. En effet, le régime applicable aux ennemis permet de détenir indéfiniment des personnes si leur dangerosité est avérée. Pour rappel, la méthode d'évaluation de la dangerosité utilisée en France a été abandonnée depuis longtemps dans les Etats pionniers en matière de sciences criminelles. Cette méthode a prouvé son inefficacité. Ces mécanismes d'élimination définitive ont été créés par des lois de circonstances. L'existence d'une période de sûreté perpétuelle permet de contourner les exigences de la CESDH en matière de perpétualité des peines. La rétention de sûreté, elle, permet d'éliminer définitivement les AAS de la société. Ces mécanismes ont été préférés à la remise en cause du système carcéral et de la carence de soins psychiatriques en France. L'élimination définitive des ennemis n'est pas toujours envisageable car il demeure quelques garde-fous exigeant le respect des droits et libertés fondamentaux. Ce sont notamment le Conseil constitutionnel et la CEDH. Lorsqu'une telle élimination n'est pas possible, le droit français permet une surveillance abusive des ennemis. Cette surveillance abusive s'observe dans le milieu ouvert comme dans le milieu fermé. Surtout, les atteintes aux droits et libertés que cette surveillance provoque ne conduisent absolument pas à une prévention de la récidive efficace. Enfin, l'évolution

du traitement pénal des ennemis a conduit à la déspécialisation de la prise en compte pénale des auteurs d'infractions sexuelles. Cette déspécialisation a été opérée avant même qu'un bilan sur le suivi socio-judiciaire puisse être dressé. Cette déspécialisation est regrettable car le mouvement initial tenait compte de la spécificité de ces infractions et envisageait une prise en charge adaptée des AAS.

Conclusion de la deuxième partie

252. Selon le droit pénal de l'ennemi, il y a deux types de personnes qui commettent des infractions pénales. Les citoyens délinquants sont des personnes qui ont vocation à se réinsérer dans la société. Les ennemis sont des personnes dont la dangerosité justifie qu'ils n'aient pas vocation à se réinsérer. La différence entre ces deux personnes commettant des infractions pénales justifierait que le régime juridique qui leur est applicable soit différent. L'ennemi n'est plus une personne juridique, et il ne peut plus se prévaloir des droits et libertés fondamentaux. Ceux-ci sont l'apanage des honnêtes gens et des citoyens délinquants. Selon la gravité de l'infraction commise, la personne pourra ou non se prévaloir des droits constitutionnellement reconnus et garantis. La dépersonnalisation juridique constitue, selon nous, une déshumanisation de l'ennemi. Cela permet de fonder des régimes juridiques exorbitants de droit commun. Ces régimes atteignent le droit à la sûreté, les droits de la défense et le droit à un procès équitable. La dualité de régime s'observe en France au regard des régimes juridiques applicables aux AAS et aux auteurs d'infractions de nature terroriste. Le droit français tente d'éliminer définitivement ces personnes de la société. Si cette hypothèse n'est pas réalisable, alors ces personnes seront abusivement et indéfiniment surveillées. Il est très important de rappeler que nous ne contestons pas l'existence d'une répression des infractions les plus graves. Bien entendu, la pénalisation de ces comportements est logique et la répression pénale doit exister. Cette répression pénale existe dans le cadre des procédures de droit commun. Nous contestons l'existence d'un système juridique qui affirme que sous prétexte que certaines personnes commettent des infractions graves, elles ne bénéficient plus de la protection des droits de l'Homme. Ces mécanismes d'élimination et de surveillance définitive et abusive ont été créés par des lois de circonstances. Ces lois adoptées en dehors de toute cohérence légistique vont indéniablement dans le sens

d'une répression croissante. Cette répression croissante va à l'encontre des préconisations des sciences criminelles. La réponse pénale doit être spécialisée pour être efficace. La peine privative de liberté doit être utilisée aujourd'hui pour permettre aux personnes condamnées de se réinsérer. Cette fonction est une fonction légale de la peine. Les lois de circonstances en matière pénale illustrent donc l'existence du droit pénal de l'ennemi. Cette existence est regrettable. D'ailleurs, nous nous surprenons nous-mêmes à envisager la possibilité qu'un détenu soit placé sous vidéosurveillance pour le seul fait qu'il soit poursuivi pour une infraction de terrorisme, et présumé innocent. Il est impératif que les juristes ne cèdent pas à l'émotion lorsqu'ils abordent la question de l'évolution de la politique pénale et carcérale.

Conclusion

253. **L'importance de la définition des lois de circonstances** – L'étude des lois de circonstances a vocation à déterminer si les motifs et la forme de l'élaboration d'une loi ont des conséquences sur sa qualité intrinsèque. L'existence des lois de circonstances ne fait pas débat. La terminologie de ces lois peut prendre plusieurs formes mais il est incontestable que la loi, en matière pénale, subit le jeu des circonstances sociales et politiques. Pour les besoins de cette étude, nous avons défini les lois de circonstances comme les lois répondant d'un critère d'opportunité et non de nécessité juridique. Cette opportunité s'illustre au regard de circonstances sociales ou politiques. La circonstance sociale est l'existence d'un fait divers heurtant l'opinion publique. Le rôle des médias est très important dans ce cadre. Les circonstances politiques sont l'utilisation de la procédure accélérée et le changement de législature. La circonstance politique s'illustre également au regard de la récurrence thématique. Les lois de circonstances sont des lois adoptées dans des situations particulières qui démontrent l'absence de nécessité de la norme. À l'instar de la définition légale des fonctions de la peine, cette définition des lois de circonstances n'est pas parfaite, mais elle a le mérite d'exister. Nous reprenons l'esprit de la définition retenue par CORNU des lois de circonstances qui traitait des lois applicables en temps de guerre. Par définition, ces lois ne sont pas en adéquation avec le principe de légalité criminelle. Précisément, les lois de circonstances nuisent à la sécurité juridique et à l'intelligibilité de la norme. Cette atteinte demeure théorique, abstraite. Il était important de voir si ces lois de

circonstances avaient des répercussions allant au-delà de la seule théorie juridique.

254. **Les lois de circonstances et le droit de la peine** – Concrètement, les lois de circonstances illustrent, marquent l'existence d'une répression constante au détriment de la recherche de la compréhension du phénomène criminel. Dès lors, cette répression croissante atteint nécessairement la fonction de réinsertion de la peine. Ce phénomène s'observe tant pour les majeurs que pour les mineurs délinquants. Concernant les principes directeurs du droit de la peine, le principe d'individualisation de la sanction pénale, constitutionnellement reconnu, est remis en cause par l'exigence politique d'une répression certaine. Cette exigence conduit à l'instauration de dispositifs de seuils de peines minimales. L'automaticité, l'existence de *minima* n'est pas nouvelle, c'est son absence qui est récente. Cette suppression date du nouveau Code pénal de 1994. Nous pensons que l'existence des peines planchers atteint le principe de l'individualisation des peines. Cette position n'est pas unanime en doctrine. En tout état de cause, la grande difficulté réside dans la recherche d'un équilibre au sein des principes à valeur constitutionnelle régissant le droit de la peine, à savoir le principe de légalité criminelle, le principe de nécessité et de proportionnalité des peines et le principe de l'individualisation des peines. Ils doivent également être conciliés avec le principe de l'égalité devant la loi, fondement historique et juridique de la Révolution française affirmé par la DDHC. La politique pénale doit permettre l'articulation de ces principes avec l'exigence politique de l'effectivité de la peine.

255. **Les effets de la théorie du droit pénal de l'ennemi** – Dans la recherche de cet équilibre, la théorie du droit pénal de l'ennemi propose de différencier les personnes qui commettent des infractions pénales selon la gravité de leurs actes. Les personnes qui commettent les infractions les moins graves sont des citoyens délinquants que l'on peut réinsérer dans la société. Les personnes qui commettent les infractions

les plus graves sont des ennemis qu'il faut éliminer. La distinction permet de fonder des régimes exorbitants de droit commun applicables aux ennemis et attentatoires des droits et libertés fondamentaux. Ce régime existe en France. Les ennemis sont les auteurs d'infractions sexuelles et les terroristes. Précisément, les ennemis sont les personnes qui ont exécuté leur peine dans le cadre de la délinquance sexuelle et celles qui sont susceptibles d'adhérer à une idéologie pouvant conduire à la survenance d'actes de terrorisme. Le droit français prévoit, à leur égard, des mécanismes d'élimination définitive et de surveillance abusive. Ces personnes ne peuvent pas se prévaloir de la protection des droits de l'Homme. Nous regrettons l'existence de tels régimes créés notamment par les lois de circonstances et pensons qu'il ne faut considérer aucune personne délinquante comme un ennemi. Le droit pénal se doit d'être efficace mais cela ne passe pas nécessairement par le contournement des droits de l'Homme. Au contraire, nous pensons, tout comme la CNCDH, que les personnes qui commettent les infractions les plus graves doivent bénéficier de la protection la plus stricte des droits fondamentaux. Cette position n'est pas partagée par le Législateur qui préfère mettre en place des mécanismes d'élimination définitive et de surveillance abusive des ennemis. La déshumanisation de ces personnes est actée et la notion de culpabilité, essentielle en droit pénal, en devient inopérante. C'est la dangerosité qui prend alors le pas sur cette notion de culpabilité. Effectivement, le droit pénal de l'ennemi est un droit pénal fondé sur la notion de dangerosité. En France, la dangerosité est prise en compte au regard des infractions commises par les personnes délinquantes. L'évaluation de la dangerosité est opérée selon la méthode clinique. Cette méthode consiste en une série d'entretiens avec des spécialistes de la psychiatrie. Ces psychiatres évaluent l'existence ou l'absence de troubles de la personnalité ou de maladies psychiatriques. Surtout, ils doivent se prononcer sur le risque de récidive. Or, il est clair que si ces médecins engagent leur responsabilité, ils auront tendance à surévaluer la dangerosité, et cela s'entend. En tout état de cause, la méthode clinique n'est plus utilisée isolément de toute autre méthode depuis longtemps dans les pays nord-américains, pionniers en matière de sciences criminelles. On se doit de constater et de regretter l'application du droit pénal de l'ennemi tel qu'il était défini par Monsieur JAKOBS. En effet, la création de mesures fondées sur la dangerosité de la personne n'est pas un problème en soi. Ce sont bien les atteintes aux droits fondamentaux qui en découlent et l'inefficacité de l'évaluation de la dangerosité que nous dénonçons dans cette étude.

256. **La nécessité de la politique pénale de réflexion** – Les problèmes de la politique pénale actuelle, identifiée comme politique pénale de circonstances, sont posés. Il faut reconnaître que la réflexion sur le régime pénal actuel n'est pas aisée. L'existence de critiques continuelles et justifiées conduit à se demander si la théorie de CUSSON trouve à s'appliquer. Selon lui, les mesures de traitement des délinquants seraient inefficaces. Il traite en ce sens de l'effet zéro des mesures de traitement pénal des délinquants. Nous refusons d'adhérer à ce fatalisme et préférons espérer que le système pénal soit repensé. En effet, il est nécessaire de suivre les recommandations du SNDP et de spécialiser les établissements pénitentiaires. Il est également nécessaire de lutter contre la surpopulation carcérale. Cette lutte doit s'effectuer par la mise en place des moyens humains et financiers nécessaires. L'objectif est de résoudre le blocage des institutions répressives. Et, il faut désormais entendre que la réinsertion est une fonction légale de la peine au même titre que la sanction de l'auteur. Le blocage des institutions répressives s'illustre également par l'absence de clarté du droit pénal applicable. Sur ce point, il est clair que les doublons d'infractions devraient être supprimés. L'expression de GASSIN doit trouver à s'appliquer dans le sens où le droit pénal ne doit comporter que l'essentiel, et il doit comporter tout l'essentiel. Ce travail est

très délicat à entreprendre au regard de l'impossibilité de dresser un tableau exhaustif des infractions existantes.

257. **La nécessité du contrôle de la qualité de la norme** – Les lois de circonstances telles que nous les définissons regroupent plusieurs critères. Ces critères mériteraient d'être étudiés isolément afin de pouvoir quantifier la propension des motifs sociaux et politiques dans l'élaboration de la loi. En effet, il serait intéressant d'étudier les effets de l'utilisation de la procédure accélérée ou de regarder la qualité des lois adoptées dans le cadre des changements de législature. Ce sujet mérite alors une étude conjuguée de politique pénale, de politique carcérale et de légistique. À tout le moins, cette étude nous permet d'affirmer que les lois de circonstances doivent être évitées. Il est nécessaire qu'un contrôle sérieux de l'élaboration et de la qualité de la norme soit opéré.

258. **La normalité du phénomène criminel** – Ensuite, il faut entendre que toutes les personnes suspectées, poursuivies et même condamnées pour des infractions, même les plus graves, restent des êtres humains. À l'image de l'effet pervers de la rétention de sûreté, qui persiste dans une direction lorsque cette dernière a montré ses limites, la politique pénale fait de même avec l'élimination. En effet, l'exécution de la peine n'a que trop peu de caractères permettant d'assurer la fonction de réinsertion de la personne condamnée. Or, l'inefficacité de la politique carcérale est aujourd'hui sanctionnée par un enfermement. Il est également nécessaire de s'intéresser aux causes du crime afin d'appliquer une réponse pénale rationnelle. Sur ce point, l'apport de la criminologie est essentiel et ne doit pas être négligé. Les facteurs du crime sont nombreux et diffèrent selon les personnes. Concernant l'apport de la criminologie, l'évolution de la politique de la ville peut être envisagée comme réponse concrète et élaborée de politique pénale. Surtout, il est nécessaire d'envisager la réponse pénale sous l'angle de la prévention et au niveau local. Ensuite, la société doit accepter l'existence et la normalité du crime. Cela ne signifie pas que les infractions pénales ne doivent pas être

réprimées. Le droit peut mettre en place de nombreuses mesures juridiques, médicales et carcérales afin d'endiguer le phénomène criminel. Néanmoins, l'absence de criminalité est impossible. Le crime est un fait social.

En victimologie, on parle de résilience pour expliquer le fait que les victimes ne vivent pas toutes le même traumatisme. Nous pensons que le terme de résilience sociale pourrait justement illustrer cette acceptation de l'existence du phénomène criminel. Le crime est un phénomène normal contre lequel il faut lutter. Il doit engendrer une réponse pénale mais les personnes qui commettent des infractions pénales ne doivent pas être stigmatisées en fonction de l'infraction qu'elles commettent. Surtout, ces personnes doivent toutes bénéficier de la protection effective des droits de l'Homme. Il faut accepter l'existence du crime et accepter la réponse pénale. Cette réponse pénale est effective. Les infractions les plus graves ne demeurent pas impunies. Les personnes qui les commettent exécutent de longues, de très longues peines privatives de liberté. Nous ne devons toutefois pas leur ôter le bénéfice de la protection qui fait que notre pays, la France, se proclame le pays des droits de l'Homme.

259. **La prise en compte des lois ordinaires** – D'un point de vue méthodologique, il faut reconnaître qu'il est délicat d'étudier les lois adoptées en réponse à des faits divers. En effet, ce critère n'est pas juridique et, bien que cela soit politiquement assumé, les motifs de la loi ne contiennent pas ces raisons car cela nuirait au semblant de cohérence instauré par les nouvelles obligations légistiques. Aussi, pour effectuer une critique scientifique des lois de circonstances, il serait intéressant d'étudier avec la même attention les lois qui ne sont pas des lois de circonstances. En effet, il est important de regarder si les atteintes aux droits et libertés fondamentaux que nous soulevons dans l'étude des lois de circonstances s'observent dans le cadre de la politique pénale de réflexion.

260. **La nécessité de lutter contre les dérives de la politique pénale de circonstances** – L'étude de la notion de

l'intelligibilité de la loi nous amène à nous demander qui sont les destinataires du droit. En effet, la question de savoir si le droit doit s'adresser à ses sujets ou aux juristes est très importante. Si le droit s'adresse aux sujets de droit, aux citoyens, il doit être le plus simple, le plus intelligible possible. En revanche, si le droit ne doit s'adresser qu'à ses théoriciens et praticiens, la question de son intelligibilité perd de son importance. Le droit pénal est susceptible d'intéresser tous les citoyens. Il est alors primordial qu'il soit lisible et intelligible par tous. Le droit pénal classique a vocation à être accessible et compris de tous. Aussi, il est essentiel de s'assurer que les décisions de condamnation et les peines prononcées soient compréhensibles et comprises par tous. L'évolution du droit pénal va dans ce sens. Enfin, nous rappelons que cette notion d'intelligibilité de la loi est une exigence constitutionnelle. L'intelligibilité de la loi doit se conjuguer avec l'intelligibilité de la justice et des décisions de justice. Les citoyens doivent comprendre les raisons de leurs condamnations. Et, aucune transgression des droits de l'Homme ne doit être approuvée. Le fait que certaines personnes aient commis des infractions graves, très graves, ne doit pas nous conduire à leur ôter leur condition d'être humain. D'ailleurs et par souci d'humanisme, nous nous attachons à traiter des personnes condamnées, des personnes détenues, des personnes délinquantes. Cette position terminologique nous permet de marquer notre rejet du droit pénal de l'ennemi et notre adhésion à la phrase de MUÑOZ-CONDE : *« La tâche du pénaliste ne doit pas se limiter à la simple constatation de l'existence du droit pénal de l'ennemi, mais il doit plutôt analyser sa compatibilité avec les principes de l'Etat de Droit et avec les droits fondamentaux consacrés par la Constitution et par les déclarations internationales des droits de l'homme et ceci pour des motifs strictement juridiques parce que ce dont il s'agit est de constater si ce droit pénal de l'ennemi est ou n'est pas en consonance avec le modèle juridique constitutionnel de l'Etat de Droit qui constitue le signe identitaire des sociétés démocratiques actuelles »*[485]. Nous ne pouvons nous borner à constater l'existence du droit pénal de l'ennemi. Nous nous devons de dénoncer les atteintes aux droits de l'Homme auxquelles ce mouvement conduit.

---

485 MUÑOZ-CONDE (F.), *De nuevo sobre el derecho penal del enemigo*, *op. cit.*

Index

A

AAS 174, 176
Autorité administrative....... 150
Autorité judiciaire31, 109, 123, 166

C

Changement de législature ..50, 55, 119
Contrôle *a posteriori*..................73
Contrôle *a priori* 71, 122
Criminologie....................14, 223

D

Dangerosité65, 95, 142, 149, 152, 156, 159, 171, 179, 188, 191, 194, 203
Dangerosité criminologique153
Dangerosité pénitentiaire... 152
Dangerosité psychiatrique 153, 186
Déclaration d'urgence47, 56, 72, 119
Délinquance sexuelle55, 95, 169, 173, 200
Droit pénal de l'ennemi32, 138, 140, 143, 146, 148, 152, 154, 159, 160, 178, 189, 192, 198

E

Etat d'urgence..... 165, 167, 211

F

FIJAIS............ 95, 170, 175, 199
FIJAISV 95, 170, 175, 199
Fonction de resocialisation..20, 94, 96, 189
Fonctions de la peine84, 88, 91, 93, 113

I

Injonction de soins120, 175, 177, 199, 204

L

Légistique 25, 42, 45
Liberté individuelle25, 31, 109, 165
Loi de circonstances18, 49, 70, 119, 149, 162, 174, 190, 202

M

Mesure de sûreté144, 150, 152, 191, 202
Mineurs délinquants58, 99, 100, 120

P

Peines perpétuelles182, 189, 192
Peines planchers....72, 101, 118
Peines privatives de liberté ..91, 98, 115, 154, 186, 205
Période de sûreté 154, 159, 182
Politique criminelle. 15, 38, 51
Politique pénale15, 16, 38, 50, 170, 172
Politique pénale de circonstances37, 96, 162, 177
Politique pénale de l'ennemi 160, 199
Politique pénale de réaction. 50
Politique pénale de réflexion 50
Pouvoirs de police administrative 165
Principe d'individualisation des peines....................... 102, 154
Principe de légalité criminelle25, 32, 59, 87, 108, 163
Principe de nécessité des peines................ 87, 121, 123
Principe de proportionnalité des peines..........................87, 121
Principes directeurs du droit de la peine 83
Procédure accélérée18, 47, 50, 56, 72, 96, 127, 162, 187, 211

R

Récidive53, 55, 59, 94, 96, 112, 120, 122, 157, 174, 183, 191, 195, 202
Rétention de sûreté86, 155, 159, 190, 198, 204

S

Suivi socio-judiciaire95, 171, 174, 177, 199, 202, 203
Sursis avec mise à l'épreuve199, 202
Surveillance de sûreté155, 159, 198, 204
Surveillance judiciaire. 198, 202
Surveillance perpétuelle...... 197

T

Terrorisme53, 142, 145, 147, 159, 161, 183, 188, 197, 200, 211

Bibliographie

Dictionnaires :

CORNU (G.) et Association Henri CAPITANT (dir.), *Vocabulaire juridique*, 11ème éd., Paris, PUF, 2016

Dictionnaire Le Grand Larousse illustré 2016, Paris, Larousse, 2016

LOPEZ (G.) et TZISTZIS (S.) (dir.), *Dictionnaire de sciences criminelles*, Paris, Dalloz, 2007

Ouvrages généraux :

ATIAS C., *Philosophie du droit*, 3ème éd., Paris, PUF, coll. Thémis Droit, 1999

BONIS-GARÇON (E.) et PELTIER (V.), *Droit de la peine*, 2ème éd., Paris, LexisNexis, 2015

BOULOC (B.), *Droit pénal général*, 25ème éd., Paris, Dalloz, coll. Précis, 2017

CARBASSE (J-M.), *Histoire du droit pénal et de la justice criminelle*, 3ème éd., Paris, PUF, coll. Droit fondamental. Classiques, 2014

CONTE (P.) et MAISTRE DU CHAMBON (P.), *Droit pénal général*, 7ème éd., Paris, Armand Colin, coll. Sirey Université, 2004

DESPORTES (F.) et LE GUNEHEC (F.), *Droit pénal général*, 16ème éd., Paris, Economica, coll. Corpus, 2009

GASSIN R., CINAMONTI (S.) et BONFILS (P.), *Criminologie*, 7ème éd., Paris, Dalloz, coll. Précis, 2011

LAZERGES (C.), *Introduction à la politique criminelle*, Paris, Montréal, Ed. L'Harmattan, coll. Traité de sciences criminelles, 2000

MAYAUD (Y.), *Droit pénal général*, 5ème éd., Paris, PUF, coll. Droit fondamental. Classiques, 2015

MERLE (R.) et VITU (A.), *Traité de droit criminel*, 7ème éd., Paris, Cujas, 1997

PONCELA (P.), *Droit de la peine*, 2ème éd., Paris, PUF, coll. Thémis Droit privé

PRADEL (J.), *Droit pénal général*, 21ème éd., Paris, Cujas, coll. Références, 2016

RASSAT (M-L.), *Droit pénal général*, 4ème éd., Paris, Ellipses, coll. Cours magistral, 2014

RENAUT (M-H.), *Histoire du droit pénal*, Paris, Ed. Ellipses, coll. Mise au point, 2005

Ouvrages spécialisés :

ALLINNE (J-P.) et SOULA (M.), *Les récidivistes – Représentations et traitements XIXème – XXIème siècle*, Rennes, Ed. PUR, coll. Histoire – série Justice et Déviance, 2010

ANCEL (M.), *La défense sociale nouvelle : un mouvement de politique criminelle humaniste*, Paris, Ed. Cujas, coll. Publications du Centre d'études de défense sociale de l'Institut de droit comparé de l'Université de Paris 1, 1981

BAUER (A.) et SOULLEZ (C.), *Une histoire criminelle de la France,* Paris, Ed. Odile Jacob, 2013

BECCARIA (C.), *Des délits et des peines*, réédition de l'ouvrage de 1764, Paris, Ed. Flammarion, 1991

BOURGOIN (N.), *Les chiffres du crime – Statistiques criminelles et contrôle social (France, 1825 – 2006)*, Paris, Ed. L'Harmattan, coll. Logiques Sociales, 2008

CASONI (D.) et BRUNET (L.), *La psychocriminologie – apports psychanalytiques et applications cliniques*, Montréal, Ed. PUM, coll. Paramètres, 2003

CEDRAS (J.), *La justice pénale aux Etats-Unis*, Paris, Ed. Economica, 2005

CERE (J-P.), *La prison*, 2ème éd., Paris, Dalloz, coll. Connaissance du droit, 2016

CHAZAL (J.), *L'enfance et la jeunesse délinquantes*, 12ème éd., Paris, PUF, coll. Que sais-je ?, 1993

CUSSON (M.), *Le contrôle social du crime*, Paris, Ed. PUF, coll. Sociologies, 1983

DEBUYST (C.), *Essais de criminologie clinique – entre psychologie et justice pénale*, Bruxelles, Ed. Larcier, coll. Crimen, 2009

DELMAS-MARTY (M.), *Les grands systèmes de politique criminelle*, Paris, Ed. PUF, coll. Thémis Droit privé, 1992

DESCARTES (R.), *Discours de la méthode : pour bien conduire sa raison, et chercher la vérité dans les sciences*, réédition de l'ouvrage de 1637, 2ème éd., Paris, Fayard, coll. Corpus des œuvres de philosophie en langue française, 1987

DURKHEIM (E.), *Les règles de la méthode sociologique*, réédition de l'ouvrage de 1895, Paris, Ed. Flammarion, coll. Champs classiques, 2010

DURKHEIM (E.), *De la division du travail social*, réédition de l'ouvrage de 1893, Paris, Ed. PUF, coll. Quadrige, 2013

FOUCAULT (M.), *Surveiller et punir : naissance de la prison*, Paris, Gallimard, coll. Tel, 1993

GRAMATICA (F.), *Principes de Défense sociale*, Paris, Cujas, 1963

MONTESQUIEU, *L'esprit des lois*, réédition de l'ouvrage de 1748, Paris, Ed. Classiques Garnier, coll. Bibliothèque du XVIIIème siècle, 2011

MUÑOZ-CONDE (F.), *De nuevo sobre el derecho penal del enemigo*, 2ème éd., Buenos Aires, Ed. Hammurabi, coll. Claves del Derecho penal, 2008

OUIMET (M.), *Les causes du crime – Examen des théories explicatives de la délinquance, du passage à l'acte et de la criminalité*, Québec, Ed. PUL, 2015

PEDRON (P.), *Guide de la protection judiciaire de la jeunesse*, 4ème éd., Issy-les-Moulineaux, Ed. Gualino-Lextenso, 2016

PORTELLI (S.), *Récidivistes : chroniques de l'humanité ordinaire*, Paris, Ed. Grasset, 2008

PRADEL (J.), *Droit pénal comparé*, 4ème éd., Paris, Dalloz, col. Précis, 2016

ROUSSEAU (J-J.), *Du contrat social*, réédition de l'ouvrage de 1762, Paris, Flammarion, 2012

SALAS (D.), *La volonté de punir – essai sur le populisme pénal*, Paris, Ed. Pluriel, coll. Pluriel, 2010

VAN DE KERCHOVE (M.), *Sens et non-sens de la peine – entre mythe et démystification*, Bruxelles, Faculté universitaire de Saint-Louis, coll. Publications des facultés universitaires de Saint-Louis, 2009

Ouvrages collectifs :

Droit des libertés fondamentales, 7ème éd., Paris, Dalloz, coll. Précis, 2016

La frénésie sécuritaire – retour à l'ordre et nouveau contrôle social, MUCCHIELLI (L.) (dir.), Paris, Ed. La Découverte, coll. sur le vif, 2008

Le grand trucage : Comment le gouvernement manipule les statistiques, Collectif Lorraine Data, Paris, Ed. La Découverte, 2009

Le renouveau de la sanction pénale – Evolution ou révolution, JACOPIN (S.) (dir.), Bruxelles, Ed. Bruylant, 2010

Les techniques de l'individualisation judiciaire, LEVASSEUR (G.) (dir.), Paris, Ed. Cujas, Publications du Centre d'études de défense sociale de l'Institut de droit comparé de Paris, 1971

L'individualisation de la peine – De Saleilles à aujourd'hui, réédition de la 3ème éd. de l'ouvrage de Raymond SALEILLES, Ramonville-Saint-Agne, Ed. Erès, coll. Criminologie et sciences de l'homme, 2001

Psycho-criminologie, 2ème éd., Paris, Dunod, coll. Psychothérapies pratiques, 2012

Psychiatrie légale et criminologie clinique, Issy-les-Moulineaux, Ed. Elsevier Masson, coll. les âges de la vie, 2013

Thèses :

COCHE (A.), La détermination de la dangerosité des délinquants en droit pénal, Aix-en-Provence, PUAM, coll. Collection du Centre de recherches en matière pénale Fernand Boulan, 2005

VALEMBOIS (A-L.) La constitutionnalisation de l'exigence de sécurité juridique en droit français, Paris, LGDJ, coll. Bibliothèque de droit constitutionnel et de science politique, 2005

ARAGON (S.), Des liseuses en péril : Les images de lectrices dans les textes de fiction de *La Prétieuse* de l'abbé de Pure à *Madame Bovary* de Flaubert (1656-1856), Paris, Honoré Champion, coll. Les Dix-huitièmes siècles, 2003

Encyclopédies :

CARIO (R.), « Justice restaurative », *Répertoire de droit pénal et de procédure pénale*, Dalloz, maj 2014

CÉRÉ (J-P.), « Peines (Nature et prononcé) », *Répertoire de droit pénal et de procédure pénale*, Dalloz, maj 2017

CERE (J-P.), « Prison – Organisation générale », *Répertoire de droit pénal et de procédure pénale*, Dalloz, maj 2017

GIACOPELLI (M.), « Sursis avec mise à l'épreuve », *Répertoire de droit pénal et de procédure pénale*, Dalloz, maj 2017

HERZOG-EVANS (M.), « Fouilles corporelles », *Répertoire de droit pénal et de procédure pénale*, Dalloz, maj 2014

MALABAT (V.), « Infractions sexuelles », *Répertoire de droit pénal et de procédure pénale*, Dalloz, maj 2017

MAYAUD (Y.), « Terrorisme », *Répertoire de droit pénal et de procédure pénale*, Dalloz, maj 2017

PORTERON (C.), « Lois et décrets », *Répertoire de droit pénal et de procédure pénale*, Dalloz, maj 2012

ZAVOLI (P.), « Etat d'urgence », *Répertoire de droit pénal et de procédure pénale*, Dalloz, maj 2014

Articles et chroniques :

ALIX (J.), La qualification terroriste après l'arrêt du 10 janvier 2017 (affaire dite « de Tarnac »), *AJ Pénal*, 2017, p.79

BESSON (E.), Principe de clarté et objectif de valeur constitutionnelle d'accessibilité et d'intelligibilité de la loi, *Publications numériques du VIème congrès de droit constitutionnel*, atelier n°5, Montpellier, 2005

BLANC (D.), Peines plancher : quelques éléments de droit comparé, *AJ Pénal*, 2007, p.352

Borzeix (A.), La question prioritaire de constitutionnalité : quelle confiance légitime, quelle sécurité juridique ?, *RDP*, 2010, n° 4, p. 983.

CALMES – BRUNET (S.), Le temps du débat législatif, *Cahiers de recherches sur les droits fondamentaux*, PUC, Volume n°10, 2012, pp. 81 à 96

CARIO (R.), Médias et insécurité : entre droit d'informer et illusions sécuritaires, *Rec. Dalloz*, 2004, p.75

CHASSAING (J-F.), Les trois codes français et l'évolution des principes fondateurs du droit pénal contemporain, *Rev. sc. crim.*, 1993, p.445

COUVRAT (P.), Le suivi socio-judiciaire, une peine pas comme les autres, *Rev. sc. crim*, 1999, p.376

DE BRESSON (J-J.), Inflation des lois pénales et législations ou réglementations techniques, *Rev. sc. crim*, 1985 p.241

DELMAS-MARTY (M.), Sécurité et dangerosité", *RFDA*, 2011, p.1096

FLUCKIGER (A.), Le principe de clarté de la loi ou l'ambiguïté d'un idéal, *Cahiers du Conseil constitutionnel n°21*, Dossier : "La normativité", 2007

FRISON-ROCHE (M-A.) et BARANES (W.), Le principe constitutionnel de l'accessibilité et de l'intelligibilité de la loi, *Rec. Dalloz*, 2000, p.361

GAHDOUN (P-Y.), L'amélioration de la fabrication des lois, *AJDA*, 2008, p.1872

GASSIN (R.), La crise des politiques criminelles occidentales, PUAM, *Problèmes actuels de science criminelle*, 1985

GIUDICELLI (A.), Le principe de la légalité en droit pénal français – aspects légistiques et jurisprudentiels, *Rev. sc. crim*, 2007, p.509

GIUDICELLI-DELAGE (G.), Droit pénal de la dangerosité droit pénal de l'ennemi, *Rev. sc. crim.*, 2010, p.69

GRANGER (M-A.), Existe-t-il un droit fondamental à la sécurité ?, *Rev. sc. crim.*, 2009, p.273

HERZOG-EVANS (M.), Prévenir la récidive : les limites de la répression pénale, *AJ Pénal*, 2007, p.357

HERZOG-EVANS (M.), L'utilisation de médicaments pour traiter de la délinquance sexuelle, *AJ Pénal*, 2012, p.622

HOEPFFNER (H.), Les avis du Conseil d'Etat, *RFDA*, 2009, p.895

JAKOBS (G.), Aux limites de l'orientation par le droit : le droit pénal de l'ennemi, *Rev. sc. crim.*, 2009, p.7

Laingui (A.), Les magistrats du XIXème siècle juges des écrivains de leur temps, *Cahiers de l'Association internationale des études françaises*, 1992, n°44

LASSERRE CAPDEVILLE (J.), Peines planchers : état des lieux cinq ans après, *AJ Pénal*, 2012, p.398

LAZERGES (C.), De la fonction déclarative de la loi pénale, *Rev. sc. crim.*, p.194

LAZERGES (C.), La doctrine et les lois en cours d'adoption – L'exemple du projet de loi relatif à la prévention de la délinquance, *Rev. sc. crim.*, 2007, p.169

LAZERGES (C.), La rétention de sûreté : le malaise du Conseil constitutionnel, *Rev. sc. crim.*, 2008, p.731

LAZERGES (C.) et STOFFEL (H.), Le déclin du droit pénal : l'émergence d'une politique criminelle de l'ennemi, *Rev. sc. crim.*, 2016, p. 649

LONG (M.), Le Conseil d'Etat et la fonction consultative : de la consultation à la décision, *RFDA*, 1992 p.787

MBANZOULOU (P.), La dangerosité des détenus – Un concept flou aux conséquences bien visibles : le PSEM et la rétention de sûreté, *AJ Pénal*, 2008, p.171

MORIN (E.), Vers une crisologie – La notion de crise, *Revue Communications*, Le seuil, 1976, Volume 25

PROTHAIS (A.), Les paradoxes de la pénalisation – Enquête en matière d'assistance médicale à la procréation et d'adoption, *JCP éd. générale*, volume I, n°4055

PARIZOT (R.), Loi du 3 juin 2016 : aspects obscurs de droit pénal général, *Rev. sc. crim.*, 2016, p.376

PECHILLON (E.), La vidéosurveillance en prison : une mesure exceptionnelle contrôlée par le juge, *Rec. Dalloz*, 2016, p.1808

PERRIER (J-B.), Infractions dans les transports : des mesures éparses aux objectifs différents, *Rev. sc. crim.*, 2016, p.385

PONCELA (P.), Peines et prisons : la régression, *Rev. sc. crim.*, 2016, p.565

RAOULT (S.), La controverse sur l'effet dissuasif des peines plancher aux Etats-Unis, *Rev. sc. crim.*, 2017, p.153

ROETS (D.), Peines perpétuelles : importantes précisions sur les obligations positives résultant de l'article 3 de la convention, *Rev. sc. crim.*, 2016, p.582

VAN DE KERCHOVE (M.), Le sens de la peine dans la jurisprudence du Conseil constitutionnel, *Rev. sc. crim.*, 2008, p.805

ZAFFARONI (R.), Dans un Etat de droit il n'y a que des délinquants, *Rev. sc. crim.*, 2009 p.43

Jurisprudence :

1 – Conseil constitutionnel

Décision n°2014-690 DC du 13 mars 2014

Décision n°2013-685 DC du 29 décembre 2013

Décision n°2013-682 DC du 19 décembre 2013

Décision n°2013-318 QPC du 7 juin 2013

Décision n°2010 14/22 QPC du 30 juillet 2010

Décision n°2008-562 DC du 21 février 2008

Décision n°2007-554 DC du 9 août 2007

Décision n°2004-492 DC du 2 mars 2004

Décision n°99-421 DC du 16 décembre 1999

Décision n°99-416 DC du 23 juillet 1999

Décision n°98-401 DC du 10 juin 1998

Décision n°96-377 DC du 16 juillet 1996

Décision n°93-234 DC du 20 janvier 1994

Décision n°93-325 DC du 13 août 1993

Décision n°87-237 DC du 30 décembre 1987

Décision n°84-181 DC des 10 et 11 octobre 1984

Décision n°80-127 DC du 20 janvier 1981

Décision n°76-75 DC du 12 janvier 1977

2 – CEDH

CEDH Murray c/ Pays-Bas du 26 avril 2016, requête n°10511/10

CEDH Isenc / France du 4 février 2016, requête n° 58828/13

CEDH Sellal c/ France du 8 octobre 2015, requête n°32432/13

CEDH Berland c/ France du 3 septembre 2015 requête n°42875/10

CEDH Bodein c/ France du 13 novembre 2014, requête n°4004-10

CEDH Vinter c/ Royaume-Uni du 9 juillet 2013, requête n°66069/09

CEDH El Shennawy c/ France du 20 janvier 2011, requête n°51246/08

CEDH Brusco c/ France du 14 octobre 2010, requête n°1466/07

CEDH M c/ Allemagne du 17 décembre 2009 requête n°19395/04

CEDH Kafkaris c/ Chypre du 12 février 2008, requête n°21906/04

CEDH Frérot c/ France 2007 du 12 juin 2007, requête n°70204/01

CEDH Kokkinakis c/ Grèce du 25 mai 1993 requête n°14307/99

CEDH Sunday Times c/ Royaume Uni du 26 avril 1979, requête n°6537/74

3 – CJCE / CJUE

CJCE, arrêt n°13/61 du 6 avril 1962, Bosch

4 – Cour de cassation

Cass. crim., 10 mars 2010, n°09.80-480

Cass. crim., 16 décembre 2009, n°09.85-153

Cass. crim., 21 janvier 2009, n°08.83-492

Cass. crim., 10 décembre 1980, n°80.92-358

5 – Conseil d'Etat

Cons. d'Et., Ordonnance du 28 juillet 2016 n°404800

Cons. d'Et., 26 septembre 2012, n°39.8234 et 39.9135

Cons. d'Et., Assemblée, n°288460 du 24 mars 2006

6 – Cour suprême canadienne

Jugement de la Cour suprême canadienne du 9 juillet 1992, n°22473, R. c/ Nova Scotia Pharmaceutical Society

Jugement de la Cour suprême canadienne du 27 février 1992 n°22191, R. c/ Butler

Jugement de la Cour suprême canadienne du 6 juin 1991, n°21201, 21202, 21203, Osborne c/. Canada

Avis, rapports et documents officiels

ALVAREZ (J.) et GOURMELON (N.), *La prise en charge pénitentiaire des auteurs d'agressions sexuelles : Un objet révélateur d'évolutions institutionnelles et professionnelles*, Rapport de recherche réalisée avec le soutien de la Mission de recherche Droit et justice, ENAP, novembre 2009

Audition publique sur l'expertise psychiatrique pénale, Rapport de la commission d'audition, Haute autorité de santé, Ministère de la Santé et des Solidarités, les 25 et 25 janvier 2007

Avis du 19 mars 2016 du SNDP

Avis sur l'élaboration des lois, CNCDH, le 15 avril 2010

Avis sur le projet de loi renforçant les dispositions relatives à la lutte contre le terrorisme, CNCDH, le 25 septembre 2014

CARRASCO (V.), *Les condamnations à une mesure de suivi socio-judiciaire – Analyse statistique à partir des données du casier judiciaire*, février 2007, Ministère de la Justice

Contre un état d'urgence permanent, Avis de la CNCDH, le 15 décembre 2016

COULON (J-M.), *La dépénalisation de la vie des affaires*, Ministère de la Justice, coll. Rapports officiels, La documentation française, janvier 2008

KENZEY (A.), *Dix ans d'évolution du nombre de personnes écrouées de 2000 à 2010*, Cahiers d'études pénitentiaires et criminologiques, Direction de l'administration pénitentiaire, octobre 2010 n°35

LASSERRE (B.), *Pour une meilleure qualité de la réglementation*, La documentation française, 2004

Le contrôle de l'application des lois – Synthèse des travaux des commissions permanentes au 30 septembre 2007 – 59ème rapport – Année

parlementaire 2006-2007 et XIIème législature, Service des commissions du Sénat, 2007

Le suivi de l'état d'urgence, Avis de la CNCDH, le 18 février 2016

Les conditions de détention dans les établissements pénitentiaires, Commission d'enquête du Sénat, La documentation française, 2000

Les violences faites aux femmes et les féminicides, Avis de la CNCDH du 26 mai 2016

MANDELKERN (D.) (sous la présidence de), *Rapport du groupe de travail interministériel sur la qualité de la réglementation*, La documentation française, 2002

Rapport d'activité du Conseil d'Etat, Conseil d'Etat, 2006

SAUVE (J-M.), *La qualité de la loi*, audition devant le groupe de travail Assemblée nationale – Sénat sur la qualité de la loi, le 6 mai 2010

SAUVE (J-M.), *L'Assemblée nationale et les avis du Conseil d'Etat*, conclusions devant l'Assemblée nationale, le 25 novembre 2016

ZOCCHETTO (F.), *Rapport au nom de la commission des Lois constitutionnelles, de législation, du suffrage universel, du Règlement et d'administration générale (A), sur le projet de loi renforçant la lutte contre la récidive des majeurs et des mineurs n°358*, Sénat, séance du 2 juillet 2007

Divers :

1 – Circulaires

Circulaire du 14 avril 2011 relative aux moyens de contrôle des personnes détenues

Circulaire du 30 septembre 2003 relative à la qualité de la réglementation

Circulaire du 26 août 2003 relative à la maîtrise de l'inflation normative et à l'amélioration de la qualité de la réglementation

2 – Déclaration

Déclaration de M. François Hollande, Président de la République, sur la lutte contre le terrorisme et sur la réforme de l'Etat, à Paris le 20 janvier 2015, Vœux aux Corps constitués et aux bureaux des Assemblées, à Paris le 20 janvier 2015

3 – Décrets

Décret n°2015-1493 du 18 novembre 2015 portant application outre-mer de la loi n° 55-385 du 3 avril 1955 relative à l'état d'urgence

Décret n°2015-1475 du 14 novembre 2015 portant application de la loi n° 55-385 du 3 avril 1955 relative à l'état d'urgence

Décret n°2010-148 du 16 février 2010 portant application de la loi organique n°2009-1523 du 10 décembre 2009 relative à l'application de l'article 61-1 de la Constitution

Décret n°2007-1627 du 16 novembre 2007 modifiant le C. pr. pén. (troisième partie : Décrets) et renforçant le recours aux aménagements de peines et la lutte contre la récidive

Décret n°98-1099 du 8 décembre 1998 modifiant le C. pr. pén. (troisième partie : Décrets) et relatif à l'organisation et au fonctionnement des établissements pénitentiaires

4 – Guides

Guide de Légistique – Site internet Legifrance.gouv.fr

Guide sur l'article 7 de la CEDH – Pas de peine sans loi : principe de légalité des délits et des peines maj avril 2017

5 – Lois

Loi n°2017-347 du 20 mars 2017 relative à l'extension du délit d'entrave à l'interruption volontaire de grossesse

Loi n°2017-258 du 28 février 2017 relative à la sécurité publique

Loi n°2017-242 du 27 février 2017 portant réforme de la prescription en matière pénale

Loi n°2014-896 du 15 août 2014 relative à l'individualisation des peines et renforçant l'efficacité des sanctions pénales

Loi n°2011-392 du 14 avril 2011 relative à la garde à vue

Loi organique n°2009-403 du 15 avril 2009 relative à l'application des articles 34-1, 39 et 44 de la Constitution

Loi constitutionnelle n°2008-724 du 23 juillet 2008 de modernisation des institutions de la Vè République

Loi n°2005-1425 du 18 novembre 2005 prorogeant l'application de la loi n°55-385 du 3 avril 1955

Loi n°2004-204 du 9 mars 2004 portant adaptation de la justice aux évolutions de la criminalité

Loi organique n°2001-692 du 1er août 2001 relative aux lois de finances

Loi organique n°2001-419 du 15 mai 2001 modifiant la date d'expiration des pouvoirs de l'Assemblée nationale

Loi constitutionnelle n°2000-964 du 2 octobre 2000 relative à la durée du mandat du Président de la République

Loi n°98-468 du 17 juin 1998 relative à la prévention et à la répression des infractions sexuelles ainsi qu'à la protection des mineurs

Loi n°83-466 du 10 juin 1983 portant abrogation ou révision de certaines dispositions de la loi n°81-82 du 2 février 1981 et complétant certaines dispositions du Code pénal et du Code de procédure pénale

Loi n°81-908 du 9 octobre 1981 portant abolition de la peine de mort

Loi n°81-82 du 2 février 1981 renforçant la sécurité et protégeant la liberté des personnes

Loi n°78-1097 du 22 novembre 1978 modifiant certaines dispositions du Code de procédure pénale

Loi n°55-385 du 3 avril 1955 relative à l'état d'urgence

Loi n°75-617 du 11 juillet 1975 portant réforme du divorce

Loi n°14-485 du 27 juillet 1884 qui rétablit le divorce

6 – Ordonnances

Ordonnance n°2009-483 du 29 avril 2009 prise en application de l'article 35 de la loi n° 2008-696 du 15 juillet 2008 relative aux archives

Ordonnance n°58-1301 du 23 décembre 1958 relative à la protection de l'enfance et de l'adolescence en danger

Ordonnance n°58-1100 du 17 novembre 1958 relative au fonctionnement des assemblées parlementaires

Ordonnance n°45-174 du 2 février 1945 relative à l'enfance délinquante

7 – Proposition de loi

Proposition de loi constitutionnelle n°2251 du 15 mars 2000 portant reconnaissance du principe de sécurité juridique dans la Constitution

8 – Liste des annexes

Annexe 1 – Liste des lois intéressant la matière pénale depuis le 26 août 2003

Annexe 2 – Tableau des critères d'évaluation de la dangerosité retenus par l'échelle HCR-20

Annexes

Annexe 1 : Liste des lois intéressant la matière pénale depuis le 26 août 2003[486]

- Loi n° 2017-258 du 28 février 2017 relative à la sécurité publique ; Proj., PA, 2 mois d'ex.

- Loi n° 2017-347 du 20 mars 2017 relative à l'extension du délit d'entrave à l'interruption volontaire de grossesse ; Prop., PA, 4,5 mois d'ex., décision DC

- Loi n°2017-242 du 27 février 2017 portant réforme de la prescription en matière pénale ; Prop., PO, 20 mois d'ex.

- Loi n° 2017-86 du 27 janvier 2017 relative à l'égalité et à la citoyenneté ; Proj., PA, 9 mois d'ex., décision DC

- Loi n° 2016-1767 du 19 décembre 2016 prorogeant l'application de la loi n° 55-385 du 3 avril 1955 relative à l'état d'urgence ; Proj., PA, 9 jours d'ex., décision QPC n°624

- Loi n° 2016-1691 du 9 décembre 2016 relative à la transparence, à la lutte contre la corruption et à la modernisation de la vie économique ; Proj., PA, 8 mois d'ex., décision DC

---

486 Exemple : Intitulé de la loi, initiative parlementaire ou gouvernementale, type de procédure, durée d'examen de la loi entre le dépôt et l'adoption du projet ou de la proposition de loi, existence d'une décision de constitutionnalité ou de décisions QPC

- Loi n° 2016-1547 du 18 novembre 2016 de modernisation de la justice du XXIe siècle ; Proj., PA, 15,5 mois d'ex. décision DC

- Loi n° 2016-1428 du 24 octobre 2016 relative au renforcement de la sécurité de l'usage des drones civils ; Prop., PO, 7 mois d'ex.

- Loi n° 2016-987 du 21 juillet 2016 prorogeant l'application de la loi n° 55-385 du 3 avril 1955 relative à l'état d'urgence et portant mesures de renforcement de la lutte antiterroriste ; Proj., PA, 2 jours d'ex., décisions QPC n°600 et 648

- Loi n° 2016-832 du 24 juin 2016 visant à lutter contre la discrimination à raison de la précarité sociale ; Prop., PO, 15 mois d'ex.

- Loi n° 2016-819 du 21 juin 2016 réformant le système de répression des abus de marché ; Prop., PA, 3 mois d'ex.

- Loi n° 2016-731 du 3 juin 2016 renforçant la lutte contre le crime organisé, le terrorisme et leur financement, et améliorant l'efficacité et les garanties de la procédure pénale ; Proj., PA, 4 mois d'ex., décision QPC n°611

- Loi n° 2016-629 du 20 mai 2016 prorogeant l'application de la loi n° 55-385 du 3 avril 1955 relative à l'état d'urgence ; Proj., PA, 16 jours d'ex.

- Loi n° 2016-564 du 10 mai 2016 renforçant le dialogue avec les supporters et la lutte contre le hooliganisme ; Prop., PO, 7,5 mois d'ex., décision QPC n°637

- Loi n° 2016-457 du 14 avril 2016 relative à l'information de l'administration par l'autorité judiciaire et à la protection des mineurs ; Proj., PA, 4,5 mois d'ex.

- Loi n° 2016-444 du 13 avril 2016 visant à renforcer la lutte contre le système prostitutionnel et à accompagner les personnes prostituées ; Prop., PO, 30 mois d'ex., décision QPC n°645

- Loi n° 2016-339 du 22 mars 2016 relative à la prévention et à la lutte contre les incivilités, contre les atteintes à la sécurité publique et contre les actes terroristes dans les transports collectifs de voyageurs ; Prop., PA, 5,5 mois d'ex.

- Loi n° 2016-297 du 14 mars 2016 relative à la protection de l'enfant ; Prop. PO, 18 mois d'ex.

- Loi n° 2016-274 du 7 mars 2016 relative au droit des étrangers en France ; Proj., PA, 19,5 mois d'ex.

- Loi n° 2016-162 du 19 février 2016 prorogeant l'application de la loi n° 55-385 du 3 avril 1955 relative à l'état d'urgence ; Proj., PA, 16 jours d'ex.

- Loi n° 2015-1703 du 21 décembre 2015 visant à pénaliser l'acceptation par un parti politique d'un financement par une personne morale ; Prop., PO, 6,5 mois d'ex.

- Loi n° 2015-1556 du 30 novembre 2015 relative aux mesures de surveillance des communications électroniques internationales ; Prop., PA, 2,5 mois d'ex.

- Loi n° 2015-1501 du 20 novembre 2015 prorogeant l'application de la loi n° 55-385 du 3 avril 1955 relative à l'état d'urgence et renforçant l'efficacité de ses dispositions ; Proj., PA, 2 jours d'ex., décisions QPC n°527 et 536

- Loi n° 2015-1402 du 5 novembre 2015 tendant à clarifier la procédure de signalement de situations de maltraitance par les professionnels de santé ; Prop., PO, 18 mois d'ex.

- Loi n° 2015-925 du 29 juillet 2015 relative à la réforme du droit d'asile ; Proj., PA, 10 mois d'ex.

- Loi n° 2015-912 du 24 juillet 2015 relative au renseignement ; Proj., PA, 4 mois d'ex., décisions DC et QPC n°590

- Loi n° 2015-714 du 24 juin 2015 tendant à préciser l'infraction de violation de domicile ; Prop., PO, 12,5 mois d'ex.

- Loi n° 2015-177 du 16 février 2015 relative à la modernisation et à la simplification du droit et des procédures dans les domaines de la justice et des affaires intérieures ; Proj., PA, 14,5 mois d'ex., décision DC

- Loi n° 2014-1353 du 13 novembre 2014 renforçant les dispositions relatives à la lutte contre le terrorisme ; Proj., PA, 4 mois d'ex., décisions QPC n°490 et 625

- Loi n° 2014-896 du 15 août 2014 relative à l'individualisation des peines et renforçant l'efficacité des sanctions pénales ; Proj., PA, 10 mois d'ex., décisions DC et QPC n°569

- Loi n° 2014-640 du 20 juin 2014 relative à la réforme des procédures de révision et de réexamen d'une condamnation pénale définitive ; Prop., PO, 5 mois d'ex.

- Loi n° 2014-528 du 26 mai 2014 modifiant la loi n° 2007-1545 du 30 octobre 2007 instituant un Contrôleur général des lieux de privation de liberté ; Prop., PO, 5,5 mois d'ex.

- Loi n° 2014-315 du 11 mars 2014 renforçant la lutte contre la contrefaçon ; Prop. PA, 5,5 mois d'ex.

- Loi n° 2014-173 du 21 février 2014 de programmation pour la ville et la cohésion urbaine ; Proj., PA, 6,5 mois d'ex.

- Loi n° 2014-56 du 27 janvier 2014 visant à harmoniser les délais de prescription des infractions prévues par la loi sur la liberté de la presse du 29 juillet 1881, commises en raison du sexe, de l'orientation ou de l'identité sexuelle ou du handicap ; Prop., PO, 27,5 mois d'ex.

- Loi n° 2013-1168 du 18 décembre 2013 relative à la programmation militaire pour les années 2014 à 2019 et portant diverses dispositions concernant la défense et la sécurité nationale ; Proj., PO, 4,5 mois d'ex., décisions QPC n°478 et 522

- Loi n° 2013-1117 du 6 décembre 2013 relative à la lutte contre la fraude fiscale et la grande délinquance économique et financière ; Proj., PA, 7,5 mois d'ex., décisions DC et QPC n°583, 584, 585, 586, 591 et 618

- Loi organique n° 2013-1115 du 6 décembre 2013 relative au procureur de la République financier ; Proj., PA, 7 mois d'ex., décision DC

- Loi n° 2013-869 du 27 septembre 2013 modifiant certaines dispositions issues de la loi n° 2011-803 du 5 juillet 2011 relative aux droits et à la protection des personnes faisant l'objet de soins psychiatriques et aux modalités de leur prise en charge ; Prop., PA, 2,5 mois d'ex.

- Loi n° 2013-715 du 6 août 2013 tendant à modifier la loi n° 2011-814 du 7 juillet 2011 relative à la bioéthique en autorisant sous certaines conditions la recherche sur l'embryon et les cellules souches embryonnaires ; Prop., PO, 14 mois d'ex., décision DC

- Loi n° 2013-669 du 25 juillet 2013 relative aux attributions du garde des sceaux et des magistrats du ministère public en matière de politique pénale et de mise en œuvre de l'action publique ; Proj., PO, 4 mois d'ex.

- Loi n° 2013-316 du 16 avril 2013 relative à l'indépendance de l'expertise en matière de santé et d'environnement et à la protection des lanceurs d'alerte ; Prop., PO, 7,5 mois d'ex.

- Loi n° 2012-1560 du 31 décembre 2012 relative à la retenue pour vérification du droit au séjour et modifiant le délit d'aide au séjour irrégulier pour en exclure les actions humanitaires et désintéressées ; Proj., PA, 3 mois d'ex., décisions QPC n°606 et 607

- Loi n° 2012-1441 du 24 décembre 2012 relative aux juridictions de proximité ; Prop. PA, 2 mois d'ex.

- Loi n° 2012-1432 du 21 décembre 2012 relative à la sécurité et à la lutte contre le terrorisme ; Proj., PA, 2,5 mois d'ex.

- Loi n° 2012-954 du 6 août 2012 relative au harcèlement sexuel ; Proj., PA, 2 mois d'ex.

- Loi n° 2012-410 du 27 mars 2012 relative à la protection de l'identité ; Prop., PO, 20 mois d'ex., décision DC

- Loi n° 2012-409 du 27 mars 2012 de programmation relative à l'exécution des peines ; Proj., PA, 4 mois d'ex., décision DC

- Loi n° 2012-387 du 22 mars 2012 relative à la simplification du droit et à l'allégement des démarches administratives ; Prop., PA, 8 mois d'ex., décision DC

- Loi n° 2012-346 du 12 mars 2012 relative aux mesures conservatoires en matière de procédures de sauvegarde, de redressement judiciaire ou de liquidation judiciaire et aux biens qui en font l'objet ; Prop., PA, 17 jours d'ex.

- Loi n° 2012-347 du 12 mars 2012 relative à l'accès à l'emploi titulaire et à l'amélioration des conditions d'emploi des agents contractuels dans la fonction publique, à la lutte contre les discriminations et portant diverses dispositions relatives à la fonction publique ; Proj., PA, 6 mois d'ex.

- Loi n° 2012-304 du 6 mars 2012 relative à l'établissement d'un contrôle des armes moderne, simplifié et préventif ; Prop., PO, 19 mois d'ex.

- Loi n° 2012-301 du 5 mars 2012 relative au suivi des enfants en danger par la transmission des informations ; Prop., PO, 26 mois d'ex.

- Loi n° 2012-300 du 5 mars 2012 relative aux recherches impliquant la personne humaine ; Prop., PO, 38 mois d'ex.

- Loi organique n° 2012-208 du 13 février 2012 portant diverses dispositions relatives au statut de la magistrature ; Proj., PA, 2,5 mois d'ex., décision DC

- Loi n° 2011-1940 du 26 décembre 2011 visant à instaurer un service citoyen pour les mineurs délinquants ; Prop., PA, 3 mois d'ex., décision QPC n°272

- Loi n° 2011-1862 du 13 décembre 2011 relative à la répartition des contentieux et à l'allégement de certaines procédures juridictionnelles ; Proj., PA, 9 mois d'ex., décision DC

- Loi n° 2011-939 du 10 août 2011 sur la participation des citoyens au fonctionnement de la justice pénale et le jugement des mineurs ; Proj., PA, 4 mois d'ex., décision DC

- Loi n° 2011-892 du 28 juillet 2011 tendant à faciliter l'utilisation des réserves militaires et civiles en cas de crise majeure ; Prop., PO, 7 mois d'ex.

- Loi n° 2011-814 du 7 juillet 2011 relative à la bioéthique ; Proj., PO, 8,5 mois d'ex., décision QPC n°249

- Loi n° 2011-803 du 5 juillet 2011 relative aux droits et à la protection des personnes faisant l'objet de soins psychiatriques et aux modalités de leur prise en charge ; Proj., PO, 14 mois d'ex., décisions QPC n° 235 et 367

- Loi n° 2011-672 du 16 juin 2011 relative à l'immigration, à l'intégration et à la nationalité ; Proj., PO, 15 mois d'ex., décision DC

- Loi n° 2011-525 du 17 mai 2011 de simplification et d'amélioration de la qualité du droit ; Prop., PO, 21 mois d'ex., décisions DC et QPC n°262, 420 et 421

- Loi n° 2011-392 du 14 avril 2011 relative à la garde à vue ; Proj., PO, 6 mois d'ex., décisions QPC n°191, 194, 195, 196, 197, 213, 257, 428, 561, 562 et 602

- Loi organique n° 2011-333 du 29 mars 2011 relative au Défenseur des droits ; Proj., PO, 5,5 mois d'ex., décision DC

- Loi n° 2011-334 du 29 mars 2011 relative au Défenseur des droits ; Proj., PO, 5,5 mois d'ex.

- Loi n° 2011-331 du 28 mars 2011 de modernisation des professions judiciaires ou juridiques et certaines professions réglementées ; Proj., PO, 12 mois d'ex.

- Loi n° 2011-267 du 14 mars 2011 d'orientation et de programmation pour la performance de la sécurité intérieure ; Proj., PO, 22 mois d'ex., décision DC

- Loi n° 2011-266 du 14 mars 2011 relative à la lutte contre la prolifération des armes de destruction massive et de leurs vecteurs ; Proj., PO, 22 mois d'ex.

- Loi n° 2011-140 du 3 février 2011 tendant à renforcer les moyens du Parlement en matière de contrôle de l'action du Gouvernement et d'évaluation des politiques publiques ; Prop., PO, 14,5 mois d'ex.

- Loi n° 2011-13 du 5 janvier 2011 relative à la lutte contre la piraterie et à l'exercice des pouvoirs de police de l'État en mer ; Proj., PO, 16 mois d'ex.

- Loi n° 2010-1609 du 22 décembre 2010 relative à l'exécution des décisions de justice, aux conditions d'exercice de certaines professions réglementées et aux experts judiciaires ; Prop., PO, 26 mois d'ex.

- Loi n° 2010-1192 du 11 octobre 2010 interdisant la dissimulation du visage dans l'espace public ; Proj., PO, 5 mois d'ex., décision DC

- Loi n° 2010-819 du 20 juillet 2010 tendant à l'élimination des armes à sous-munitions ; Proj., PO, 8 mois d'ex.

- Loi n° 2010-768 du 9 juillet 2010 visant à faciliter la saisie et la confiscation en matière pénale ; Prop., PO, 20 mois d'ex.

- Loi n° 2010-769 du 9 juillet 2010 relative aux violences faites spécifiquement aux femmes, aux violences au sein des couples et aux incidences de ces dernières sur les enfants ; Prop., PO, 7,5 mois d'ex.

- Loi n° 2010-242 du 10 mars 2010 tendant à amoindrir le risque de récidive criminelle et portant diverses dispositions de procédure pénale ; Proj., PA, 15 mois d'ex.

- Loi n° 2010-201 du 2 mars 2010 renforçant la lutte contre les violences de groupes et la protection des personnes chargées d'une mission de service public ; Prop., PO, 10 mois d'ex., décision DC

- Loi n° 2010-121 du 8 février 2010 tendant à inscrire l'inceste commis sur les mineurs dans le Code pénal et à améliorer la détection et la prise en charge des victimes d'actes incestueux ; Prop., PA, 10,5 mois d'ex., décisions QPC n°163, 222 et 448

- Loi n° 2010-1 du 4 janvier 2010 relative à la protection du secret des sources des journalistes ; Proj., PO, 22 mois d'ex.

- Loi n° 2009-1436 du 24 novembre 2009 pénitentiaire ; Proj., DU, 15 mois d'ex., décisions DC et QPC n°320, 321, 485 et 543

- Loi n° 2009-1311 du 28 octobre 2009 relative à la protection pénale de la propriété littéraire et artistique sur internet ; Proj., PA, 4 mois d'ex., décision DC

- Loi n° 2009-669 du 12 juin 2009 favorisant la diffusion et la protection de la création sur internet ; Proj., DU, 11,5 mois d'ex., décision DC

- Loi n° 2009-526 du 12 mai 2009 de simplification et de clarification du droit et d'allégement des procédures ; Prop., PO, 9,5 mois d'ex., décisions QPC n°77, 314, 616 et 617

- Loi n° 2008-1245 du 1er décembre 2008 visant à prolonger l'application des articles 3, 6 et 9 de la loi n° 2006-64 du 23 janvier 2006 relative à la lutte contre le terrorisme et portant dispositions diverses relatives à la sécurité et aux contrôles frontaliers ; Prop., PO, 1,5 mois d'ex.

- Loi n° 2008-650 du 3 juillet 2008 relative à la lutte contre le trafic de produits dopants ; Proj., DU, 3 mois d'ex.

- Loi n° 2008-644 du 1er juillet 2008 créant de nouveaux droits pour les victimes et améliorant l'exécution des peines ; Prop., PO, 6 mois d'ex.

- Loi n° 2008-174 du 25 février 2008 relative à la rétention de sûreté et à la déclaration d'irresponsabilité pénale pour cause de trouble mental ; Proj., DU, 2,5 mois d'ex., décisions DC et QPC n°9

- Loi n° 2007-1787 du 20 décembre 2007 relative à la simplification du droit ; Prop., PO, 3 mois d'ex., décision QPC n°467

- Loi n° 2007-1631 du 20 novembre 2007 relative à la maîtrise de l'immigration, à l'intégration et à l'asile ; Proj., DU, 4,5 mois d'ex., décision DC

- Loi n° 2007-1598 du 13 novembre 2007 relative à la lutte contre la corruption ; Proj., PO, 2 mois d'ex.

- Loi n° 2007-1545 du 30 octobre 2007 instituant un Contrôleur général des lieux de privation de liberté ; Proj., PO, 3,5 mois d'ex.

- Loi n° 2007-1544 du 29 octobre 2007 de lutte contre la contrefaçon ; Proj., PO, 8,5 mois d'ex., décision QPC n°367

- Loi n° 2007-1198 du 10 août 2007 renforçant la lutte contre la récidive des majeurs et des mineurs ; Proj., DU, 1,5 mois d'ex., décision DC

- Loi n° 2007-297 du 5 mars 2007 relative à la prévention de la délinquance ; Proj., PO, 8 mois d'ex., décisions DC et QPC n°66, 420, 421 et 508

- Loi n° 2007-308 du 5 mars 2007 portant réforme de la protection juridique des majeurs ; Proj., DU, 3 mois d'ex., décisions DC et QPC n°56

- Loi n° 2007-288 du 5 mars 2007 modifiant les articles 414-8 et 414-9 du Code pénal ; Proj., PO, 22,5 mois d'ex.

- Loi n° 2007-291 du 5 mars 2007 tendant à renforcer l'équilibre de la procédure pénale ; Proj., DU, 4,5 mois d'ex., décisions QPC n° 160, 228, 229 et 284

- Loi n° 2007-292 du 5 mars 2007 relative à la Commission nationale consultative des droits de l'homme ; Proj., PO, 4 mois d'ex.

- Loi n° 2007-293 du 5 mars 2007 réformant la protection de l'enfance ; Proj., PO, 10 mois d'ex., décision QPC n°109

- Loi constitutionnelle n° 2007-239 du 23 février 2007 relative à l'interdiction de la peine de mort ; Proj., PO, 1 mois d'ex.

- Loi n° 2007-210 du 19 février 2007 portant réforme de l'assurance de protection juridique ; Prop., PO, 3 mois d'ex.

- Loi n° 2006-911 du 24 juillet 2006 relative à l'immigration et à l'intégration ; Proj., DU, 4 mois d'ex., décisions DC et QPC n°264

- Loi n° 2006-784 du 5 juillet 2006 relative à la prévention des violences lors des manifestations sportives ; Prop., PO, 3 mois d'ex.

- Loi n° 2006-405 du 5 avril 2006 relative à la lutte contre le dopage et à la protection de la santé des sportifs ; Proj., PO, 13,5 mois d'ex.

- Loi n° 2006-399 du 4 avril 2006 renforçant la prévention et la répression des violences au sein du couple ou commises contre les mineurs ; Prop., PO, 17 mois d'ex.

- Loi n° 2006-64 du 23 janvier 2006 relative à la lutte contre le terrorisme et portant dispositions diverses relatives à la sécurité et aux contrôles frontaliers ; Proj., DU, 3 mois d'ex., décisions DC et QPC n°31

- Loi n° 2005-1549 du 12 décembre 2005 relative au traitement de la récidive des infractions pénales ; Prop., PO, 12 mois d'ex., décisions DC et QPC n°320 et 321

- Loi n° 2005-1550 du 12 décembre 2005 modifiant diverses dispositions relatives à la défense ; Proj., PO, 9 mois d'ex.

- Loi n° 2005-1425 du 18 novembre 2005 prorogeant l'application de la loi n° 55-385 du 3 avril 1955 ; Proj., PO, 4 jours d'ex.

- Loi n° 2005-847 du 26 juillet 2005 précisant le déroulement de l'audience d'homologation de la comparution sur reconnaissance préalable de culpabilité ; Prop., PO, 2,5 mois d'ex., décision DC

- Loi n° 2004-1343 du 9 décembre 2004 de simplification du droit ; Proj., DU, 8,5 mois d'ex.

- Loi n° 2004-800 du 6 août 2004 relative à la bioéthique ; Proj., PO, 37,5 mois d'ex., décision DC

- Loi n° 2004-801 du 6 août 2004 relative à la protection des personnes physiques à l'égard des traitements de données à caractère personnel et modifiant la loi n° 78-17 du 6 janvier 1978 relative à l'informatique, aux fichiers et aux libertés ; Proj., PO, 6,5 mois d'ex., décisions DC et QPC n°412

- Loi n° 2004-735 du 26 juillet 2004 relative aux conditions permettant l'expulsion des personnes visées à l'article 26 de l'ordonnance n° 45-2658 du 2 novembre 1945 ; Prop., PO, 1,5 mois d'ex.

- Loi n° 2004-228 du 15 mars 2004 encadrant, en application du principe de laïcité, le port de signes ou de tenues manifestant une appartenance religieuse dans les écoles, collèges et lycées publics ; Proj., PO, 1,5 mois d'ex.

- Loi n° 2004-204 du 9 mars 2004 portant adaptation de la justice aux évolutions de la criminalité ; Proj., PO, 11 mois d'ex., décisions DC et QPC n°80, 81, 125, 156, 257, 302, 314, 320, 321, 427 et 594

- Loi n° 2004-1 du 2 janvier 2004 relative à l'accueil et à la protection de l'enfance ; Prop., PO, 3,5 mois d'ex.

- Loi n° 2003-1176 du 10 décembre 2003 modifiant la loi n° 52-893 du 25 juillet 1952 relative au droit d'asile ; Proj., PO, 8 mois d'ex., décision DC

- Loi n° 2003-1119 du 26 novembre 2003 relative à la maîtrise de l'immigration, au séjour des étrangers en France et à la nationalité ; Proj., DU, 7 mois d'ex., décision DC

Annexe 2 – Critères d'évaluation de la dangerosité retenus par l'échelle HCR-20[487]

- H1 - Violence antérieure
- H2 - Premier acte de violence commis dans la jeunesse
- H3 - Instabilité des relations intimes
- H4 - Problèmes d'emploi
- H5 - Problèmes de toxicomanies
- H6 - Maladie mentale grave
- H7 - Psychopathie
- H8 - Inadaptation durant la jeunesse
- H9 - Trouble de la personnalité
- H10 - Echec antérieur de la surveillance

- C1 - Introspection difficile
- C2 - Attitudes négatives
- C3 - Symptômes actifs de la maladie mentale grave
- C4 - Impulsivité
- C5 - Résistance au traitement
- R1 - Plans irréalisables
- R2 - Exposition à des facteurs déstabilisants
- R3 - Manque de soutien personnel
- R4 - Inobservation des mesures curatives
- R5 - Stress

487 L'échelle HCR-20 est une échelle d'évaluation et de gestion du risque, de la dangerosité. Elle tient compte de 20 facteurs de nature historique (H), cliniques (C), et de gestion du risque (R). Certains facteurs sont statiques et les autres sont dynamiques, évolutifs.

Table des matières

PRINCIPALES ABRÉVIATIONS **7**

PRÉFACE **9**

INTRODUCTION **13**

1ÈRE PARTIE

LES LOIS DE CIRCONSTANCES À L'ÉPREUVE DES PRINCIPES FONDAMENTAUX DU DROIT **35**

CHAPITRE 1. UNE DÉFINITION DES LOIS DE CIRCONSTANCES CONTRAIRE AU PRINCIPE DE LÉGALITÉ CRIMINELLE **37**

SECTION 1. LA DÉFINITION DE LA POLITIQUE PÉNALE DE CIRCONSTANCES 37

§ 1. Le contexte du développement des lois de circonstances *37*

A. La crise de la politique pénale et la naissance de la légistique 38

1. La crise de la politique pénale 38

2. La naissance de la légistique 42

B. Le régime applicable au Gouvernement dans le cadre de l'élaboration de la loi 44

1. L'obligation de procéder à une étude d'impact 45

2. L'utilisation de la procédure accélérée par le Gouvernement 47

§2. La définition des lois de circonstances *49*

A. La définition positive des lois de circonstances 49

1. Les situations particulières 49

2. La récurrence thématique 52

B. La caractérisation des lois de circonstances 54

1. La méthodologie de sélection des lois de circonstances 54

2. L'objet de l'étude 57

SECTION 2. L'INADÉQUATION DE LA DÉFINITION AVEC LE PRINCIPE DE LÉGALITÉ CRIMINELLE 59

§1. Le principe de légalité criminelle et la qualité de la norme *60*

A. La concurrence des principes de sécurité juridique et de légalité criminelle....60
1. La valeur du principe de sécurité juridique....60
2. La dualité de fondement des obligations d'accessibilité et de prévisibilité de la norme....63
B. Les obligations de fond en matière de qualité de la norme pénale...66
1. L'intelligibilité de la loi....66
2. Les exigences de clarté et de précision....69
§2. Le contrôle de la qualité de la loi de circonstances....70
A. Le contrôle du Conseil constitutionnel....71
1. Le contrôle *a priori*....71
2. Le contrôle *a posteriori*....73
B. Le contrôle du Conseil d'Etat....75
1. Les avis du Conseil d'Etat....75
2. Le caractère consultatif des avis du Conseil d'Etat....77
CONCLUSION DU CHAPITRE PREMIER....80

CHAPITRE 2. L'ATTEINTE AUX PRINCIPES DIRECTEURS DU DROIT DE LA PEINE PAR LES LOIS DE CIRCONSTANCES....83

SECTION 1. L'ATTEINTE AUX FONCTIONS DÉCOULANT DES PRINCIPES DIRECTEURS DU DROIT DE LA PEINE PAR LES LOIS DE CIRCONSTANCES....83
§1. Une définition des fonctions de la peine découlant de ses principes directeurs....84
A. Les principes directeurs du droit de la peine....84
1. La définition de la peine....84
2. Une peine nécessaire, proportionnée, prévisible et légalement définie....86
B. La définition des fonctions de la peine....88
1. Le débat doctrinal entourant la définition....88
2. Le choix des législateurs français et étrangers....91
§2. L'atteinte aux fonctions de la peine par les lois de circonstances....93
A. L'atteinte à la fonction de resocialisation par les lois de circonstances....94
1. La multiplication des lois de circonstances en matière de récidive....94
2. L'absence de prise en compte de la fonction de resocialisation par les lois de circonstances....96
B. L'atteinte à la fonction éducative de la sanction pénale du mineur par les lois de circonstances....98
1. Le caractère éducatif de la sanction pénale du mineur....98
2. La répression des mineurs dans le cadre des lois de circonstances....100
SECTION 2. L'ATTEINTE AU PRINCIPE D'INDIVIDUALISATION DE LA SANCTION PÉNALE PAR LES LOIS DE CIRCONSTANCES....102

§1. La définition du principe d'individualisation de la sanction pénale....... 103
A. La signification constitutionnelle du principe de l'individualisation de la sanction pénale....... 103
1. Un principe à valeur constitutionnelle....... 104
2. L'évolution de la signification du principe....... 107
B. Le traitement personnalisé de la personne délinquante....... 110
1. L'application du principe au prononcé de la peine....... 111
2. L'application du principe à l'exécution de la peine....... 115
§2. L'atteinte au principe d'individualisation des peines par le dispositif des peines planchers....... 118
A. Le dispositif des peines planchers atteignant le principe de l'individualisation de la sanction pénale....... 119
1. La validation par le Conseil constitutionnel du dispositif issu d'une loi de circonstances....... 119
2. La caractérisation de l'atteinte au principe de l'individualisation des peines....... 122
B. L'incertitude sur l'avenir de l'automaticité des peines....... 127
1. La suppression du dispositif en droit français....... 127
2. L'existence du dispositif à l'étranger....... 129
CONCLUSION DU CHAPITRE SECOND :....... 133
CONCLUSION DE LA PREMIÈRE PARTIE :....... 135

2ÈME PARTIE

L'ILLUSTRATION DU DROIT PÉNAL DE L'ENNEMI PAR LES LOIS DE CIRCONSTANCES....... 137

CHAPITRE 1. LA CRÉATION DU DROIT PÉNAL DE L'ENNEMI PAR LES LOIS DE CIRCONSTANCES....... 139

SECTION 1. LA DÉFINITION DU DROIT PÉNAL DE L'ENNEMI FONDÉ SUR LA DANGEROSITÉ....... 139
§1. Le droit pénal de l'ennemi et les lois de circonstances....... 140
A. La théorie du droit pénal de l'ennemi....... 140
1. L'apparente dépersonnalisation de l'ennemi....... 140
2. L'abandon de la notion de culpabilité....... 143
B. La définition des lois de circonstances représentative des effets du droit pénal de l'ennemi....... 146
1. L'existence de procédures exorbitantes de droit commun....... 146
2. Un droit pénal de l'ennemi concrétisé par les lois de circonstances....... 148
§2. Un droit pénal fondé sur la dangerosité....... 151
A. La réalité de la notion de dangerosité....... 151
1. La définition de la dangerosité....... 152
2. L'utilisation de la notion de dangerosité....... 154
B. L'incertitude face à l'évaluation de la dangerosité....... 156

1. Les méthodes d'évaluation de la dangerosité 156
2. Les problèmes suscités par l'évaluation psychiatrique en droit français 159
SECTION 2. LE DOMAINE DU DROIT PÉNAL DE L'ENNEMI 160
§1. L'évolution du droit du terrorisme *161*
A. Le développement des lois de circonstances en matière de terrorisme 161
1. La multiplication des lois traitant du terrorisme 161
2. L'évolution des incriminations relatives au terrorisme 163
B. Les effets des lois de circonstances en matière de terrorisme 165
1. L'augmentation des pouvoirs de police administrative dans le cadre de l'état d'urgence 165
2. Les dangers de la pérennisation de l'état d'urgence 167
§2. L'évolution du droit de la délinquance sexuelle *169*
A. Le développement des lois de circonstances en matière de délinquance sexuelle 169
1. Les lois résultant d'un fait divers 169
2. La naissance de la sécuritologie 171
B. Les effets des lois de circonstances en matière de délinquance sexuelle 173
1. La dénaturation progressive du suivi socio-judiciaire 174
2. Le traitement inhibiteur de la libido 176
CONCLUSION DU CHAPITRE PREMIER : 180

CHAPITRE 2. LE TRAITEMENT PÉNAL DE L'ENNEMI ATTEIGNANT LES DROITS ET LIBERTÉS FONDAMENTAUX 181

SECTION 1. L'ÉLIMINATION DÉFINITIVE DE L'ENNEMI 181
§1. La période de sûreté perpétuelle *182*
A. Les peines perpétuelles 182
1. L'existence des peines perpétuelles en droit 182
2. L'exigence conventionnelle en matière de perpétuité 184
B. La réalité de la perpétuité en matière de terrorisme 186
1. L'existence d'une procédure de réexamen de la situation 186
2. La procédure exorbitante en matière de terrorisme 188
§2. La rétention de sûreté *190*
A. La création du dispositif 190
1. La nature de la rétention de sûreté 191
2. Le possible caractère perpétuel de la mesure 192
B. L'aveu d'impuissance concrétisé par la mesure 193
1. L'effet pervers de la rétention de sûreté 193
2. La rétention de sûreté face au fait divers le justifiant 195
SECTION 2. LA SURVEILLANCE ABUSIVE DE L'ENNEMI 196
§1. La surveillance en milieu ouvert *197*
A. La surveillance perpétuelle des délinquants sexuels 197
1. La surveillance perpétuelle de l'ennemi 197

2. Le fichage des ennemis 199
B. L'articulation des mesures de surveillance des ennemis potentiels 201
1. La surveillance judiciaire 202
2. L'articulation de la surveillance judiciaire avec les autres mesures 203
§2. La surveillance des personnes détenues 205
A. Le régime de la fouille en détention 205
1. L'interdiction tardive des fouilles systématiques 206
2. Le retour à la systématisation des fouilles intégrales 208
B. Le régime de la vidéosurveillance en détention 209
1. Le régime commun de la surveillance 209
2. L'utilisation de l'émotion pour justifier la surveillance continue d'une personne 211
CONCLUSION DU CHAPITRE SECOND 214
CONCLUSION DE LA DEUXIÈME PARTIE 216

CONCLUSION 219

INDEX 227

BIBLIOGRAPHIE 229

ANNEXES 247

DROIT
AUX ÉDITIONS L'HARMATTAN

Dernières parutions

DROIT DU CONTENTIEUX INTERNATIONAL AFRICAIN
Jurisprudences et théorie générale des différends africains
Saidou Nourou Tall
Préface de Ahadzi Nonou Koffi - Avant-propos de Mamadou Badji
Cet ouvrage de référence, très documenté, mêle à la fois la théorie générale du droit des contentieux et l'originalité et/ou spécificités des juridictions et justiciables africains. Il est une remarquable contribution à la compréhension et à la complexité des contentieux internationaux et de leur règlement sous le prisme du Droit.
(562 p., 50 euros)
ISBN : 978-2-343-15555-5, EAN EBOOK : 9782140097843

LA CONVERSION DES ACTES JURIDIQUES
Hafedh Bouaziz
Préface d'Olivier Gout. Avant-propos de Sami Jerbi
Cet ouvrage voudrait contribuer à faire de la conversion une notion connue et reconnue en droit. Pour y parvenir, l'auteur propose une analyse renouvelée de cette institution dans son acception et sa mise en oeuvre. Il s'agit alors de redéfinir la notion même de conversion. L'essor de la conversion invite aussi à s'engager sur le chemin de la rénovation de son régime, dans le sens de l'accroissement des pouvoirs du juge en la matière.
(Coll. Logiques Juridiques, 510 p., 45 euros)
ISBN : 978-2-343-15031-4, EAN EBOOK : 9782140098086

LE DROIT MARITIME DANS LA ZONE CEMAC
Eric Dibas-Franck
Volontairement limité au Droit maritime dans la communauté économique et monétaire de l'Afrique centrale (CEMAC), cet ouvrage a pour ambition de faire le point sur la construction du droit maritime dans cette zone en scrutant le Code communautaire de la marine marchande. Les grands problèmes contemporains du Droit maritime comparé ou international y trouvent des réponses précises. Le livre est également enrichi d'une jurisprudence inédite.
(Coll. Affaires maritimes et Transports, 258 p., 26 euros)
ISBN : 978-2-343-14948-6, EAN EBOOK : 9782140096082

L'AMÉNAGEMENT CONVENTIONNEL DE LA SOCIÉTÉ COMMERCIALE EN DROIT FRANÇAIS ET EN DROIT OHADA

Wendkouni Judicaël Djiguemdé
Préface de Bernard Saintourens

Toute législation en matière économique se doit d'être souple et adaptée à l'évolution du monde des affaires. Le droit des sociétés OHADA n'échappe pas à ce principe.Cette étude participe de l'élaboration d'un régime juridique adapté, permettant de sécuriser les aménagements conventionnels, signe d'une contractualisation du droit des sociétés.

(Coll. Le Droit aujourd'hui, 458 p., 42 euros)

ISBN : 978-2-343-14563-1, EAN EBOOK : 9782140096013

LA COUR CONSTITUTIONNELLE ET LE PEUPLE AU BÉNIN

D'un juge constitutionnel institué à un procureur suzerain

Oladé Okunlola Moïse Laleye
Préface de Pierre E. Ehoumi - Postface de l'abbé Arnaud Eric Aguénounon

L'institution d'un nouveau juge constitutionnel après la longue nuit du régime révolutionnaire totalitaire au Bénin de 1972 à 1989 s'illustre comme l'achèvement de la lutte du peuple pour la démocratie, les libertés de l'Etat de droit depuis les origines précoloniales du pays. Après un quart de siècle d'exercice de son office, la cour constitutionnelle pèche irrésistiblement par la qualité de sa productivité jurisprudentielle. Cet ouvrage propose d'ouvrir un débat sur la cour constitutionnelle au regard d'une évaluation objective de sa production juridictionnelle, voire institutionnelle. Ainsi la justice constitutionnelle retrouvera son sens et sa mission républicaine.

(Coll. Études africaines, 686 p., 49 euros)

ISBN : 978-2-343-14822-9, EAN EBOOK : 9782140095801

LE SAC DU SALON D'ÉTÉ

L'affaire Dubuffet - Régie Renault

Jean Robert Bouyeure

Le Salon d'été conçu par Jean Dubuffet devait être une sculpture monumentale qui serait édifiée, aux frais de la Régie Renault, à Boulogne-Billancourt. En 1975, cependant, et alors que la moitié de l'oeuvre était déjà construite, la Régie décida d'arrêter les travaux et de rompre le contrat. Dubuffet intenta alors un procès pour contraindre la Régie à achever l'oeuvre. L'un des avocats de l'artiste raconte ce marathon. Procès au dénouement surprenant, mais qui a permis aux tribunaux de donner une définition de l'oeuvre d'art et de préciser le contenu du droit moral de l'artiste en cas de construction monumentale.

(Coll. La justice au quotidien, 156 p., 19 euros)

ISBN : 978-2-343-14890-8, EAN EBOOK : 9782140095726

LA MÉDIATION POUR TOUS DANS L'ESPACE OHADA ET EN AFRIQUE DE L'OUEST

Théorie, pratique et cadre juridique de la médiation

Béatrice Blohorn-Brenneur
Avec la collaboration de Michel Tchicaya, Avant-propos de Jacques Salzer, Préface de François Komoin

Cet ouvrage met à la portée de tous les règles et techniques utilisées en médiation. Conçu comme un manuel d'autoformation, illustré de nombreux exemples et cas réels, il précise le cadre juridique actuel de la médiation dans l'espace Ohada. Il offre aussi des repères indispensables au lecteur non juriste. Partie de la tradition ancestrale de l'arbre à palabres, la médiation se structure et se développe en Afrique de l'Ouest. Au carrefour du droit et de la communication, la médiation est une discipline à part entière.

(228 p., 23,5 euros)

ISBN : 978-2-343-14910-3, EAN EBOOK : 9782140095054

L'ÉVOLUTION DES DROITS DE LA FEMME CONGOLAISE

Odilon Obami

Aux termes de l'article 798 alinéa 2 du Code congolais de la famille, "(la femme) ne peut pas être considérée comme un bien faisant partie du patrimoine du de cujus". Cet énoncé conforte le droit au respect de la dignité de la femme au Congo. Cet essai s'appuie sur un bilan de l'évolution des droits acquis de la femme congolaise, et propose des pistes sur de nouveaux droits à conquérir accompagnés d'un changement des mentalités.

(Coll. Études africaines, 132 p., 14,5 euros)

ISBN : 978-2-343-15039-0, EAN EBOOK : 9782140097362

QUEL RÉGIME JURIDIQUE DU COMMERCE ÉLECTRONIQUE DANS LES PAYS FRANCOPHONES D'AFRIQUE SUBSAHARIENNE ?

Essai

Joseph emmanuel Yayi Lipem

Le commerce électronique désigne l'activité économique par laquelle une personne propose ou assure, à distance et par voie électronique, la fourniture de biens ou de services, même si ceux à qui ils sont destinés les reçoivent sans contrepartie pécuniaire. Le commerce électronique n'échappe pas au droit. Cela ne signifie pas pour autant que les échanges en ligne sont dénués de toute particularité. Le commerce électronique ne crée pas un nouveau droit. Il conduit vers l'émergence de nouveaux concepts, de nouvelles pratiques, de nouvelles relations qui apparaissent dans un environnement cyberspatial dénué de toute corporalité.

(Coll. Études africaines, 526 p., 45 euros)

ISBN : 978-2-343-12159-8, EAN EBOOK : 9782140096228

LE DROIT DE LA PROTECTION DE LA NATURE À MADAGASCAR

Entre centralisme et consensualisme

Ianjatiana Randrianandrasana
Préface de Jacqueline Morand-Deviller

La diversité biologique de Madagascar est caractérisée par une richesse et une endémicité exceptionnelles. Ces caractéristiques motivent le classement de l'île parmi les zones vulnérables et nécessitent par ailleurs la mise en place de mesures de protection particulières. Cependant, la protection de la biodiversité est tributaire de la stabilité du pouvoir et de la volonté réelle des dirigeants à oeuvrer en faveur de cette protection. Afin de pallier ces problèmes, il a été décidé d'impliquer les communautés locales riveraines.

(Coll. Le Droit aujourd'hui, 434 p., 41 euros)

ISBN : 978-2-343-14050-6, EAN EBOOK : 9782140096822

LA LÉGISLATION SOCIALE CAMEROUNAISE ET LES GARANTIES DE MISE À LA RETRAITE

Zakari Anazetpouo

Préface de Robert Nemedeu

L'émergence du Cameroun en 2035 passera nécessairement par la reconsidération de la dignité humaine. Cet ouvrage aborde l'épineuse question de l'âge de la retraite en démontrant que le législateur social camerounais a prévu des garanties juridiques de sécurisation de l'assuré non seulement en amont mais aussi en aval des relations du travail. En amont, il s'agit des obligations qui pèsent non seulement sur l'organisme en charge de la sécurité sociale mais aussi sur toute personne utilisant une main-d'oeuvre subordonnée. En aval, il est question d'évaluer les droits de l'assuré de façon à ne pas faire de la retraite une clause-guillotine ou une fatalité juridique.

(Coll. Études africaines, 354 p., 36 euros)

ISBN : 978-2-343-14698-0, EAN EBOOK : 9782140096389

L'ÉVOLUTION CONSTITUTIONNELLE ET JURIDICTIONNELLE DE LA RÉPUBLIQUE CENTRAFRICAINE À TRAVERS LES TEXTES

Danièle Darlan

Préface de Jean-Dominique Penel

Ce livre offre une synthèse claire et indispensable à toute personne qui veut comprendre comment se sont élaborées et modifiées les sept institutions successives de la République centrafricaine depuis l'indépendance en 1960 jusqu'en 2017 et comment, dans le même temps, les institutions judiciaires se sont façonnées et enrichies, du moins au niveau des textes, car l'application, pourtant logiquement nécessaire, de la Justice pose encore bien des problèmes.

(Coll. Études africaines, 174 p., 18,5 euros)

ISBN : 978-2-343-15418-3, EAN EBOOK : 9782140096358

UNE MASCARADE DE JUSTICE EN RÉPUBLIQUE DÉMOCRATIQUE DU CONGO

Richard Isungu Kakoko

En République démocratique du Congo, la justice n'en a que le nom : les responsables judiciaires, politiques et exécutifs s'y immiscent et interfèrent intempestivement pour influencer, orienter ou dicter les jugements et les arrêts. Dans cet ouvrage, après avoir relevé les maux qui rongent ou gangrènent la justice en République démocratique du Congo, l'auteur esquisse quelques voies ou pistes de solution pour redorer son blason, afin qu'elle revête sa plus belle robe, celle de l'équité et de l'égalité de tous devant la loi.

(Coll. Études africaines, 172 p., 18 euros)

ISBN : 978-2-343-15122-9, EAN EBOOK : 9782140095757

Structures éditoriales du groupe L'Harmattan

L'Harmattan Italie
Via degli Artisti, 15
10124 Torino
harmattan.italia@gmail.com

L'Harmattan Hongrie
Kossuth l. u. 14-16.
1053 Budapest
harmattan@harmattan.hu

L'Harmattan Sénégal
10 VDN en face Mermoz
BP 45034 Dakar-Fann
senharmattan@gmail.com

L'Harmattan Cameroun
TSINGA/FECAFOOT
BP 11486 Yaoundé
inkoukam@gmail.com

L'Harmattan Burkina Faso
Achille Somé – tengnule@hotmail.fr

L'Harmattan Guinée
Almamya, rue KA 028 OKB Agency
BP 3470 Conakry
harmattanguinee@yahoo.fr

L'Harmattan RDC
185, avenue Nyangwe
Commune de Lingwala – Kinshasa
matangilamusadila@yahoo.fr

L'Harmattan Congo
67, boulevard Denis-Sassou-N'Guesso
BP 2874 Brazzaville
harmattan.congo@yahoo.fr

L'Harmattan Mali
Sirakoro-Meguetana V31
Bamako
syllaka@yahoo.fr

L'Harmattan Togo
Djidjole – Lomé
Maison Amela
face EPP BATOME
ddamela@aol.com

L'Harmattan Côte d'Ivoire
Résidence Karl – Cité des Arts
Abidjan-Cocody
03 BP 1588 Abidjan
espace_harmattan.ci@hotmail.fr

L'Harmattan Algérie
22, rue Moulay-Mohamed
31000 Oran
info2@harmattan-algerie.com

L'Harmattan Maroc
5, rue Ferrane-Kouicha, Talaâ-Elkbira
Chrableyine, Fès-Médine
30000 Fès
harmattan.maroc@gmail.com

Nos librairies en France

Librairie internationale
16, rue des Écoles – 75005 Paris
librairie.internationale@harmattan.fr
01 40 46 79 11
www.librairieharmattan.com

Lib. sciences humaines & histoire
21, rue des Écoles – 75005 Paris
librairie.sh@harmattan.fr
01 46 34 13 71
www.librairieharmattansh.com

Librairie l'Espace Harmattan
21 bis, rue des Écoles – 75005 Paris
librairie.espace@harmattan.fr
01 43 29 49 42

Lib. Méditerranée & Moyen-Orient
7, rue des Carmes – 75005 Paris
librairie.mediterranee@harmattan.fr
01 43 29 71 15

Librairie Le Lucernaire
53, rue Notre-Dame-des-Champs – 75006 Paris
librairie@lucernaire.fr
01 42 22 67 13

www.ingramcontent.com/pod-product-compliance
Lightning Source LLC
LaVergne TN
LVHW011310061026
849535LV00005B/1492
* 9 7 8 2 3 4 3 1 5 3 1 7 9 *